KB043199

교양 고전 독서

노명우 지음

어제보다 더 나은 사람이 되려면
어떤 책을 읽어야 할까요?

프롤로그
한 번 사는 인생, 교양이라도 있어야겠지요

책만 파는 서점, 함께 읽는 서점, 이러다 잘될지도 모르는 니은서점의 마스터 북텐더 사회학자 노명우입니다.

욕은 될 수 있으면 안 하는 게 좋지요. 욕을 입에 달고 사는 사람을 보면 '저렴한' 인상을 떨칠 수 없잖아요. 그렇지만 가끔 자신도 모르게 입에서 욕이 발사되기도 합니다. 욕은 때로 대나무 밭에서 참다 못해 내지르는 "임금님 귀는 당나귀 귀"와 같은 간절한 외침이기도 하니까요.

기껏 용기 내어 찰지게 욕했는데 상대가 그게 욕인 줄 알아듣지 못하면 허탈하죠. 한때 "교양머리 없다"도 상대방을 낮추어 보는 욕으로 사용되기도 했습니다. 누군가 새치기를 하면 "이런 교양머리 없는 사람 같으니!"가 적절한 표현이었죠. 새치기한 사람의 '교양'의 부재를 지적함으로써, 그 부재를 인격에 낙인 찍음으로써 욕하는 사람에게는 쾌감을 일으키고, 욕 듣는 사람에게는 창피함을 전달하려는 커뮤니케이션 전략입니다. 그런데 욕을 들어먹는 사람이 교양이 없어도 너무 없는 나머지 '교양'이라는 단어를 아예 이해하지 못할 정도로 한심하거나, "교양, 그게 밥 먹여줘?"라면서 뻔뻔하게 천박한 실용주의를 내세우면 "교양머리 없다"는 욕은 '실패'합니다.

요즘 시대에도 "교양머리 없다"가 욕으로 받아들여질까요? '교양 없음'이 '인간 실격'과 같은 뜻으로 해석될까요? 곰곰이 생각해보니 이 욕을 해본 적도, 다른 사람들이 이 욕을 하는 것을 들어본 적도 오래된 것 같아서, 밀레니얼 세대, 그러니까 21세기에 태어난 사람들에게 "교양머리 없다"가 욕이 될 수 있는지가 궁금해졌습니다. 대학교 강의 시간에 학생들에게 묻고 확인한 결과, 알 수 있었습니다. "교양머리 없다"는 욕으로서의 사회적 기능을 상실했다는 점을.

"교양 없다"라는 말은 "호환, 마마만큼 무섭다"라는 말만큼이나 피부를 파고드는 감각이 없는 표현이 되고 말았나봅니다. 그도 그럴 법한 게 요즘은 '교양'이라는 단어 자체가 긍정적 의미든 부정적 의미든 잘 사용되지도 않지요. 교양의 부재 혹은 교양의 소멸이 의제화되어본 적이 없지 않은가요? 우리는 물질적으로는 풍요롭지만 참으로 "교양머리 없다"가 상소리로 기능하지도 못할 정도로 교양 없는 시대를 살고 있는 거죠.

난이도가 매우 낮은 남 욕하기는 그만하고, 그보다 고난이도 단계로 넘어가보겠습니다. 저 자신에게 물었습니다. 사회가 "교양머리 없다"고 타박만 하지 말고 "넌 교양 있냐?"고. 그러자 그 질문은 치명적인 '셀프 욕'이 되어 돌아왔습니다.

교양 있다, 없다를 판단하려면 '교양'이 무엇인지를 정확하게 알아야 하는데, 그 '교양'의 의미가 사실 제게도 오리무중이었기 때문입니다. 머리를 쥐어짜내 '교양'이라는 단어의 뜻을 곰곰이 생각해보기로 합니다.

저는 사회적 역할에 비추어보면 지식인으로 분류됩니다. 그리고 전문가이죠. 사회학 박사학위를 받았고 현직 대학교 교수이니까요. 박사학위를 받기 위해 초등학교부터 21년간 교육을 받았습니다. 교육을 받으면서 많은 책을 읽었고 전문지식을 전수받았고 전문가가 되기 위한 훈련을 받았습니다. 2001년 박사학위를 받았으니, 그로부터 20년 넘는 세월이 흘렀네요.

지난 세월을 되짚어봅니다. 전 20여 년 동안 학술지에 투고할 논문을 쓰기 위해 책을 읽었습니다. 아니, 보다 정확하게 말하자면 논문에 인용할 부분을 찾아내기 위해 책을 읽었네요. 제게 지식은 대학에서 학생들을 가르치고 월급을 받는 밥벌이 수단이거나, 대학에서 재계약을 통해 일자리를 지키려면 반드시 해야 하는 논문 쓰기의 수단에 다름 아니었습니다.

교육과 교양은 분명히 다른 것입니다. 교육은 학교를 졸업하는 순간 끝이 나는 과정이지만, 교양은 학교를 졸업했다고, 전문가가 되었다고 저절로 주어지는 게 아닙니다. 저는 21년간 교육받은 사람이고 20년 이상 교육하고 있는 사람이지만, 저 또한 "교양머리 없을" 가능성을 배제할 자신이 없습니다.

교육은 외부에서 전달되는 지식을 피교육자가 습득하는 과정입니다. 잘 짜인 교육의 커리큘럼은 기성의 지식을 피교육자에게 효과적으로 전달할 수 있는 수단이지요. 교육은 그런 의미에서 생산적입니다. 그런데 커리큘럼을 피교육자가 정하지는 않습니다. 그런 의미에서 교육은 수동적이에요. 그래서 교육은 때로 생산성만 얻고 피교육자를 능동적으로 사유하는 사람으로 격상시키는 데 실패하기도 하지요.

반면 교양은 스스로 질문을 던지고, 그 질문에 대한 답을 찾아가는 과정입니다. 교육은 무엇을 위한 수단이지만, 교양은 그 자체가 목적입니다. 교육은 졸업과 함께 끝이 나는 과정이라면, 교양은 삶에서 지속적인 노력을 통해 얻을 수 있는 것입니다.

저는 이제 교육하는 사람, 가르치는 사람이 되었습니다. 그러면서 사회로부터 전문가 취급을 받고 나니 제 머릿속에선 착각이 형성되었습니다. 제가 교양 있는 사람이라는 착각 말입니다. 정확하게 말하자면 저는 교육받은 사람이지만 교양 있는 사람이라고는 말하지 못하겠습니다. 가르치는 전문가가 된 이후엔 도통 교양 습득을 위해 노력하지 않았으니까요.

저의 교양은 전문가로 교육받으며 축적한 지식의 양에 버금가지 못합니다. 심지어 전문가 교육 단계로 들어가기 전에 반드시 거쳐야 하는 포괄적 의미의 교양 습득을 생략한 채 사회학이라는 분과학문의 세계로 일종의 새치기 입장한 사람입니다. 교양은 분과학문의 세계로 들어가기 위해 요구되는 입장권과도 같은 것인데, 저는 그 입장권도 없이 전문가의 세계로 들어갔습니다. 전문지식만 있는 사람은 이른바 '전문가 바보'가 될 가능성이 매우 높지요.

전문가 바보가 바보에서 벗어날 수 있는 방법은 전문지식을 파헤치는 게 아니라 전문지식의 깊지만 좁은 시야에서 벗어나 포괄적인 관점을 얻을 수 있는 교양의 습득에서 찾을 수 있습니다. 전문지식이 현미경으로 좁은 분야를 들여다본 결과라면, 교양은 현미경만 들여다보면 놓칠 수 있는 전문지식 사이의 상호 연결을 조망하는 눈을 제공합니다. 현미경으로만 세상을 들여다보는 사람은 세상을 제대로 알지 못합니다. 전문지식은 있으나 교양은 없는 사람은 위험합니다. 원자폭탄을 만들 수 있는 전문지식을 가지고 있지만, 자신의 지식으로 개발된 원자폭탄에 잠재되어 있는 재앙의 위험성을 교양의 관점에서 점검할 수 없는 사람은 때늦은 후회를 하지요. 이러한 점을 생각한다면, 자신이 교육받았고 자신만의 분야에서 전문지식을 소유한 사람이라는 자부심만큼의 교양으로 전문가의 위험을 교정할 수 있어야 합니다.

무엇을 안다는 것과 아는 것을 나의 것으로 만드는 것은 다릅니다. 대상에 대한 정보를 많이 알고 있다는 것과 지혜롭다는 것도 다릅니다. 철학자 마이클 폴라니는 지식을 두 가지 형태로 구별했습니다. 그는 데이터화된 객관화된 지식이 형식지explicit knowledge라면, 체화된 지식을 암묵지tacit knowledge라 불렀는데요. 이 구분을 참조하여 저는 지식을 두 가지 차원으로 구별하고 싶습니다.

대상에 대한 정보를 많이 알고 있다는 의미에서의 아는 것을 정보-지식이라 한다면, 그 정보를 능동적 사유의 소재로 삼아 성찰이라는 과정을 거쳐 인식의 성장을 이룸으로써 지혜에 도달하도록 돕는 지식이 삶-지식입니다. 정보-지식을 습득한다고 교양을 습득하는 것은 아니지요. 교양은 삶-지식이니까요. 모든 지식인이 교양인은 아닙니다. 교양인의 전제조건은 많은 정보-지식이 아니라, 지식을 나의 것으로 만드는 인식의 성장이 이뤄지는 지혜의 시간을 통과했는지 여부입니다.

책 소개를 기막히게 요약하고 잘 전달해서 막대한 구독자를 지닌 '북튜버'는 책에 대한 상세한 정보, 즉 정보-지식에는 통달했다고 할 수 있겠지만, 무조건 교양 있다고 판단하기에는 이릅니다. 교양은 육화되어 인격의 구성요소로 전환된 삶-지식이기에 교양 있는 사람에게선 품위가 느껴집니다. 삶-지식은 자신을 바라보는 관점과 타인을 대하는 태도로 나타나지요.

이 세상에는 저처럼 교육받았지만 교양 있다고 말할 수 없는 사람이 적지 않습니다. 교양 있다는 것은 조야한 야만성으로부터 멀어졌다는 뜻인데, 만약 배웠는데 여전히 야만적이라면 어떻게 될까요? 너무 많이 배워서 학력으로 권력을 얻었고, 그 권력을 휘두른다면 그 사람은 여전히 야만적인 사람이겠지요. 가장 위험한 인물은 교육 수준과 교양이 어긋나 있는 사람, 즉 좋은 학교 나왔고 박사학위까지 있지만 교양머리 없어서 이른바 '배운 괴물'이 되는 경우입니다.

남아 있는 날이 살아온 날보다 터무니없이 적다는 사실에 긴장감이 최고조에 올랐던 어느 날, 남은 인생을 어떻게 살아야 할지 생각하다가, 저도 오랫동안 잊고 있던 단어 '교양'을 낡은 사전에서 끄집어내어 현재에서 미래로 가는 삶을 설계하는 데 모티프로 삼았습니다. 그리고 지식인도 아니고 교수도 아니라 교양인으로 다시 태어나야 인생의 나머지 기간이 쓸쓸하지 않겠다 상상했지요. 그러다가 결심했습니다. "한 번 사는 인생 세계적인 석학도 되지 못했으니 교양 있는 사람이라도 되자"라고.

지식인이면서 동시에 교양인이었던 사람으로부터 배워야겠습니다. 인류의 최고 스승을 모셔야겠습니다. 아쉽게도 그분들을 직접 만날 수는 없습니다. 이미 세상을 떠난 분도 많으니까요. 하지만 다행스럽게도 그들은 책을 남겼습니다. 책으로, 그 스승으로부터 지식이 인격으로 육화되어 교양이라는 결정체를 만드는 노하우를 따라 배워야겠습니다.

그런데 책이 너무 많습니다. 많아도 지나치게 많습니다. 어느책부터 읽어야 할지 모르겠습니다. 우선 읽을 책의 양부터 줄여야겠습니다. 그래서 현실적인 계산을 해봤습니다. 교양을 쌓기 위해 책을 읽을 수 있을 만큼 정신이 멀쩡한 시간이 인생에서 얼마나 남아 있는지 따져봤습니다. 목숨이 끊어지지는 않았더라도 정신이 또렷하지 못하면 책을 읽어내지 못할 테니, 의료상 사망 나이가 아니라 책을 읽어낼 수 있는 건강수명을 기준으로 남은 시간을 셈해보니 제게는 대략 30년이 남았습니다.

고작 30년, 지금까지 중구난방으로 책을 읽던 독서 습관을 허락하기에는 남은 30년이 조바심을 냅니다. 한 해에 수만 종의 새 책이 쏟아지고 있고, 책으로 남은 인류의 지적 자산 중 읽은 책보다는 읽지 않은 책이 더 많지만 남은 건 30년뿐이니 내키는 대로 이 책 저 책 유랑하는 독서 습관은 끝내야 하겠지요. D데이를 계산해주는 어플리케이션에 85세가 되는 제 생일을 '북 피플 독서수명'이라는 다소 섬뜩한 이름으로 추가했습니다. 어플리케이션은 10,115일 남았다고 알려주네요. 저는 그동안 읽어낼 수 있는 현실적이고 달성 가능한 독서 계획을 세우기로 했습니다.

첫번째 단계로 저 무지막지한 책 더미 속에서 무조건 책을 열심히 읽는 게 아니라 실현 가능한 독서 목표를 세우는 게 필요했는데요. 수십만 권, 수백만 권을 소장한 도서관을 나만의 '휴먼 스케일', 즉 읽어낼 수 있는 범위로 축소하는 것입니다. 평상시의 시간 리듬과 책 읽는 리듬을 감안하면 완독하는 데 필요한 시간은, 책의 두께와 난이도에 따라 다르겠지만, 평균 한 권에 최소 2주가 필요하다고 계산했습니다. 이 계산법을 따르면 한 달에 두 권, 1년에 스물네 권이 제대로 읽어낼 수 있는 독서 정량입니다. 젊었을 때는 읽은 책의 권수로 승부를 걸기도 했지만 그게 부질없음을 이미 깨달은 나이이니 지난 세기 방식의 성장주의 독서법과 이별합니다. 책을 읽고 책을 통해 얻은 지식을 나의 것으로 육화하기에는 충분한 성찰의 시간을 요구하니 1년에 가장 적합한 독서량의 목표를 열두 권으로 잡았습니다.

교양은 목적 없는 독서를 통해 형성될 수 있으니, 10,115일은 지식과 교양 사이의 아주 오래된 그리고 고질적인 불균형을 바로잡을 수 있는 마지막 시간이 될 것입니다. 게다가, 그 기간에 이렇게 책을 읽어나가면 치매 예방 효과를 확실히 기대할 수 있고, 그렇다면 사실상 D-10,115가 D-15,000으로 연장될 수 있는 기적을 은근히 바라고 있음도 고백합니다.

수십 권, 수백만 권의 책 중에서 골라 10,115일을 채워야 하니 읽을 책을 골라낼 때 참조할 기준이 필요합니다. 어떤 책을 읽어야 할까요? 책을 읽는 이유는 다양합니다. 우리는 정보 습득을 위해서, 그저 책에 담긴 문장이 아름다워서 책을 읽을 수 있습니다. 하지만 교양적 독서는 독서라는 행위를 통해 도달하고자 하는 목표를 잃지 않는 독서입니다. 책 읽기를 통해 어제보다 더 나은 내가 되려는 지향, 함께 더 나아지려는 지향은 교양적 독서의 유일한 나침반입니다. 다시 말해 교양적 독서는 교양 있는 사람이 갖추어야 할 덕목 습득이라는 목적을 지향합니다.

그러면 어떤 사람이 교양 있는 사람, 교양인일까요? 교양인은 알지 못하는 것에 대한 강한 호기심으로 무장한 사람, 습득한 지식을 개인의 영달이 아니라 공공선을 위해 기꺼이 사용하는 사람, 읽고 쓰는 지적 역량뿐만 아니라 타인을 설득할 수 있는 역량을 지닌 사람, 세계의 다양성을 수용할 수 있는 태도를 지닌 사람, 선하지 않은 권력에 대한 지속적인 비판을 할 수 있는 용기 있는 사람입니다.

그래서 교양인이 되기 위해 필요한 덕목을 담고 있는 책들 중에서 저는 우선, 언젠가 읽었으나 도대체 기억이 나지 않는 책, 언젠가 읽어야겠다고 마음은 먹었지만 아직도 읽지 않은 책, 안 읽고도 읽은 척을 늘 해왔던지라 나도 모르게 읽었다고 착각하고 있으나 실제로는 서문만 읽었거나 아주 일부분만 읽은 책, 심지어 다른 책에서 소개된 내용만 읽었으면서도 뻔뻔하게 읽은 척

했던 책들을 열두 권 선정했습니다.

그런데 혼자서만 교양 있으면 의미 없습니다. 교양인이 넘쳐 흘러야 이 사회도 교양이 생기겠지요. 이 취지에 공감하고 함께 책을 읽을 친구들을 찾았습니다. 그래서 책의 더미에서 길을 잃고 헤매고 있는 사람, 책의 내용에 비해 마케팅 효과가 지나치게 컸던 책에 속은 사람, 남들이 좋다는 책을 읽긴 읽었는데 왜 좋은지 알 수 없는 사람, 책을 읽은 지 꽤 오래되었지만 발전이 없다고 느끼는 사람, 돈 받고 광고하는 책 소개 북튜버를 믿을 수 없는 사람이 제가 운영하는 니은서점에 모여 '생각학교'를 만들었습니다.

생각학교는 사람들이 모여 함께 교양인이 되려는 가상의 공간이자, 지식이 인격의 구성요소로 전환되는 공간이자, 지식을 토대로 교양 있는 시민으로서의 관점과 태도를 배양하는 곳입니다. 호기심과 자기성찰, 사색과 숙고, 동료 시민과의 의사소통을 통해 어제보다 더 나은 사람이 되고 싶은 친구들이 모여서 책을 읽습니다. 우정의 힘으로 교양인이 되려는 생각학교 사람들의 심중을 담은 듯한 《인간의 대지》 한 구절을 읽어드리겠습니다.

오로지 물질적 부만을 위해 일한다면 우리는 스스로의 감옥을 짓는 셈이다. 우리는 살 만한 가치가 있는 것이라곤 아무것도 가져다주지 못하는 재와 같은 돈을 움켜쥐고 고독하게 스스로를 가둔다. 내 추억들 중 오래도록 애착이 가는 추억을 찾고, 내게 소중했던 시간들을 따져보면, 분명 어떤 재산도 내게 마련해주지 못했을 그런 것들을 발견하게 된다.

메르모즈처럼 함께 시련을 겪으면서 영원히 우리와 맺어진 그러한 동료의 우정은 돈으로 살 수 있는 것이 아니다.

－ 앙투안 드 생텍쥐페리, 《인간의 대지》, 시공사, 2014, 41쪽.

이 책 《교양 고전 독서》는 2022년 한 해 동안 생각학교 친구들과 같이 열두 권의 고전을 읽어간 과정의 기록입니다. 이 책을 읽는 여러분도 함께해주시길 바라겠습니다.

차례

1

어떤 사람이 되어야 할까요

아리스토텔레스Aristoteles,
《니코마코스 윤리학Ethika Nikomacheia》, 기원전 4세기

아리스토텔레스, 《니코마코스 윤리학》,
강상진·김재홍·이창우 옮김,
도서출판 길, 2011.

어떤 사람이 되고 싶은지 마지막으로 자신에게 물었던 때가
언제인가요? 사춘기 시절엔 "죽는 날까지 하늘을 우러러 한점 부
끄럼 없기를 잎새에 이는 바람에도 나는 괴로워했다"는 윤동주
의 시를 읽으면서 나도 그렇게 하리라 다짐하기도 했었는데요,
'그때'는 기억조차 가물가물한 먼 과거가 되어버렸습니다. 왜 저
는 윤동주의 시를 잊고 살았던 걸까요? 제가 완성된 경지에 올
랐기 때문이 아니라 어떤 사람이 되어야 하는지 묻고 또 묻는 고
통스러운 시간을 인생에서 잊고 살았기 때문일 겁니다. 그냥 늙
었습니다. 부질없이 나이만 먹었습니다. 망각 속에 처박아두었던
"어떤 사람이 되어야 할까요?"라는 질문을 상기하며 아리스토텔
레스의 《니코마코스 윤리학》을 읽으려 합니다. 윤리학, 즉 에티
카ethica는 어떻게 살아야 잘 사는 것인지, 잘 살기 위해서 필요
한 에토스(성격 혹은 품성)는 무엇인지를 묻고 또 묻는 과정입니

다. 《니코마코스 윤리학》을 통해 한동안 잊고 있던 에티카의 세계로 들어가보겠습니다.

《니코마코스 윤리학》 한국어 번역판은 여러 종류가 있는데요, 대부분 동일한 그림을 표지 디자인으로 채택하고 있다는 점은 매우 흥미롭습니다. 바티칸의 교황 관저인 사도 궁전 안 시스티나 경당에 있는, 라파엘로 산치오Raffaello Sanzio da Urbino의 〈아테네 학당〉이라는 그림입니다.

이 그림에서 플라톤과 아리스토텔레스가 취하고 있는 자세의 차이는 자주 언급됩니다. 플라톤의 손가락은 하늘을 향하고 있습니다. 변하는 것을 보지 말고 변하지 않는 저 하늘의 이데아를 보라는 제스처입니다. 아리스토텔레스는 다릅니다. 플라톤과 아리스토텔레스는 스승과 제자의 관계이지만 아리스토텔레스는 플라톤을 곧이곧대로 반복하지 않고 뒤집었습니다. 아리스토텔레스는 땅을 가리키고 있습니다. 그는 플라톤이 중요하다고 여기지 않았던 것을 철학의 중심 문제라 생각했기 때문입니다. 이데아를 강조하는 스승과 달리 아리스토텔레스는 '현상phainomena'에 주목합니다. 현상은 눈에 보이는 것이지요. 플라톤은 일상에서 경험하고 관찰할 수 있는 현상은 '미혹'을 불러일으켜 진리에 도달하는 데 오히려 방해된다고 여겼다면, 아리스토텔레스는 현상을 통해 진리에 도달할 수 있다고 믿었습니다. 아리스토텔레스의 땅을 가리키는 손은 우리가 발을 딛고 있는 이 땅의 현실과 일상과 삶을 보라는 외침입니다. 우리는 그의 손이 가리키는 방향을 따라가보겠습니다.

작가는 하늘에서 내려온 사람이 아닙니다. 모든 작가는 아리스토텔레스가 가리키는 땅 위에 있습니다. 누구나 특정 시대를 살았다는 뜻이지요. 위대한 학자들이 쓴 책 속에는 그가 살아내야만 했던 시대의 흔적이 담겨 있습니다. 어떤 사상을 이해하기 위해 그 사상이 나올 수밖에 없었던 사회적인 배경을 그 사람의 삶의 궤적을 통해 찾아보는 것도 책을 읽기 전 필요한 사전 준비 작업입니다. 준비 운동 없이 바로 격렬한 운동을 하면 부상을 입기도 하지요. 책 읽기도 마찬가지예요. 워밍업 없이 단단하기만 한 책의 세계에 들어가면 뇌가 경기를 일으킬 수도 있습니다.

시작해볼까요? 아리스토텔레스는 스타게이라Stageira(현재의 이름은 올림피아다Olympiada)에서 태어났습니다. 현재 국민-국가의 국경 기준으로는 그리스 북부 지역입니다. 아리스토텔레스가 살았던 시대에 그리스라는 국민-국가는 없었습니다. 스타게이라는 아리스토텔레스가 태어났을 때 마케도니아 왕국의 영토였습니다. 굳이 구별하자면 아리스토텔레스는 그리스인이 아니라 왕국 출신 마케도니아 사람인 거죠.

아리스토텔레스의 아버지는 마케도니아 왕 아민타스 2세의 친구이자 주치의였습니다. 아리스토텔레스는 아버지가 왕궁의 주치의가 되면서 스타게이라에서 마케도니아 왕국의 수도 펠라로 이주했고 그곳에서 성장했습니다. 아리스토텔레스는 나중에

왕위를 물려받게 되는 필립포스와 친구로 지냈다고 합니다. 아리스토텔레스는 17세 때 아테네에서 플라톤이 운영하는 아카데미아로 유학을 가게 되죠. 마케도니아 왕국에서 태어나서 그 왕국의 수도에서 성장한 아리스토텔레스는 마케도니아 왕국과 적대적인 아테네로 유학 가서 아카데미아에서 10년간은 학생으로 그리고 10년간은 가르치는 사람으로 보냅니다. 아카데미아에서 가장 돋보이는 학생이었기에 플라톤이 세상을 떠났을 때 아카데미아의 교장 자리를 아리스토텔레스가 물려받으리라 많은 사람들이 예상했지만, 아리스토텔레스는 후계자가 되지 못했습니다. 그래서 그랬는지 20여 년간 삶을 보냈던 아카데미아를 떠나 에게해 건너 아소스로 갔다가 레스보스섬으로 이주해 생물학을 연구합니다.

그사이 왕궁에서 함께 자랐던 친구 필립포스가 마케도니아의 왕이 됐는데, 그의 아들이 후에 페르시아 전쟁에 나선 알렉산드로스 3세입니다. 아들의 가정교사를 맡아달라는 필립포스의 청에 아리스토텔레스는 알렉산드로스 3세의 스승이 되었다가, 그 가정 교사 일을 정리한 후 고향 스타게이라로 갑니다. 그리고 현재의 이스탄불을 지나 흑해 너머 크름반도 부근을 여행하며 자연에 대한 연구를 계속합니다. 이때만 하더라도 아리스토텔레스는 자연과학자에 가까웠죠. 기원전 335년 그는 아테네로 되돌아갔는데요, 그 목적지는 아카데미아가 아니었습니다. 나이 쉰 살에 뤼케이온이라는 자신만의 학교를 설립했습니다.

마케도니아와 아테네는 정치적으로 대립 관계였기에 아테네 정치인 중 반反마케도니아 정서를 이용해 권력을 쟁취하려는 사람이 적잖이 있었고 그런 일이 벌어질 때마다 아리스토텔레스는 위험한 처지로 몰렸습니다. 아테네의 반마케도니아 정서가 너무 심해지자 그는 에우보이아라는 아테네 근교의 섬으로 피신을 해 머물다가 세상을 떠납니다. 스타게이라에서 태어나 에우보이아섬에서 사망하기까지 아리스토텔레스의 삶은 세월을 뛰어넘는 그의 명성을 익히 알고 있는 우리의 추측과 달리 결코 평탄하지 않았습니다.

당시 아테네에서는 시민 자격 없이 머무르는 사람을 거류 외인, 즉 메토이코스metoikos라 불렀다고 합니다. 아리스토텔레스는 마케도니아 사람이기에 메토이코스였습니다. 아테네의 국외자, 아웃사이더였지요. 그는 자신을 둘러싼 험한 환경을 학문적 절실함으로 바꾸어놓았습니다. 유대인이 국외자였기에 역설적으로 뛰어난 사상가가 많았던 것처럼, 아테네의 많은 메토이코스들도 빼어난 업적을 남겼습니다. 우리에게 잘 알려진 히포크라테스, 헤로도토스, 아낙사고라스가 그들입니다.

사실, 학자에게 과도하게 평탄한 삶은 독이 될 수도 있습니다. 학문에서도 '헝그리 앤드 앵그리hungry and angry(배고프고 화가 난)'라는 게 매우 중요하거든요. '헝그리'할 때 '앵그리'하고, '앵그리'한 사람에게만 비로소 보이는 세상이 있지요. 어떤 사상가는 고통스럽게 살았지만, 그 고통스러운 삶으로부터 첨예한 문제의식을 발굴하고 그 문제의식을 사상적 발전을 위한 토대로 삼아 위대한 업적을 남기기도 합니다. 반면 편안한 삶을 누리고 있

으면 세상이 다 좋아 보일 수도 있고, 권력을 쥐고 있는 기득권
자라면 우리 사회는 전혀 문제없는 곳으로 여겨질 수도 있습니
다. 학자가 지나치게 출세를 하거나 인정을 받으면 그게 그 사람
의 사고에 영향을 끼쳐 결국 좋은 글을 쓸 수 없는 역설이 생기
기도 합니다. 어용학자의 비극은 그것이죠. 실력과 통찰력을 갖
춘 사람도 어용학자가 되는 순간 학자로서의 명민함은 지나간 한
때의 능력이 되고 맙니다.

모든 인간은 본성적으로 알고 싶어합니다

대부분의 사상가에게선 그 사람만의 핵심주장과 그 주장을
뒷받침하는 전제가 있습니다. 아리스토텔레스에게는 《형이상학》
중 한 구절인 "모든 인간은 본성적으로 알고 싶어한다"가 그만의
핵심주장이자 전제가 아닌가 싶습니다. 아리스토텔레스의 삶 자
체가 "본성적으로 알고 싶어"하는 삶이었고, 그는 자신이 그랬던
것처럼 타인도 앎에 대한 욕망을 유지하기를 기대했습니다.
그가 설립한 학교 뤼케이온은 독특했습니다. 뤼케이온에선
강의를 듣는 사람과 강의의 목적에 따라 오전에는 전문적인 학
자를 길러내는 강의가, 오후엔 시민을 위한 강의가 열렸지요. 아
리스토텔레스는 지식을 전문지식/에피스테메epistēmē와 교양/파
이데이아paideia로 구별했습니다. 뤼케이온의 오전 수업이 전문지
식 교육이라면 오후 수업은 일종의 교양 강좌였던 것이죠. 그러

면 아리스토텔레스는 왜 학문적 지식뿐만 아니라 교양이 필요하다고 생각했을까요?

권력자는 자신이 에피스테메의 소유자가 아니기에, 권력을 이용하여 에피스테메를 지닌 전문가를 자신의 수하에 두려고 합니다. 자신의 권력을 교묘하게 정당화하기 위해 전문가의 에피스테메를 활용하기도 합니다. 에피스테메는 특정 분야에 대한 전문적 지식의 체계이기에 그 자체로 의미 있을 수 있지만, 만약 권력을 위한 수단이 된다면 그 무엇보다 위험한 것이 됩니다. 권력자가 전문가를 동원해 에피스테메를 수단으로 우리를 현혹시키려 할 경우, 우리는 그저 당하기만 해야 할까요? 전문가가 민중의 편이 아니라 권력자의 편에 서서 술수를 부리고 있다면, 이 술수를 간파할 수 있는 능력이 필요합니다. 그 능력은 파이데이아로부터 나옵니다.

시민은 파이데이아를 알아야 합니다. 시민이 교양이 있어야 에피스테메의 용어로 요설을 늘어놓는 전문가의 이야기에 속아 넘어가지 않을 테니까요. 에피스테메를 통해 세상이 나빠지는 것을 막을 수 있는 장치가 시민의 교양입니다. 그래서 아리스토텔레스에겐 뤼케이온에서 에피스테메를 전수하는 것 못지않게 시민의 교양 교육이 중요했던 것이죠. 이제 워밍업이 끝났으니, 《니코마코스 윤리학》 책 속으로 들어가보겠습니다.

우리가 읽는 《니코마코스 윤리학》은 아리스토텔레스가 퇴고
한 원고를 바탕으로 만들어진 책이 아닙니다. 아리스토텔레스의
원고는 두루마리 형태로 전해지다가 나중에 책의 원형이라 할
수 있는 코덱스codex로 로마 시대 때 안드로니코스에 의해 정리
되었습니다. 안드로니코스는 아리스토텔레스의 두루마리를 주제
별로 분류했습니다. 예를 들어 우리가 메타피지카metaphysica, 즉
《형이상학》이라고 부르는 책은 안드로니코스가 주제적 통일성
을 표현할 제목을 찾지 못해서 임의로 자연학 저작 뒤에 쓴 작품
이라는 뜻으로 '타 메타 타 피지카ta meta ta physika'라고 이름 지
었는데, 그 이름이 나중에 '메타피지카', 즉 《형이상학》이라는 책
제목으로 굳어진 것입니다. 《니코마코스 윤리학》이라는 책 제목
도 이런 방식으로 후대에 지어진 것인데요, 니코마코스는 아리
스토텔레스의 아들 이름에서 따왔다는 해석이 가장 유력합니다.
　《니코마코스 윤리학》 같은 고전을 읽기 위해서는 아주 다른
방식의 책 읽기가 필요해요. 《니코마코스 윤리학》은 현대적 의미
의 편집 없이 만들어진 책이라는 점을 이해하는 게 중요합니다.
요즘에는 보통 작가가 초고를 완성한 후 원고를 출판사에 보내
면 편집자가 원고를 검토한 후에 의견을 첨부해서 되돌려 보냅니
다. 편집자의 관점에서 이해 안 되는 책의 구성이나 문장에 대한
의견과 질문이 덧붙여져 있습니다. 편집자의 원고 검토 의견을
보고 작가가 자신의 원고를 들여다보면 쓰던 당시에는 몰랐던 오

류나 문제가 눈에 들어옵니다. 편집 과정에서 그런 오류를 수정한 끝에 책이 만들어집니다. 그런데 오래된 고전은 그런 편집 과정을 거치지 않았어요. 그래서 고전을 읽다보면 도대체 무슨 말인지 알 수 없는 문장들이 수두룩하게 튀어나오는 게 어떤 면에서 당연한 겁니다. 그래서 우리가 고전을 읽을 때는 고전의 권위에 너무 눌리지 말고 이건 편집되지 않은 책이라는 생각으로, 중간중간 설사 이해하지 못하는 문장이 등장해도 너무 신경 쓰지 않는 자세가 필요합니다.

그리고 문장 하나하나에 너무 매달리지 말아야 합니다. 학교에서 강의가 끝나고 난 후 학생이 어떤 책을 들고 와서 한 문장을 짚으면서 그 문장의 뜻을 물으면 답하기가 매우 힘듭니다. 고립된 문장 자체로 명료하게 이해되는 문장도 있지만, 어떤 문장은 전후 맥락을 참조해야만 비로소 뜻을 파악할 수 있습니다. 고전을 읽을 때는 이런 식의 독서 방법을 과감하게 적용해야 합니다. 한 문장을 이해 못 하셨으면 너무 겁먹지 마세요. 한 발짝 떨어져서 전체적인 맥락을 보시기 바랍니다.

나중에 또 다른 책을 이야기하면서 말씀 드리겠지만 플라톤이 썼다고, 아리스토텔레스가 썼다고, 짐멜이 썼다고 완벽한 책은 아닙니다. 한 얘기 또 하고 또 하고 또 하는 옛날 학자도 많습니다. 그래서 고전 중에는 쓸데없이 두꺼운 책도 상당수 있습니다. 우리는 그런 난점과 과감하게 거리를 두면서 책을 읽는 걸 연습하는 게 필요합니다.

아리스토텔레스는 삶의 난제로부터 출발합니다

책 속으로 좀 더 깊숙이 들어가볼까요? 아리스토텔레스는 우리가 살면서 일상에서 부딪히는 문제로부터 철학을 시작합니다. 예를 들면 이런 문장이 있어요.

다음과 같은 문제가 있다. 즉 모든 것을 아버지에게 돌리고 모든 점에서 그의 말을 따라야 하는지, 아니면 병들었을 경우에는 의사의 말을 따르고 장군을 선출할 경우에는 능력 있는 사람을 뽑아야 하는지. 마찬가지로, 만약 둘 다 할 수 없을 경우 신실한 사람을 돕기보다 친구를 도와야 하는지, 동료에게 선행charis을 베풀기보다 먼저 은인에게 선행을 갚아야 하는지, 이런 종류의 모든 문제들을 엄밀하게 규정하기란 쉽지 않다. 사안의 크기, 경중이나 고귀함, 또 절실함에 있어서 수없이 많고 다양한 차이들을 포함하고 있기 때문이다.
— 《니코마코스 윤리학》, 318쪽.

삶에서 우리가 뭔가를 선택하거나 결정해야 되는데, 선택을 임기응변으로 하지 않고 성찰을 통해 해야 한다면, 그 성찰의 시간이 철학하는 시간입니다.

아리스토텔레스의 질문에 여러분은 뭐라고 답하시겠습니까? 그가 제기하는 딜레마에 현명하게 답하려면 생각이 필요합니다. 아버지와 자식 사이의 좋은 관계는 무엇인지에 대한 나름의 판단이 없으면 이 질문에 답하기가 곤란합니다. 충분한 생각의 시간을 거친 후에야 이 질문에 "그렇다" "아니다"라고 자신만의 답을 내릴 수 있겠죠. 산다는 건 불쑥불쑥 튀어나오는 난제 앞에서 현명한 선택을 하나씩 쌓아가는 것이라 할 수 있겠지요. 도대체 나는 어떻게 행동해야 하는가, 무엇을 선택해야 하는가에 관한 질문에 대해서 답을 내리고, 그런 답을 내릴 수밖에 없었는지 자신의 언어로 진술하는 것이 아리스토텔레스 관점의 철학입니다.

아리스토텔레스의 《니코마코스 윤리학》에는 철학의 전문 용어는 등장하지 않습니다. 에피스테메는 전문용어로 구성되어 있으니 에피스테메를 습득한 사람이 전문용어로 떠들면 이 사람이 말하는 게 무슨 말인지 귀에 들어오지 않습니다. 우리가 학문에 대해서 냉소하게 되는 이유가 바로 그것인데요, 전문용어로 설명하는 걸 안다고 살면서 부딪히는 딜레마를 해결하는 데 결코 도움이 되는 것 같지 않으니까요. 그러다보니 철학이란 어려운 말을 하기 좋아하는 사람이 추상적인 개념을 장황하게 떠든 거라고 판단하고 철학과 거리를 두게 되는 것이죠. 아리스토텔레스는 삶과 철학이 유리된 그 한계로부터 벗어나려 합니다.

《니코마코스 윤리학》은 총 10개의 권으로 구성되어 있는데요, 각 권의 구성 원리와 주제는 다르지만 각각의 주제를 이끌고 가는 강의 방법이자 서술 방법에는 패턴이 보입니다. 여러분이 이 패턴을 눈여겨보시고 머릿속에 입력하시면 《니코마코스 윤리학》을 읽으실 때 아리스토텔레스의 논지를 쉽게 따라가실 수 있을 겁니다.

예를 들어, 10권의 주제는 쾌락입니다. 도입부에서 아리스토텔레스는 자신이 생각하는 쾌락의 정의를 진술하는 대신 쾌락에 대한 시중의 상이한 주장을 제시합니다. 이런 식이죠. 쾌락은 나쁘다고 주장하는 사람도 있고, 동시에 그 자체로 나쁜 것이라고 할 수 없다는 사람도 있다고 말합니다. 철학자만 사는 철학의 공간이 아니라 평범한 사람들이 일상을 살아가는 공간에서 쾌락에 대해 벌어지는 갑론을박이 아리스토텔레스의 출발점입니다. 1장에서는 쾌락에 대한 상반된 견해를 제시하고, 2장에서 쾌락은 좋은 것이라고 하는 사람들의 통념을 살펴보고, 3장에서는 쾌락은 백해무익하다는 주장을 충분히 살펴본 후에, 아리스토텔레스는 이 상반된 견해를 서로 충돌시키면서 그중에서 취해야 할 것은 무엇이고 취하지 말아야 할 것은 무엇인지를 논의하는 방식으로 결론을 이끌어냅니다.

《니코마코스 윤리학》의 10권은 대부분 이러한 사유방식을 따라 구성되어 있습니다. 텍스트를 읽을 때 우리가 주목해야 할 단어는 '어떤'입니다. '어떤'은 예를 들면 이렇게 사용됩니다. "쾌락은 좋은 것입니까"라고 누가 질문을 했을 때 "그렇다" "아니다"라고 양자택일적으로 쉽게 말하는 사람은 쾌락을 총괄적으로 생각하는 겁니다. 쾌락에 대한 이데아적인 판단이 있는 거죠. 그런데 아리스토텔레스는 현실주의자입니다. 삶의 딜레마에 주목하는 사람입니다. 그렇기에 아리스토텔레스는 총괄적인 결론을 내리지 않고 '어떤' 쾌락은 좋을 수 있고 '어떤' 쾌락은 나쁠 수도 있다고 대답합니다.

어떤 사람이 사랑하는 사람과의 에로스적 관계에서 쾌락을 느낀다면, 그 쾌락을 나쁜 것이라 말할 수 없습니다. 그렇지만 그 관계가 불륜이라는 맥락에 놓여 있다면, 더 나아가 살인하면서 쾌락을 느끼는 경우라면, 그 쾌락은 분명 나쁜 것입니다. 아리스토텔레스는 하나의 질문을 던지고 그 질문을 쪼개나가고 그 질문이 놓인 구체적인 상황을 살핍니다. 그래서 아리스토텔레스가 문장을 전개하는 과정 속에서 '어떤'이라는 단어가 수시로 등장합니다. 성급한 총괄적인 결론을 내리지 않으려는 아리스토텔레스의 태도가 반영된 것이죠.

여기까지 이해를 하시면 여러분에게 《니코마코스 윤리학》 독해법이 입력된 셈입니다.

《니코마코스 윤리학》의 시작 질문은 "좋음은 무엇인가"입니다

《니코마코스 윤리학》의 시작 부분을 살펴볼까요? 제1권은 이른바 '좋음agathon'에 관련된 질문입니다. '좋다'는 게 뭘까요? 자주 쓰는 단어이면서도 정작 그 의미에 대해서는 곰곰이 생각하지 않은 채 습관처럼 사용하는 단어인데요, 아리스토텔레스는 우리에게 익숙하면서도 삶에서 그냥 지나쳤던 '좋음'을 《니코마코스 윤리학》을 시작하는 핵심질문으로 삼습니다.

우리는 일상에서 '좋음'을 다양하게 사용합니다. "그 사람 참 좋아"라든가 "이 의자는 좋습니다"처럼요. 이 일상 속의 진술을 확대해나가보죠. 그 사람이 좋다는 게 무슨 뜻일까요? 잘생겼다는 뜻일까요? 돈이 많다는 뜻일까요? 권력이 있다는 뜻일까요? 아리스토텔레스는 이렇게 답합니다. 만약 우리가 '어떤' 사람에 대해 '좋다'고 생각한다면, 그 사람에겐 "사람을 사람으로 만들어주는 그 무엇"이 있다고 판단내리기 때문이라는 것입니다. 아리스토텔레스가 생각하는 '좋음'은 그것을 '마땅히' 그것으로 만들어주는 것입니다. 그래서 '좋음'은 사람에게도 책상에게도 가능합니다.

좋은 책상이란 뭘까요? 책상 구실을 하는 책상이죠. 그게 좋은 책상입니다. 그것을 그것으로 만들어주고 있으니까요. 만약 의자가 있는데, 의자 구실을 못 합니다. 사람이 앉았더니 무너져요. 의자는 마땅히 의자다워야 하는데, 당연히 의자로서 갖추어야 할 것을 겸비하지 못했으니 좋은 의자가 아니죠.

어떤 사람이 좋은 사람일까요? 인간다운 사람이 좋은 사람입니다. 인간이라면 마땅히 이래야 하며 인간이라면 이래서는 절대 안 된다고 생각하는 것이 있습니다. 타인에 대한 연민을 갖고 있는 사람을 우리는 사람다운 사람이라 생각합니다. 인간으로서의 덕목을 지키지 않고 심지어 부끄러워하지도 않는다면 "사람 같지 않다"라고 평가내리지요. "사람 같지 않은" 사람은 사람으로 갖추어야 할, 사람을 사람으로 만들어주는 요소를 갖고 있지 못하기에 '좋은' 사람이 아닙니다.

'좋음'을 이렇게 정의하면 질문이 꼬리에 꼬리를 물고 이어집니다. 세상에는 좋은 사람만 있는 게 아니잖아요. 좋은 사람도 있고 좋지 않은 사람들도 있습니다. 이 '좋음'과 '좋지 않음'은 무엇에 의해서 결정되는지 당연히 궁금해집니다. 왜 어떤 사람은 좋고 왜 어떤 사람은 좋지 않은지, 그 둘의 차이는 무엇인지, 왜 어떤 국가는 좋고 어떤 국가는 좋지 않은지 그 이유를 설명하고 싶어집니다.

만약 어떤 사람이 좋은 사람이라면 그의 천성이 그를 좋은 사람으로 만들어주었을까요? 아리스토텔레스의 대답에 따르면 좋은 사람은 천성에 의해 결정되지 않습니다. '좋음'과 '좋지 않음'을 갈라놓는 과정은 '탁월성' 혹은 '미덕'이라고 번역되는 아레테 aretē의 유무입니다. 탁월성은 일상생활에서 잘 안 쓰는 용어인데요. 좋음을 유지할 수 있는 품성 내지는 마음가짐 혹은 태도로 바꾸어볼 수 있습니다.

어떤 것을 우리가 좋다고 이야기하려면 몇 가지 전제조건을 만족시켜야 되는데, 첫번째 전제조건은 '궁극적'이어야 한다는 것입니다. '궁극적이다' 역시 일상에서 잘 안 쓰는 단어인데, 《니코마코스 윤리학》에서는 이를 "그 자체 때문에 추구할 가치가 있는 것"이라고도 표현합니다.

사랑에 비추어 이해해보죠. 사랑하니까 사랑한다고 말할 수 있는 사랑이 궁극적 사랑입니다. 누구를 사랑하는데 그 사람이 돈이 많아서도 아니고 잘생겨서도 아니고 권력자이기 때문도 아니고 오로지 그 사람을 사랑하는 이유가 그 사람이 그 사람이라서라고만 표현할 수 있다면 그게 바로 '궁극적'인 사랑인 것입니다.

　'궁극적' 공부도 가능합니다. 공부를 하는 이유가 출세의 발판을 마련하기 위해서라면 궁극적인 공부가 아닙니다. 아리스토텔레스적인 의미에서 궁극적인 공부란 우리가 이 책을 읽으며 하고 있는 공부와 같은 것이죠. 지금 출세하려고 해서가 아니라, 공부가 그 자체로 의미가 있다고 생각해서 우리는 공부를 하고 있는 거잖아요. 그러니까 우리는 지금 '궁극적'인 공부를 하고 있는 셈이에요.

　어떤 것이 좋은 것이 되려고 하면 요구되는 두번째 조건은 '자족성'입니다. '자족성'도 한자라서 조금 더 어렵게 느껴질 수 있지만 우리 일상용어로 표현해보자면 "그것으로 충분하다"에 해당될 것입니다. "당신은 왜 철학 책을 읽습니까? 철학 책을 읽어서 출세를 합니까, 돈을 법니까?"라고 누군가 물어본다면, 이 질문을 던지는 사람은 철학의 속성이 '궁극적'이라는 것을 모르고 있는 셈인데요. 더 나아가 이런 의문을 품는 사람은 '자족성'에 대한 개념도 없는 것이라 말할 수 있습니다. 철학 책을 읽으면서 내가 몰랐던 걸 깨닫는다면 '그것으로 충분'합니다. "나 이거 깨달았으니 승진시켜주세요, 로또에 당첨시켜주세요, 돈 주세요"가 아니라 내가 깨달았다면 그 자체만으로 충분한 겁니다. 이것이 아리스토텔레스적 의미의 '자족성'입니다. 어떤 것이 '궁극적'인 데다가 '자족성'까지 겸하면 '완전성'에 도달합니다.

　자족성, 궁극성 그리고 완전성을 사랑을 통해 이해해볼까요? 누구나 꿈꾸는 '완전한' 사랑은 무엇일까요? '완전한' 사랑이 되기 위해서는 그 사랑이 무엇보다 '궁극적'이고 '자족적'이어야만 합니다. 내가 그 사람을 사랑하는 유일한 이유가 그 사람이어서라면 그것은 궁극적인 사랑입니다. 그리고 그 사랑으로 인해 직접적으로 얻는 것이 아무것도 없어도 사랑하고 사랑받는 것만으로 충분하다면 그 사랑은 분명 자족적 사랑입니다. 궁극과 자족이 합쳐진 사랑은 완전한 사랑입니다. 완전한 사랑은 궁극적이고 자족적이니 '좋은' 사랑이라고 부를 수도 있겠지요.

행복eudaimonia이라는 건 과연 뭘까요? 행복은 손에 쥘 수 있는 어떤 물질이 아니라 '좋음'이 실현돼 있는 상태입니다. 행복은 주관적 감정이 아니에요. 사람이 행복해지려고 하면 여러 가지 조건이 필요합니다. 몸의 좋음도 필요하고, 혼의 좋음도 필요합니다. 몸의 좋음은 요즘 우리가 흔히 "몸 좋다"라는 의미와 다릅니다. 아리스토텔레스적 의미로는 건강입니다. 이것이 내적 좋음이라면 행복에 도달하기 위해서는 외적 좋음도 필요합니다. 아리스토텔레스적인 의미의 외적 좋음은 현대적 용어로 바꾸면 사회 환경의 좋음에 가깝습니다. 한 사람이 외적 좋음으로 구성되어 있는 사회 속에 있다면 그 사람은 좋음의 상태로 갈 수 있는 가능성이 높겠죠. 역으로 우리가 살고 있는 사회에 외적인 좋음이 없다면 그 사회 속 개인이 행복해지기 어렵습니다. 아리스토텔레스는 철학자이면서 동시에 사회학자의 면모를 지녔습니다. 아리스토텔레스한테는 항상 이 맥락이 등장해요. 한 개인이 좋음에 도달하기 위해 어떤 선택을 할 것인가가 철학적 질문이라면, 나를 둘러싸고 있는 환경이 좋음을 실현하려면 어떤 조건을 갖추어야 하는 것인가에 대한 질문은 전형적인 사회과학적 질문이지요. 아리스토텔레스에겐 철학적이고 윤리적인 질문과 사회과학적 질문이 늘 나란히 갑니다.

모자라지도 않고 지나치지도 않은 성격적 아레테가 필요합니다

행복하려면 외적인 좋음도 있어야 하고 몸의 좋음도 있어야 하지만 혼의 좋음은 빼놓을 수 없는 조건입니다. 인간은 몸과 정신으로 구성된 존재니까요. '혼'이라고 하면 우리에겐 살짝 주술적 의미가 떠오르기도 하니, 그리스어 그대로 프시케psyche라고 표현할게요. 한 인간의 프시케가 좋으려면, 프시케가 탁월성 혹은 미덕이라고 부르는 아레테의 지침을 따라야 합니다. 아레테를 따르는 인간의 행동은 행복으로 우리를 이끕니다. 아리스토텔레스에 따르면 아레테는 두 가지 요소로 구성되어 있는데요, 그 하나가 지적 아레테이고 다른 하나가 성격적 아레테입니다.

성격적 아레테에 도달하기 위해 필요한 것이 아리스토텔레스의 트레이드 마크와도 같은 중용mesotes입니다. 정의하자면 중용은 모자라지도 않고 지나치지도 않은 상태이지요. 아리스토텔레스는 현실주의자이고 맥락이 중요하고 상황이 중요하다고 말씀드렸었는데요, 중용과 관련해서도 이러한 태도는 유지됩니다. 아리스토텔레스는 중용을 명시적으로 정의 내리지 않습니다. 중용이 무엇인지는 맥락과 상황에 따라 달라질 수 있기 때문입니다.

두려움이라는 감정을 통해 중용의 상태를 이해해볼게요. 두려움이 지나치게 많거나 모자란 상태는 중용이 아닙니다. 두려움이 과도하게 많은 사람이라면 도전을 잘하지 못할 겁니다. 그리고 용기가 필요한 순간에도 과도한 두려움 때문에 비겁한 사람이 되죠. 그런데 어떤 사람에게 두려움이 지나치게 모자라면 어떻게 될까요? 비겁한 사람에 비해 나아 보일 수도 있지만, 만용에 사로잡힌 무모한 사람이 될 수도 있죠. 성격적 아레테를 지닌 사람은 두려움이 지나치지도 모자라지도 않는 중용의 상태에 있는 사람입니다.

돈 문제와도 연결시켜 생각해볼까요? 어떤 사람은 돈을 지나치게 좋아하는 나머지 돈이 아까워서 잘 쓰지 못합니다. 이 사람은 좀스럽습니다. 친구 사이에도 돈이 아까워 커피 한 잔 사지 않는 사람이니까요. 어떤 사람은 돈을 아주 잘 씁니다. 때론 다른 사람에게 자랑하기 위해 굳이 필요하지도 않은데 돈을 쓰기도 합니다. 이 사람은 낭비벽이 있는 속물적인 사람에 불과합니다. 행복에 도달하기 위해선 좀스러워서도 안 되고 낭비벽이 있어서도 안 됩니다. 그렇다면 중용의 상태는 무엇일까요? 통이 큰 사람이 있습니다. 이 사람은 이유 없이 돈을 자랑하기 위해 펑펑 쓰는 사람이 아닙니다. 그런데 그 돈을 써야 할 분명한 이유가 있다면 아끼지 않고 돈을 씁니다. 과시적인 소비는 하지 않지만 가난한 사람을 위해서는 돈을 아끼지 않고 쓰는 사람이 통 큰 사람이겠지요. 낭비하지도 않으면서 인색하지도 않은 사람,

그 사람은 중용에 도달한 사람입니다. 중용에 도달한 사람에게 선 다른 사람에게서 느껴지지 않는 품위가 나타납니다. 그런 사람에게서 우리가 받는 인상을 굳이 표현하자면 성격적 아레테라 말할 수 있을 것입니다.

성격적 아레테는 어떻게 형성되는 것일까요? 타고나는 것일까요? 아닙니다. 아레테와 관련해서 멋진 표현을 아리스토텔레스가 남겼습니다. "한 마리의 제비가 봄을 만드는 것도 아니며 〔좋은 날〕 하루가 봄을 만드는 것도 아니니까. 그렇듯 〔행복한〕 하루나 짧은 시간이 지극히 복되고 행복한 사람을 만드는 것도 아니다."(《니코마코스 윤리학》, 30쪽) 아레테에 도달하기 위해서는 평생에 걸친 지속적인 노력이 필요합니다.

중용의 상태에 금방 도달할 수 있다면 얼마나 좋겠습니까만, 성격적 아레테의 귀함은 그것이 단박에 얕은 노력으로 얻을 수 없고 오랜 기간 지속적으로 노력을 게을리하지 않아야만 도달할 수 있는 상태이기 때문입니다. 비겁하지도 않고 무모하지도 않고 용기 있는 사람이 되는 성격적 아레테를 하루아침에 얻을 수 있겠습니까? 좀스럽지도 않고 인색하지도 않으면서 통 큰 사람이 어찌 쉽게 되겠어요?

우리는 살면서 무수히 많은 '흑역사'를 반복합니다. 용기가 부족해서 비겁한 순간으로 인해 빚어진 흑역사, 그 흑역사가 부끄러워 만용을 부리다가 또 쓰인 흑역사, 있어 보이려고 낭비를 했던 흑역사, 밥값을 좀 아끼겠다고 좀스럽게 굴었던 흑역사의 순간이 쌓이고 쌓일 때, 그 흑역사 더미를 외면하지 않고 오랫동안 성찰과 반성의 도구로 삼는 사람이 힘들게 도달하는 경지가 성격적 아레테입니다. 성격적 아레테가 있어야만 우리는 행복해질 수 있습니다. 행복은 돈만으로 만들어지는 게 아니지요. 아무리 돈이 많아도 성격적 아레테가 없다면, 그 사람은 그냥 돈 많은 속물일 뿐입니다.

프로네시스(실천적 지혜) 또한 필요하지요

아리스토텔레스의 관점으로 '좋음'을 들여다보니 별생각 없이 하곤 했던 "성격 좋다"라는 말을 마땅히 들어야 할 사람이 누구인지 조금은 분명해지는 느낌입니다. 사람은 당연히 성격이 좋아야 하지만 그것만으로는 충분하지 않습니다. '착한 사람'과 '착하기만 한 사람'은 엄청나게 다르니까요. 우리는 착하기만 한 사람에 그쳐서는 안 됩니다. 현명한 사람이 되어야만 자신을 지킬 수 있지요. 현명한 사람을 아리스토텔레스의 용어로 표현하면 지적 아레테를 갖춘 사람입니다.

지적 아레테는 배움이 많은 사람의 것이 아닙니다. 학벌은 좋아도 현명하지 못한 사람, 심지어 바보 같은 사람, 정말 많지 않나요? 학문의 언어는 보편성을 지향합니다. 학문의 언어로 구성된 이론은 보다 많은 것을 설명할 수 있도록 대부분 사례에 적용되는 공통된 요소만 남겨 일반성을 얻으려 합니다. 그러나 그 과정에서 구체적인 맥락이 제거되는 대가를 치르기도 합니다. 그래서 인간은 일반성의 맥락을 놓치지 않으면서도 일반성으로 환원될 수 없는 구체적 상황에 대한 감각이 필요합니다. 지적 아레테는 이때 발휘됩니다.

"일하지 않은 자, 먹지도 말라"라는 계율을 예로 들어볼게요. 이 계율은 보편적 적용을 요구합니다. 추상도가 높은 일반적 차원에서 이 계율의 타당성은 의심할 바 없어 보입니다. 이 대목에서 아리스토텔레스식 '어떤'에 주목해볼까요? 즉 이 계율이 적용되는 상황적 맥락을 검토해서 '어떤'을 이용해 일반적 맥락을 구체화해보도록 하지요.

어떤 사람이 일을 안 했어요. 또는 일을 안 한 이유가 게을러서라면 그 좋지 않음의 원인은 그 사람에게 있습니다. "일하지 않은 자, 먹지도 말라"라는 계율을 적용하는 데는 문제없어 보입니다. 오히려 이 계율은 엄격하게 이 사람에게 적용되어야 할지도 모릅니다. 그래야 게으른 그 사람이 좋은 사람이 될 수 있을 테니까요. 이 보편적 계율을 적용해 그 사람을 반성하게 만드는 것이 사회정의의 차원에서 현명한 선택일 것입니다.

어떤 사람이 일을 안 했는데 그 이유가 몸이 건강하지 않아서, 몸이 다쳐서 또는 제대로 먹지 못해 몸이 허약해져서라면 어떻게 될까요? 일을 하지 않은 구체적 이유와 상관없이 계율을 따라 "먹지도 마시오"라고 말한다면, 계율이 기계적으로 적용되는 잔인한 선택입니다. 이렇게 현명하지 않은 교조적 지식 적용은 그 병들고 굶주린 사람을 죽음의 지경으로 몰아갈 수도 있습니다. 이 상황적 맥락에서는 보편적으로 보이는 "일하지 않은 자,

먹지도 말라"라는 계율을 유보시키는 지혜가 필요합니다. 대신 긴급히 병들고 굶주린 사람을 제대로 먹이는 게 우선시되어야겠지요.

행동을 결정해야 하는 상황은 늘 일회적이고 유일하지만 지켜지기를 요구하는 계율은 보편적입니다. 둘 사이에는 간극이 있습니다. 개별 상황에서 최적의 행동, 중용에 맞는 행동이 어떤 것인지 판단하고 그것을 실행하는 방법을 찾는 능력이 실천적 지혜, 즉 프로네시스phronesis입니다. 똑똑하지만 실천적 지혜가 없는 사람은 행복할 수 없습니다. 그냥 그 사람은 헛똑똑이일 뿐입니다. 우리에겐 실천적 지혜가 필요합니다. 우리가 되고 싶어하는 교양 있는 사람은 다름 아니라 실천적 지혜가 있는 사람이겠지요.

저도 성격적 아레테와 지적 아레테를 갖춘 사람이 되고 싶습니다. 그리고 많은 사람이 그렇게 되었으면 좋겠습니다. 이 이야기까지만 하고 그만둔다면 아리스토텔레스는 자기계발 담론의 원조에 그쳤을 것입니다. 하지만 아리스토텔레스는 헛똑똑이가 아니라 실천적 지혜를 갖춘 사람입니다. 그래서 그는 개인들에게 성격적 아레테와 지적 아레테를 갖추라고 요구하는 것에 만족하지 않고, 한 걸음 더 나아갑니다.

공정성 없이는 성격적 탁월성도
지적 탁월성도 불가능합니다

아리스토텔레스는 혼의 좋음을 위해서는 외적 좋음이 필요하다고 말했던 것처럼 아레테를 요구하면서 동시에 아레테와 정의dikaiosyne 개념을 교차시킵니다. 모두에게 좋은 것이 나에게만 분배되지 않고 다른 사람에게도 돌아가는 게 '정의'입니다. 정의는 상호관계에서 통용되어야 하는 아레테이지요. 나만 아레테에 도달하려 한다면 그건 자기 경쟁력 확보이겠지요. 정의로우려면 나도 그리고 타인도 모두 아레테에 도달해야 하는 것입니다. 좋은 것은 독점하지 않고 나눠야 한다는 것이 아리스토텔레스적 의미의 정의입니다.

이러한 지적만으로도 아리스토텔레스는 매우 현대적인 인물로 다가오는데요. 아리스토텔레스는 좋음의 배분을 정의의 차원에서 언급하는 것으로 그치지 않고 정의를 공정성과 연결시킵니다. 코로나19로 인해 입은 피해를 사회적으로 보상하는 상황을 생각해보지요. 모두 피해를 입었으니, 국가 예산의 가능한 범위에서 코로나로 인한 손실을 보상하기 위해 1인당 100만 원씩 지급한다는 결정이 내려졌습니다. 좋은 것과 나쁜 것이 특정한 사람에게만 국한되어서는 안 된다는 '정의' 개념에 충실한 결정입니다. 그런데 n분의 1로 모두에게 균등하게 100만 원씩 나눠줄 경우 놓치는 맥락이 있습니다. 코로나로 인한 손실은 결코 균등하지 않다는 점과, 보상금 100만 원의 무게 또한 받는 사람의 사회경제적 위치에 따라 달라진다는 점입니다. 코로나로 인해 실직당한 사람에게 100만 원의 의미와 수십 억의 재산을 갖고 있는 사람에게 100만 원의 의미는 하늘과 땅의 차이만큼이나 크죠. 기계적 정의 실현으로는 해결할 수 없는 맥락에 주목하면 '공정성'이라는 개념이 제기됩니다.

법은 늘 일반적이어서 법의 적용만으로는 해결될 수 없는 구체적인 상황이 있기 때문에, 그 사각지대를 메우는 것이 공정성입니다. 아리스토텔레스의 《니코마코스 윤리학》에서는 아레테를 키워야, 즉 자기계발을 해야 개인의 발전이 이뤄진다는 점만 강조하는 게 아니라 내가 좋은 사람이 되기 위해선, 나만 좋은 사람이 되어서는 안 되고 다른 사람도 좋은 사람이 되어야, 즉 공정성이 실현되어야 한다는 인식이 밑바탕에 깔려 있습니다. 아레테의 중요성을 이야기한 후에 정의와 공정성에 대해 언급한 《니코마코스 윤리학》의 마지막 부분에서 우정philia을 다루는 깃은 이런 맥락에서 보자면 자연스럽습니다.

함께 상상하며 함께 좋은 세상을 만들어갈
친구가 필요합니다

《니코마코스 윤리학》의 후반부는 사회적인 상호작용과 사회적인 관계에 대한 성찰을 담고 있습니다. 《니코마코스 윤리학》의 후반부는 《정치학》에 대한 일종의 예고편과도 같습니다. 아레테를 가능하게 하는 사회적 조건에 대한 본격적 탐색은 《정치학》에서 이뤄지지만, 《니코마코스 윤리학》의 후반부는 우애(친애)라는 틀로 인간의 함께함의 의미를 파헤침으로써 《정치학》으로 건너가는 다리를 놓습니다.

친구는 왜 필요할까요? 왜 인간에겐 우정의 교환이 중요한 것일까요? 그저 서로 선한 마음을 교환하면 그것으로 충분한 것일까요? 친구는 어떤 존재일까요? 언제나 읽어도 너무나 아름다운 아리스토텔레스의 우정 예찬을 읽어보겠습니다.

> 가장 완전한 친애는 좋은 사람들, 또 탁월성에 있어서 유사한 사람들 사이에서 성립하는 친애이다. 이들은 서로가 잘되기를 바라는데, 그들이 좋은 사람인 한 그렇게 바라며, 또 그들은 그 자체로서 좋은 사람들이기 때문이다. 그런데 친구를 위해 그 친구가 잘되기를 바라는 사람이 최고의 친구이다. (…) 따라서 이러한 사람들의 친애는 그들이 좋은 사람인 한 유지된다.
>
> – 《니코마코스 윤리학》, 283쪽.

친구는 서로 잘되기를 바라는 관계입니다. 우정은 경쟁이나 지배의 관계가 아니라 서로 잘되기를 기원하는 마음이기에 그 자체로 정의의 개념에 가장 충실한 관계라 할 수 있습니다. 친교를 나누는 목적은 무엇이어야 할까요? 아리스토텔레스의 다음 문장은 정말 무릎을 칠 수밖에 없습니다.

친구는 [원래] 자신과는 다른 타인으로서 본인 스스로는 할 수 없는 것을 제공해 주는 사람이니 말이다. 그래서 이런 시구가 있는 것이다.

'신이 행복을 부여한다면 친구가 필요한 이유가 무엇인가?'

– 《니코마코스 윤리학》, 337–338쪽.

그렇습니다. 친구는 혼자서는 할 수 없는 일을 할 수 있도록 해주는 존재입니다. 아레테의 추구가 나만의 부귀영화로 귀결되지 않으려면 아레테와 정의가 만나야 함에 대해서는 앞에서 말씀드렸었지요. 외적인 좋음은 뛰어난 개인의 힘에 의해 만들어지지 않습니다. 우리 모두를 위해 외적인 좋음이 필요하다는 데 뜻을 같이하는 사람들과 함께 만들 수 있습니다. 그 뜻을 같이하는 사람들이 친구입니다.

따라서 우리가 말한 것과 같이 좋은 사람이 되기 위해서는 올바르게 길러지고 올바른 습관을 들여야 한다면, 또 이렇게 훌륭한 일들 속에서 살아가며 비자발적으로든 자발적으로든 나쁜 행위를 하지 말아야 한다면, 이런 일은 힘을 가진 어떤 종류의 지성과 힘을 가진 올바른 질서에 따라 사는 사람에게 생겨날 것이다.

– 《니코마코스 윤리학》, 380쪽.

내가 좋은 사람이 되기 위해선 "구속력 있는 올바른 질서" 속에서 살아갈 때 가능한데 그 질서는 자연상태로 주어진 것이 아니라 인간에 의한 구성물입니다. 다시 말해, 정의와 공정성을 지키려는 우리의 선택에 의해 만들어지는 것이죠. "힘을 가진 올바른 질서"를 구성하는 과정이 '입법'이고 입법 과정을 함께하는 사람이 친구입니다.

가장 좋은 입법은 국가가 "힘을 가진 올바른 질서"를 마련해주는 것입니다. 그런데 만약 국가가 그 질서를 만들기 위한 노력을 소홀히 한다면 어떻게 할까요? 이 문장을 같이 보시겠어요?

> 그렇다면 이런 문제에 관해서는 공동의 관심이자 옳은 관심이 생겨나는 것이 최선이지만, 공동의 관심이 기울여지지 않을 때에는 각자가 자신의 아이들과 친구들을 탁월성으로 이끌어 나아가며, 본인도 그런 일을 할 수 있는 능력을 갖추는 것, 적어도 그것을 목표로 선택하는 것이 적절한 것 같다.
>
> – 《니코마코스 윤리학》, 381쪽.

국가가 "힘을 가진 올바른 질서"를 도입하기 위해 아무것도 하지 않을 때 국가에 요구해야 합니다. 요구를 했는데 국가가 아무 정책도 실행에 옮기지 않는다면? 국가가 할 때까지 하염없이 기다려야 할까요? 국가가 적절한 질서를 도입하지 않는다면 친구들과 함께 적절한 질서를 미리 당겨 실현할 수도 있습니다. 친구들이 있다면 가능하죠. 친구는 이래서 필요한 거니까요.

여러분이 제 친구입니다. 국가가 우리의 교양을 위한 적절한 질서를 만들지 않으면 우리가 친애의 힘으로 직접 합니다. 우리는 궁극적이고 싶고 자족적이고 싶고 그래서 좋은 사람이 되고 싶은데, 우리 모두가 좋은 사람이 될 수 있는 외적 조건이 충족되도록 국가가 신경 쓰고 있지 않다면 친구들이 서로 도우면서 해내야겠지요.

친애의 힘으로 지성의 아레테를 함양하기 위해서는 신종 비즈니스를 구상하고 실현하는 데 필요한 규모의 자본을 요구하지 않습니다. 더 나아지려는 의지와 우리 함께 교양을 쌓아가자는 격려만으로 충분합니다. 우리 함께 현대의 뤼케이온을 만들어가시죠. 그 목적지로 가는 첫걸음은 시작되었습니다.

2

이 남자들은 대체 뭘 얻겠다고
싸우는 걸까요

호메로스Homeros, 《일리아스Ilias》,
기원전 8세기

Homer, *The Iliad*,
trans. E. V. Rieu, ed. Peter Jones,
Penguin Classics, 2014.

인용문의 출처 표기 속 숫자는 권과 행을
가리킵니다. 예를 들어, 2:230-235는
2권 230-235행이라는 뜻입니다.

　책 제목을 모르는 사람은 없는데 정작 읽어본 사람은 드문 '전설적'인 책들이 있습니다. 고전일수록 그럴 가능성이 높은데요, 제게도 호메로스의 《일리아스》가 그런 책이었습니다. 수차례 읽으려다 실패했지만 필독 리스트에서 제외되지는 않았지요. 호메로스의 서사시가 인문학에서 차지하는 무시할 수 없는 위상 때문입니다.

　서양의 인문학은 두 가지 뿌리로부터 성장한 나무라고 할 수 있습니다. 한 뿌리가 헬레니즘, 즉 그리스의 지적 전통이고 또 다른 뿌리가 기독교입니다. 헬레니즘의 대표작인 호메로스의 서사시는 워낙 오랜 기간 서양문화권에서 수용되면서 수많은 책에서 재해석되었기에 호메로스의 서사시에 대한 이해 없이 서양의 인문학을 깊이 이해하려면 장벽에 부딪히지요. 이번 강의에서는 제가 번번이 호메로스의 《일리아스》 읽기에 실패한 요인 분석을 토

대로 반복적 실패를 딛고 마침내 완독한 뒤 얻은 팁을 여러분과
공유하고자 합니다.

호메로스의 시대에 그리스가 없었다는 걸
왜 몰랐을까요

우리는 《일리아스》가 고대 그리스의 서사시라고 알고 있지요.
그런데 《일리아스》에는 그리스라는 단어가 등장하지 않습니다.
제가 겪었던 첫번째 어려움은 《일리아스》에는 익숙한 지역 명칭
대신 들어보지 못한 낯선 단어가 자주 등장한다는 점이었습니
다. 첫 줄은 이렇습니다. "노래하소서 여신이여, 펠레우스의 아
들 아킬레우스의 분노를. 아카이오이족에게 끝없는 고통을 가져
다주고 수많은 전사의 강한 영혼을 하데스로 내려보내고 그들의
몸은 온갖 개와 새의 먹이가 되게 만든 그 분노를!"(1:1-4) 문장
은 단순하고 선명한데, 문장을 구성하고 있는 단어가 지칭하는
대상이 오리무중이니 《일리아스》를 펼치자마자 완독할 수 없다
는 불길한 느낌이 확 밀려옵니다. 아카이오이족이라뇨? 그들은
대체 누구인 거죠? 겁먹은 채로 읽기 시작했다가 중간쯤에서 포
기한 예전의 과오를 되풀이하지 않기 위해 용어부터 정리해봤습
니다.
　단적으로 말하자면, 그리스는 그리스에 없습니다. 네? 그리스
사람은 자신의 나라를 그리스라 부르지 않습니다. 아테네가 수도

인 국민−국가, 우리가 그리스라고 부르는 나라의 국호는 엘라다 Ελλάδα입니다. 엘라다의 고대식 표현이 헬레스이고 엘라다의 영어표기는 헬레닉 리퍼블릭Hellenic Republic입니다. 그리스는 영어권에서 엘라다 또는 헬레닉 리퍼블릭을 부르는 이름입니다. '그리스 고대 올림픽' '그릭 요거트' 이런 표현에 익숙하지만 정작 그리스에는 그리스가 없으니, 《일리아스》에도 그리스는 없습니다.

트로이아 전쟁 당시 현대의 국민−국가 엘라다는 당연히 없었으므로 트로이아 전쟁에 참가한 사람은 자신을 그리스인이라 부르지 않았다는 단순한 사실도 모른 채 읽었으니 완독에 실패할 수밖에 없었군요. 그래서 이름부터 정리했습니다. 트로이아 전쟁에 참가한 헬라스(그리스) 연합군은 《일리아스》에서 다양한 이름으로 언급됩니다. 《일리아스》 첫 줄에 등장하는 '아카이오이족'도 헬라스 연합군을 부르는 이름입니다. 헬라스 연합군은 자신을 '아카이오이족'이라고 부를 뿐만 아니라 '아르고스인' '다나오스 백성'이라고 부르기도 합니다. 러시아 소설에서 동일한 인물을 다양한 이름으로 불러서 헷갈리는 것처럼 《일리아스》를 읽어 내려면 헬라스인을 부르는 다양한 명칭을 따로 메모해놓고 혼동하지 않는 것이 필요합니다.

《일리아스》는 '아카이오이족' 혹은 '아르고스인' '다나오스 백성'이 에게해를 건너 트로이아를 공격하는 이야기인데요, 그렇다면 왜 서사시의 제목에 트로이아는 없는 것일까요? 트로이아는 도시 이름이고 트로이아가 있는 지역의 이름은 일리오스 또는 이오니아 지방입니다. 아하, 그렇군요. 서사시 제목 《일리아스》는

"일리온 혹은 일리오스에 관한"이라는 뜻이니, 《일리아스》는 일리오스 지역에 있는 트로이아라는 도시를 상대로 전쟁을 벌이는 '아카이오이족'의 이야기이군요. 이로써 《일리아스》의 첫 줄이 풍기는 불길한 예감을 떨쳐냈습니다.

사람을 부를 때 그 사람의 성과 이름으로 부르는 게 현대적 방식이라면 《일리아스》의 세계에선 특정인을 지칭할 때 그가 누구의 자손인지를 언급합니다. 가부장제적 사고방식이 지배적이었던 시대라 그의 가부장, 즉 아버지의 이름을 언급하는 게 중요했습니다. 그래서 《일리아스》의 첫 줄에서도 아킬레우스를 아버지의 이름까지 언급하며 "펠레우스의 아들 아킬레우스"라고 불렀던 것입니다. 때로 아예 그 사람의 이름을 생략하고 "아트레우스의 아들"이라고만 부르기도 하는데요, 여기서 헷갈리지 않게 정신 차려야 합니다. "아트레우스의 아들"은 대체 누구일까요? 아가멤논입니다. 이 관습을 알고 나니 아트레우스의 아들 아가멤논, 텔라몬의 아들 아이아스, 프리아모스의 아들 헥토르, 티데우스의 아들 디오메데스, 크로노스의 아들 제우스, 라에르테스의 아들 오뒷세우스, 이런 식의 표현에도 익숙해졌고 등장인물을 헷갈리지 않았습니다. 당연히 주요 등장인물을 부르는 다양한 방식을 메모해두는 것은 필수겠지요?

전개가 매우 빠른 현대식 드라마에 익숙한 우리의 눈에《일리아스》는 지루합니다. 줄거리도 드라마틱하지 않고요. 풍문으로 들었던 트로이아 목마 이야기도 등장하지 않습니다. 저는 트로이아 목마 이야기가 대체 언제 등장하는지에만 관심을 기울이며《일리아스》를 읽었고, 그랬더니 재미없었고 포기했죠. 저는《일리아스》가 트로이아 전쟁에 관한 유일한 서사시라고 오해하고 있었던 것입니다. 이 오해가 패착의 원인이었습니다.

알려진 바로는 트로이아 전쟁과 관련된 서사시가 일곱 개 있었다고 합니다. 그걸 트로이아 서사시권이라고 부르는데 남아 있는 건 두 개뿐이에요. 하나가《일리아스》이고 또 다른 것이《오뒷세이아》입니다. 만약 일곱 개 서사시가 모두 남아 있었다면 트로이아 전쟁과 관련된 이야기가 짜임새 있는 술거리로 이어지는 대하 서사시 느낌을 주었을 텐데, 남아 있는 두 개 서사시도 연결되지 않아요. 그래서 트로이아 전쟁의 전후배경에 대한 이해 없이《일리아스》를 읽기 시작하면 줄거리가 파악되지 않아 독해에 심각한 어려움을 겪습니다. 전 이것도 모른 채 다짜고짜《일리아스》를 읽었으니 실패는 예견된 것이었습니다. 그래서 이번엔 실패를 되풀이하지 않으려고 트로이아 전쟁의 프리퀄부터 정리했습니다.

프리퀄의 스토리를 이해하기 위해 중요한 세 인물을 차례로 살펴보겠습니다. 먼저 인간 중 가장 예쁜 여자인 헬레네입니다.

헬레네와 결혼을 원하는 구혼자가 아주 많았습니다. 《오뒷세이아》의 주인공 오뒷세우스도 헬레네를 두고 경쟁하는 구혼자 중 한 명입니다. 오뒷세우스는 경쟁 구혼자들에게 이런 제안을 하지요. 구혼자 중 누가 헬레네의 남편이 되더라도 헬레네의 남편이 도움이 필요한 상황에 처하면 구혼자 모두가 그를 도울 것을 맹세하자고 제안했고, 모든 구혼자가 동의했습니다. 헬레네의 남편의 자리는 구혼자 중 메넬라오스가 차지합니다. 인간 중 가장 잘생긴 남자가 트로이아 출신 파리스인데 헬레네가 파리스와 사랑에 빠져 트로이아로 도망가면서 헬라스 연합군이 결성되고 트로이아 전쟁이 벌어집니다. 세번째로 중요 인물인 아킬레우스는 헬라스 연합군 일원으로 트로이아 전쟁에 참가하지요.

전쟁의 발발 원인을 제공하는 헬레네와 파리스는 어떻게 만나게 되었을까요? 이야기는 아킬레우스의 어머니 테티스의 결혼식으로까지 거슬러 올라갑니다. 에리스라는 질투의 신이 테티스의 결혼식에 초대 받지 못했습니다. 초대 받지 못한 질투의 신 에리스가 "세상에서 가장 아름다운 이에게"라고 쓰여 있는 황금사과를 결혼식장에 던져요. 미의 여신 헤라, 아프로디테와 아테나가 서로 황금사과의 주인은 자신이라고 다툽니다. 에리스의 분열 작전 성공입니다. 셋이 다투던 끝에 누가 제일 예쁜지를 인간 중에서 가장 잘생긴 파리스에게 가려달라고 부탁하기로 합의합니다. 황금사과의 주인공이 되기 위해 헤라는 자신을 선택하면 세상의 특권을 주겠다고 공언하고, 아테나는 지혜와 용기를, 아프로디테는 세상에서 가장 아름다운 여자를 주겠다며 파리스를 꼬드깁니다. 파리스는 아프로디테를 선택했습니다. 이리하여 이미 메넬라오스의 아내가 된, 인간 중 가장 예쁜 헬레네와 인간 중 가장 잘생긴 파리스가 연인이 되었고, 헬레네는 파리스를 따라 트로이아로 건너갑니다.

아내를 트로이아의 파리스에게 빼앗긴 메넬라오스는 격분했죠. 그리고 예전에 서로 돕겠다고 맹약했던 구혼자들에게 바다를 건너 트로이아로 건너가 헬레네를 빼앗아 오자고 요청하고, 그 요청에 따라 헬라스 연합군이 결성됩니다. 아내를 빼앗긴 메넬라오스 입장에서는 전쟁의 명분이 확실하잖아요. 그에게 트로이아 전쟁은 일종의 사적 복수의 의미를 지녔지만 다른 헬라스 연합군 남자들에게 전쟁은 무슨 의미였을까요? 과거의 맹약만으로는 설명되지 않습니다. 헬라스 연합군을 구성하고 있는 인물들은 내심 다른 속셈을 지니고 있는데요, 자신의 영웅다움을 증명하고 싶다는 욕심입니다. 메넬라오스를 제외한 다른 아카이오이족 남자들에게 트로이아 전쟁은 나의 남성다움을 만방에 보여주고 인정받음으로써 명예와 명성을 얻어서 자신이 영웅이 될 수 있는 유일한 찬스라고 본 거죠.

트로이아 전쟁은 영웅이 되고 싶은 남자들이 벌이는 영웅 되기 결투장입니다. 남자들은 헬라스 연합군 편과 트로이아 편으로 나누어집니다. 남자들은 때에 따라 연대하기도 하고 서로 경쟁하기도 합니다. 경쟁의 기본축은 헬라스 연합군 편과 트로이아 편 사이이지만, 같은 편 내부에서도 경쟁이 일어납니다. 헬라스 연합군 총사령관 아가멤논과 아킬레우스는 영웅의 자리를 놓고 내부 경쟁을 벌이는 관계라면, 아킬레우스는 파트로클로스와는 어떤 것과도 비교할 수 없는 강한 우정을 보여주죠. 아내 헬레네를 빼앗긴 메넬라오스의 형인 아가멤논이 헬라스 연합군의 총사령관을 맡으면서 아가멤논과 메넬라오스는 형제애로 맺어진 헬라스 연합군의 남성 연대를 보여줍니다. 트로이아 진영에서도 이에 상응하는 형제애에 기반을 둔 남성 연대가 있는데요, 헬레네를 얻은 파리스와 그의 형인 헥토르가 그렇습니다. 지금까지의 내용이 《일리아스》에 등장하지 않지만, 《일리아스》를 이해하는 데 필수적인 프리퀄입니다.

입으로 말하고 귀로 들으면서,
현대적으로 읽으니 읽혔습니다

프리퀄을 알았다고 《일리아스》가 잘 안 읽히는 장벽이 모두 제거되었다 볼 수는 없습니다. 또 문제가 남아 있는데요, 묵독 습관과의 거리 두기입니다. 현대인은 묵독으로 책을 읽습니다. 즉 눈으로만 읽지요. 책을 중얼거리면서 읽으면 살짝 미친 사람처럼 보이죠? 그런데 《일리아스》는 눈으로만 읽으면 잘 안 읽힙니다. 구전으로 전해지던 서사시이기 때문입니다. 본래 《일리아스》는 읽는 서사시가 아니라 듣는 서사시였던 거예요. 호메로스를 읽는 방법과 관련해서 제가 깨달은 실용적 팁은 눈으로 읽다가 힘들면 입으로 말하고 동시에 귀로 들으면서 읽어내는 겁니다. 호메로스의 서사시를 눈으로 읽다가 실패하셨다면 혼자라도 입으로 읽어보시고 좀 더 재미있게 읽으시려면 모임을 만들어서 여럿이 돌아가면서 낭독해보세요. 더 재미있게 읽을 수도 있습니다. 저도 《일리아스》첫 완독은 함께 읽을 사람을 모집해서 하루에 1장씩 총 24장을 24일간에 걸쳐 돌아가면서 낭독하며 눈으로 보고 동시에 귀로 듣는 방법으로 달성했습니다.

어떤 책은 꼼꼼하게 훈고학적으로 읽어야 하지만 용기를 내어 현대적인 독해를 시도해보면 독서의 즐거움은 배가 되지요. 그러면 박물관에 고이 모셔두어야 할 것 같았던, 그만큼 살짝 위압적인 거리감이 있었던 고전이 '지금' '여기'의 우리 곁으로 가까이 다가오기도 합니다. 저는 호메로스 서사시를 현대적 관점으로 읽어낸 책으로부터 고전을 읽어낼 수 있는 대안적 방법에 대한 힌트를 얻기도 했습니다. 트로이아 전쟁은 지금으로부터 아주 먼 과거에 일어난 전쟁입니다. 당연히 《일리아스》에 등장하는 사건과 인물의 해결방식 중 어떤 것은 현대적 관점에서는 용납할 수 없이 기괴하기도 합니다. 고전이라고 해서 시대 초월적인 진리를 담고 있는 텍스트로 간주할 수는 없습니다. 취할 것은 취하고 버릴 것은 버리는 현대적 독해가 필요합니다.

대표적으로 테어도어 아도르노Theodor Adorno와 막스 호르크하이머Max Horkheimer의 《계몽의 변증법》은 호메로스 서사시를 훈고적으로 해석하지 않고 현대적인 과감함으로 해석한 책입니다. 아도르노와 호르크하이머는 오뒷세우스를 서양적 남성 주체의 형성사에 대한 알레고리로 읽어냅니다. 아도르노와 호르크하이머는 서양문명의 근간을 이루는 자연지배와 남성중심적 주체에 대한 내재적 비판이라는 관점에서 호메로스 서사시에 접근합니다.

마거릿 애트우드Margaret Atwood의 소설 《페넬로피아드》도 그런 면에서 매우 흥미로운 현대적인 해석입니다. 애트우드는 《오뒷세이아》에서 조연 역할에 불과한 오뒷세우스의 아내 페넬로페를 주인공으로 삼아 페넬로페의 관점에서 트로이아 전쟁을 해석합니다. 재해석을 통해 낡은 세계로부터 새로운 세계가 창출됩니다. 고전에서 시대적 한계가 엿보인다고 시궁창에 버리지 않고, 시대적 한계를 도외시하지 않은 채 고전을 통해 새로움을 창출하는 멋진 사례가 《페넬로피아드》입니다.

그런 점에서 매들린 밀러Madeline Miller의 《키르케》와 《아킬레우스의 노래》도 눈길을 끕니다. 매들린 밀러는 오랜 기간 남성의 전유물로 여겨졌던 호메로스의 서사시를 여성의 목소리로, 아예 마녀 키르케의 관점에서 재구성하지요. 또한 아킬레우스의 친구 파트로클로스의 관점에서 《일리아스》를 재구성해 《아킬레우스의 노래》라는 현대적 해석을 내놓았습니다. 우리에겐 아도르노와 호르크하이머, 마거릿 애트우드나 매들린 밀러처럼 새로운 시선이 필요합니다.

책은 서로 연결되어 있습니다. 책이 시간의 순서에 의해 연결될 경우, 이전에 읽은 책이 현재 읽고 있는 책의 독해에 영향을 주지요. 독서의 시간적 순서에 의한 배열을 염두에 두고 책 읽는 방식을 저는 '연결독서'라 부릅니다. 《아킬레우스의 노래》를 먼저 읽고 《일리아스》를 읽으면 《일리아스》의 새로운 면모가 눈에 들어올 수 있습니다. 그래서 시간의 순서에 따라 책 사이의 연관 관계를 창출하는 연결독서가 중요합니다. 우리는 첫번째 책으로 《니코마코스 윤리학》을 읽었으니까 연결독서로 《일리아스》를 읽어볼까요?

알렉산드로스 3세의 가정교사였던 아리스토텔레스는 《일리아스》를 교과서로 사용했다고 합니다. 스승 아리스토텔레스가 《일리아스》에 주석을 써넣은 주석본을 제자 알렉산드로스 3세에게 건네주었다고 합니다. 알렉산드로스 3세는 페르시아 정복 전쟁 동안 잠자리 머리맡에 중요한 물건을 늘 두었다고 알려졌는데, 그중 하나가 단검입니다. 아버지처럼 암살당하지 않기 위한 준비이죠. 단검 옆에 이란 황제 다리우스 3세로부터 약탈한 상자를 두었고 그 상자 안에 《일리아스》 두루마리가 있었다고 합니다. 우리는 책을 읽으면서 책 속에 등장하는 인물 중 어떤 한 명에 감정이입을 하곤 합니다. 알렉산드로스 3세는 《일리아스》에 등장하는 수많은 인물 중 누구를 롤 모델로 삼았을까요? 그는 아킬레우스가 되고 싶었을까요? 스승 아리스토텔레스는 제자 알렉산드로스 3세가 《일리아스》의 인물 중 누구를 닮길 기대했을까요?

《일리아스》를 《니코마코스 윤리학》과 연결독서하면서, 스승 아리스토텔레스는 《일리아스》 주석본에 어떤 주석을 써넣을지 상상해봅니다. 아마 그 주석은 스승이 제자에게 보내는 애정어린 당부가 담긴 편지 같은 것이 아니었을까요? 전쟁 영웅이 되고 싶었을 것이 분명한 알렉산드로스 3세를 위한 주석은 진정한 영웅의 조건이 무엇인지를 알려주는 것이라 추정해봅니다. 아리스토텔레스의 관점에서 보면 영웅은 힘 좋은 수컷이 아니라 덕성을 갖춘 인물이어야 할 텐데요. 싸움을 지나치게 좋아하고 전투에 대한 자신감이 과도하게 넘치는 알렉산드로스 3세를 불길한 눈으로 바라보는 스승은 《일리아스》를 《니코마코스 윤리학》의 일종의 워크북이 되기를 기대했을 것 같습니다.

누가 영웅인지 찾아봅시다

《일리아스》는 트로이아 전쟁이 시작된 지 10년째 되던 해 나흘간의 전투 이야기를 담고 있습니다. 줄거리 자체는 사뭇 지루합니다. 앞서 말씀드렸던 것처럼 《일리아스》는 이미 헬라스 연합군이 결성되어 에게해를 건넜고 트로이아 성 앞에 도착했으나 역병이 돌아 전투를 개시하지 못하는 상황에서 시작됩니다. 박진감 있는 스토리를 기대한 사람은 당연히 실망합니다. 그렇지만

스토리가 아니라 등장인물들이 주어진 상황 속에서 취하는 행동과 그 행동의 동기와 결과를 아리스토텔레스의 《니코마코스 윤리학》을 염두에 두고 읽으면 독서에 흥미가 더해집니다. 이제 《일리아스》는 최종 영웅을 선발하는 리얼리티 쇼의 무대로 변신하고 우리 독자는 상상의 심사위원이 됩니다. 이제 등장인물의 영웅다움을 평가해보시지요.

트로이아 쪽의 영웅 후보부터 살펴보겠습니다. 프리아모스의 아들이자 파리스의 형인 헥토르가 강력한 후보입니다. 헬레네를 트로이아로 데려온 헥토르의 동생 파리스도 후보로 올려놓습니다. 헬라스 연합군 진영의 강력한 영웅 후보는 아킬레우스입니다. 헬라스 연합군의 사령관 아가멤논도 제외시킬 수는 없을 것 같네요. 오뒷세우스는 《오뒷세이아》의 주인공이니 그의 영웅다움은 《오뒷세이아》에서 평가하기로 하고 일단 후보 명단에는 올려놓지 않습니다. 우리의 심사표는 《니코마코스 윤리학》의 '성격적 탁월성과 악덕의 도표'입니다. 누가 지나치지도 모자라지도 않은 중용을 지키는지 지켜봅시다.

아가멤논과 아킬레우스가
예선전 첫번째 영웅 뽑기 라운드에 오릅니다

《일리아스》에서 트로이아 진영과 헬라스 연합군 진영 사이의 피 튀기는 전투 장면을 기대한 독자는 《일리아스》의 제1권에

	관련 감정-행위	지나침	중용	모자람
감정 영역	두려움과 대담함	무모	용기	비겁
	즐거움과 고통	무절제	절제	목석 같음
	노여움	성마름	온화	화낼 줄 모름
외적인 좋음	재물(보통)	낭비	자유인다움	인색
	재물(큰 규모)	품위 없음	통이 큼	좀스러움
	명예(보통)	명예욕	(이름 없음)	명예에 대한 무관심
	명예(큰 규모)	허영심	포부의 큼	포부의 작음 (소심함)
사회적 삶	진실	허풍	진실성	자기 비하
	즐거움(놀이)	익살	재치	촌스러움
	즐거움(일상)	아첨	친애	뿌루퉁함
탁월성은 아닌 감정	부끄러움	숫기 없음	부끄러워 할 줄 앎	파렴치
	이웃의 상황	시샘	의분	심술

성격적 탁월성과 악덕의 도표
- 《니코마코스 윤리학》, 453쪽.

서 실망을 금하지 못합니다. 제1권은 헬라스 연합군과 트로이아 군의 싸움이 아니라 같은 헬라스 연합군 소속으로 "인간의 왕인 아트레우스의 아들(아가멤논)과 신과 같은 아킬레우스가 서로 다투고 갈라선 그날"(1:5-6)부터 시작됩니다. 왜 같은 편 내부의 갈등이 생긴 것일까요? 호메로스의 세계에서 남성들은 영웅의 자리를 놓고 싸우고, 전쟁에서 승리한 남성은 패배한 여성을 전리품으로 챙깁니다. 여성을 일종의 트로피로 간주하는 현대적 관점에서는 결코 받아들일 수 없는 낡은 남성중심적 가치관이 지배적인 세계에서나 가능했던 관습입니다. 시대의 한계를 인정하되 현대적 비판의 관점도 놓치지 않으면서, 아킬레우스와 아가멤논 간 전리품 갈등의 자초지종을 정리해보죠.

크뤼세스는 아가멤논의 전리품 여성입니다. 아킬레우스에게는 브리세이스가 전리품 여성으로 주어졌습니다. 크뤼세스의 아버지가 아가멤논을 찾아와 전리품이 된 자신의 딸을 돌려달라고 청원합니다. 하지만 아가멤논은 딸을 돌려달라는 아버지의 청원을 거칠고 문명적이지 않은 방법으로 물리치지요. 아가멤논에겐 성격적 탁월성이 엿보이지 않습니다. 크뤼세스의 아버지는 딸을 돌려달라는 아버지의 간곡한 청을 단박에 거절한 아가멤논에게 벌을 내려달라고 아폴론에게 기도합니다. 아폴론은 헬라스 연합군 사이에 역병이 돌게 합니다. 헬라스 연합군은 트로이아를 정복하려고 바다를 건넜건만, 트로이아 성 앞에서 트로이아 군과 싸우는 게 아니라 역병과 싸우는 처지가 되었습니다.

헬라스 연합군은 역병을 물리칠 방법을 찾다가 역병이 아가멤논의 거친 행동 때문에 창궐했음을 알게 됩니다. 역병을 다스릴 수 있는 방법은 분명합니다. 전리품 여성 크뤼세스를 돌려주어 아폴론에게 탄원했던 크뤼세스 아버지의 원한을 풀어주는 것이었죠. 그런데 난데없이 아가멤논은 자신의 전리품만 돌려줄 수 없다며 아킬레우스의 전리품인 브리세이스를 크뤼세스 대신 자신이 취하겠다고 어깃장을 놓습니다. 아가멤논은 헬라스 연합군 사령관임에도 위협받고 있는 헬라스 연합군의 대의 앞에서도 사사로운 이익을 포기하지 못합니다. 아킬레우스는 격분했습니다. 그리고 자신은 전투에 참가하지 않겠다고 선언합니다. 트로이아 성 앞에서 헬라스 연합군 총사령관 아가멤논과 가장 전투력이 뛰어난 장수 아킬레우스는 이렇게 갈라섭니다.

이 둘의 행동을 평가해볼까요? 지금 실천적 지혜와 성격적 탁월성이 매우 문제가 되는 상황인데요, 지금 이 둘은 탁월성의 경쟁이 아니라 자존심 경쟁을 하고 있습니다. 둘의 자존심 경쟁으로 인해 헬라스 연합군 전체가 위기에 빠집니다. 이런 관점에서 보면 좀스럽기 그지없는mikroprepeia 아가멤논과 성마르기만 한orgilotēs 아킬레우스 모두 영웅으로 뽑히기에는 부족합니다. 둘 다 모두 성격적 탁월성의 요구인 중용에서 벗어났으니까요.

두번째 라운드는
파리스와 메넬라오스의 대결입니다

아킬레우스가 전쟁에서 빠지겠다고 선언하고 뒤로 물러서 있는 동안 《일리아스》의 전투가 벌어집니다. 첫째 날 전투의 하이라이트는 파리스와 메넬라오스의 세기의 대결입니다. 아내를 빼앗긴 자와 세상에서 가장 아름다운 여성 헬레네를 빼앗아 온 자 사이의 결투이니까요. 파리스와 메넬라오스가 일대일로 맞붙습니다.

전쟁은 승리한 자와 패배한 자를 판별하는 과정입니다. 승패를 가를 때 병사가 떼로 싸울 수도 있지만 대표 선수인 장군끼리 싸워 이긴 편과 진 편을 나눌 수도 있지요. 장군끼리의 결투는 더 영웅적이고 더 문명적이기도 합니다. 전투에선 사망자가 생깁니다. 병사들이 싸우면 수만 명, 수십만 명이 죽고도 승패가 안 나는 경우도 있지만 장군끼리 싸우면 한 명의 죽음만으로도 승패가 결정됩니다.

트로이아 편과 헬라스 연합군은 문명적인 방법을 선택합니다. 파리스와 메넬라우스는 둘이 싸워 누가 승리하느냐에 따라 헬레네 문제를 해결하기로 합의합니다. 트로이아 전쟁은 헬레네 문제로 생겼으니, 헬레네가 트로이아에 머물 것인가, 고향으로 돌아갈 것인가가 파리스와 메넬라우스의 결투에 의해 정해지면 트로이아 전쟁은 끝날 수 있습니다.

둘 사이의 결투가 시작됩니다. 인간 중 가장 잘생긴 파리스는 전투에서는 얼굴 생김이 잘난 만큼 출중한 실력을 보여주지 못합니다. 아내를 빼앗겨 분에 찬 메넬라오스에 의해 죽을 지경에 놓이는데요, 자신이 황금사과의 주인이라고 결정해준 파리스를 돕겠다고 아프로디테가 개입하여 죽음의 문턱에서 가까스로 살아나 도망칩니다. 승패가 애매해졌습니다. 전투에서 파리스가 진 것은 분명하지만 파리스는 죽지 않았으니까요. 파리스가 죽지 않았으니 승패가 정해지지 않았다는 트로이아 쪽의 주장과 사실상 전투에서 패했으니 우리가 이겼다는 헬라스 연합군의 해석이 팽팽하게 맞섭니다.

파리스의 형 헥토르는 이 논박에서 부끄러움을 느낍니다. 파리스는 자신 때문에 전쟁이 벌어졌음에도 용감하게 싸우지도 못했고 장렬하게 전사하지도 않았고 목숨만 부지하는 데 연연해하고 있으니까요. 헥토르가 볼 때 파리스는 얼굴만 번지르한, 영웅적 면모는 찾아볼 수 없는 좀팽이에 불과합니다. 헥토르가 동생을 모욕적인 말로 꾸짖습니다. "이 형편없는 파리스여, 얼굴만 번지르한 발정난 유혹자여! 넌 태어나지 말았거나 결혼이라도 하지 말았어야 했다."(3:39-40) 심지어 헬레네조차 파리스를 이렇게 책망합니다. "전장에서 돌아오셨나요? 한때 내 남편이었던 강력한 전사의 손에 죽었어야지요."(3:428-430) 그런데 파리스는 태평하게 대꾸하네요. "여보! 나와 나의 용기를 괴롭게 하는 그런 말 하지 마오. (…) 나를 돕는 신도 있으니 다음번엔 이길 것이오. 자, 이리 오구려. 침대로 가서 사랑의 기쁨을 즐깁시다."(3:436-441) 많이 한심한 파리스입니다. 인물만 잘나면 뭐 하나요. 파리스는 비겁deilia합니다. 그는 성격적 탁월성 심사에서 탈락입니다.

**동생 파리스를 대신하여
형 헥토르가 트로이아 군의 영웅 후보로 나섭니다**

파리스가 헬레네를 정말 사랑했다면 메넬라오스와 목숨 걸고 싸워 이겨 트로이아를 지켜야 했는데, 목숨을 구걸하는 파리스를 헥토르는 용서할 수 없습니다. 헥토르에겐 전쟁 발발에 책임이 없습니다. 그렇지만 헥토르는 자신이 직접 원인을 제공하지 않았음에도 위기에 놓인 트로이아의 상황을 외면하지 않습니다. 동생을 대신하여 트로이아를 구하기 위해 전투에 나서는 헥토르를 아내 안드로마케가 만류합니다. "헥토르여, 당신은 내게 아버지이자 어머니이자 형제나 다름없을 뿐 아니라 나의 힘센 남편이에요. 저를 불쌍히 여기시어, 제발 여기 트로이아 성탑에 머물러 당신의 아들을 고아로, 당신의 아내를 과부로 만들지 말아주세요."(6:430-433) 전쟁에서 지면 여자는 전리품이 되어 노예가 됩니다. 헥토르는 자신이 겁쟁이여서는 안 되며 지켜야 할 명예가 있다고 설득하지요. "나의 아내 안드로마케여, 그런 모든 일들이 어찌 염려가 되지 않겠소. 그렇지만 내가 겁쟁이처럼 싸움터에서 물러나 숨는다면 트로이아 사람과 늘어진 옷자락을 끄는 트로이아 여인을 볼 낯이 없지 않겠소."(6:441-444)

가족의 이익만 염두에 두면 전쟁에 참여하지 않아야 하겠으나 자신은 트로이아 전체의 명예를 위해 사사로운 이익의 위험을 기꺼이 감수하겠다는 겁니다. 헥토르는 명예에 무관심aphilotimia 하지 않습니다. 사사로운 이익을 취할 것인가, 사사로운 이익을 버리면서 영웅이 되는 길을 선택할 것인가, 갈림길에서 헥토르는 명예를 선택하며 영웅다운 면모를 보여주네요.

예상하지 못했던 영웅 후보로 파트로클로스가 등장합니다

헬라스 연합군 중 가장 잘 싸우는 아킬레우스가 전쟁에서 빠져 있으니 헬라스 연합군이 전투에서 계속 밀리는 위기에 처합니다. 아킬레우스 없이 트로이아를 정복할 수 없습니다. 위기에 봉착한 헬라스 연합군의 노인 장수 네스토르가 아가멤논은 아킬레우스에게 사과하여 아킬레우스가 전투에 참가할 명분을 주자고 제안하고, 언변이 뛰어난 오뒷세우스가 설득하러 아킬레우스를 찾아갑니다. 성마른 아킬레우스는 아가멤논에 대한 분노가 아직도 가시지 않아, 동료들이 전쟁에서 죽어가고 있는 상황에서도 전투 참여를 거절합니다.

아킬레우스의 절친 파트로클로스가 아킬레우스에게 무구를 빌립니다. 파트로클로스가 아킬레우스의 무구를 장착하고 전투에 나서자 사람들은 아킬레우스가 복귀했다고 오인하고, 파트로클로스는 승승장구합니다. 아킬레우스가 파트로클로스에게 과

욕을 부리지 말아야 한다고 충고했지만 분위기에 취한 파트로클로스는 아킬레우스의 경고를 무시하고 적진 깊숙이 들어갔다가 헥토르의 손에 죽습니다. 파트로클로스는 파리스처럼 비겁하지는 않았지만 무모thrasytēs했기에 용기andreia라는 영웅의 면모를 갖추지 못했습니다. 과욕은 영웅을 파괴할 뿐입니다. 그래서 영웅 후보에서 탈락입니다.

최종 후보 마침내
아킬레우스와 헥토르의 대결입니다

어찌 보면 파트로클로스를 죽음으로 몰아넣은 책임은 아킬레우스에게도 있지요. 아가멤논과의 자존심 대결로 인해 전투에 참가하지 않았기에 파트로클로스가 자기 갑옷을 입고 전투에 참가했다가 사망했으니, 아킬레우스의 분노와 파트로클로스의 죽음은 무관하지 않습니다. 아킬레우스는 이 연관관계에까지 생각이 미치지 못합니다. 그는 절친 파트로클로스를 헥토르가 죽였다는 사실에만 집착해서 헥토르를 죽이겠다고 전투에 나섭니다. 파트로클로스를 죽음에 이르게 한 아킬레우스의 분노는 조절되기는커녕 더 강해집니다.

트로이아의 대표선수 헥토르와 헬라스 연합군의 분노에 찬 아킬레우스가 마침내 결투를 벌입니다. 아킬레우스가 이깁니다. 아킬레우스의 창이 헥토르의 목을 겨냥했을 때 헥토르가 "당신의 목숨과 무릎과 아버지의 이름으로 청하오니, 나를 아카이오이족 함선가에 있는 개들이 물어뜯게 내던지지 말고 몸값을 치르게 해주시오. 내 아버지와 어머니가 그대에게 넉넉하게 청동과 황금을 몸값으로 치를 것이오. 내 시신을 고향으로 돌려보내 트로이아 사람과 그들의 아내가 제대로 화장할 수 있게 해주구려"(22:338-343)라고 부탁하지만 분노에 사로잡힌 아킬레우스는 이렇게 말합니다. "개자식아! 내 아버지와 무릎을 들먹이며 간청하지 마라. 네놈이 한 짓을 생각하면 네놈을 저며 날로 먹어 없애고 싶을 뿐이다. 네 머리를 노리는 개를 쫓아줄 사람은 아무도 없을 것이다. (…) 개떼와 새떼가 네놈을 남김없이 뜯어먹어 아무것도 남지 않게 할 것이다."(22:345-354) 헥토르를 죽이고도 여전히 분노에 휩싸여 있는 아킬레우스는 헥토르의 시신을 마차에 매달고 분노의 질주를 합니다.

트로이아 성의 헥토르의 아버지와 어머니, 동생 파리스, 헥토르의 아내 안드로마케 그리고 어린 아들은 헥토르의 시신을 아킬레우스가 돌려주지 않아 장례도 치르지 못합니다. 헥토르의 아버지 프리아모스가 용기를 내어 아킬레우스를 찾아갑니다. 자신의 아들을 죽인 자의 손에 키스를 하면서 아들의 장례를 치를 수 있게 시신을 돌려달라고 간청하지만, 아킬레우스는 거절하죠. 프리아모스가 고향에 있는 당신의 아버지를 생각해달라며 재차 요청합니다. 당신이 죽었다면 당신의 아버지도 나처럼 상대방의 진영에 가서 아들의 시신을 돌려달라고 자기 아들을 죽인 사람의 손에 키스를 하며 간청했을 것이라 말하지요. 분노만 알고 있던 아킬레우스는 이 순간 연민eleos을 배웁니다. 프리아모스는 죽은 아들을 생각하면서, 아킬레우스는 고향에 있는 아버지를 생각하면서 둘이 끌어안고 우는 장면은 《일리아스》에서 가장 아름다운 장면입니다. 트로이아 전쟁을 다룬 서사시에서 가장 아름다운 장면이 전투 장면이 아니라 두 남자가 우는 장면이라니! 아이러니하지만 그렇습니다. 이 순간은 싸움박질을 좋아하고 분노에 휩싸인 아킬레우스가 인간의 면모를 갖추게 되는 장면이죠. 영웅 후보에서 거의 탈락 위기에 놓여 있는 아킬레우스는 프리아모스에 의해 탈락을 면합니다.

헥토르 아버지의 인간다움에 의해
아킬레우스는 성장합니다

《일리아스》의 시작 부분을 다시 읽어볼까요? "노래하소서 여신이여, 펠레우스의 아들 아킬레우스의 분노를. 아카이오이족에게 끝없는 고통을 가져다주고 수많은 전사의 강한 영혼을 하데스로 내려보내고 그들의 몸은 온갖 개와 새의 먹이가 되게 만든 그 분노를!"(1:1-4) 아킬레우스의 분노는 많은 사건을 낳았습니다. 사건의 최종 해결은 다름 아닌 아킬레우스에게 달려 있습니다. 그가 분노를 극복하지 않는 이상 《일리아스》는 끝나지 않습니다.

분노를 조절하지 못하던 아킬레우스를 인간으로 만들어준

건 프리아모스죠. 노인 프리아모스가 없었다면 아킬레우스는 결코 성숙하지 못했을 거예요. 아킬레우스를 찾아간 프리아모스는 한 단계 더 높은 인간다움을 보여줬고 아킬레우스는 그 고귀함에 감동을 받습니다. 아리스토텔레스는 알렉산드로스 3세에게서 분노를 다스리지 못한 아킬레우스의 모습을 보았을지도 모릅니다. '연민'을 알기 이전의 아킬레우스는 분노만 할 줄 알지 판을 읽고 올바른 행동을 결심하지 못하는, 성격적 탁월성도 실천적 지혜도 없는 인물입니다. 자기 감정에만 충실한 싸움꾼에 불과해요. 싸움꾼은 영웅이 아닙니다. 아리스토텔레스는 알렉산드로스 3세가 전쟁 싸움꾼이 아니라 진정한 영웅이 되기를 기대하면서 《일리아스》에 주석을 적어넣었으리라 짐작해봅니다.

니코마코스 윤리학의 도움으로 일리아스를 완독했습니다

워낙 많은 인물이 《일리아스》에 등장하기에 독자가 성장독본으로 삼을 수 있는 인간 유형 후보 역시 많습니다. 어떤 독자는 지혜의 상징인 프리아모스로부터, 어떤 사람은 말 잘하는 오뒷세우스로부터, 어떤 사람은 책임을 회피하지 않는 헥토르로부터 감명을 받을 것입니다. 저는 젊어서는 헥토르를 닮고 싶고, 더 나이를 먹으면 프리아모스와 같은 사람이 되고 싶습니다. 《일리아스》에 등장하는 여러 인물 중 여러분은 누구에게 연민을 느끼시나요? 유독 마음이 쓰이는 인물의 관점에서 《일리아스》를 읽어보면 어느새 우리는 《일리아스》를 현대적으로 독해하고 있는 셈입니다.

트로이아 전쟁을 인생살이에 비교해보죠. 여러분은 어떤 인생을 살고 싶으신가요? 《일리아스》에는 신도 등장합니다. 헬라스의 신은 인격적 완전성과는 거리가 멀죠. 그래서 그 기준으로 신과 인간을 가를 수 없습니다. 고대 헬라스의 세계에서 인간과 신의 차이는 불멸의 존재냐 필사의 존재이냐 그 차이뿐입니다. 신은 죽지 않고 평생 살아 있음에도 불구하고 왜 그리 유치할까요? 역설적으로 그들은 죽지 않아서 반성적 능력이 없는 존재라면 인간은 죽음을 통해 자신을 되돌아볼 기회를 맞이합니다. 아킬레우스에게 파트로클로스의 죽음이 없었다면 그 역시 신처럼 세월을 겪고도 성장하지 못했을 것입니다.

트로이아 전쟁에 참가한 남자들은 싸움박질 능력을 증명해야 하는 게 아니라 영웅다움을 입증해야 하는데, 영웅다움의 핵심은 '명예' 추구입니다. 헥토르는 트로이아의 전사들에게 이렇게 말하죠. "전우들이여, 사나이가 됩시다. 전투 도중에도 용기를 잃지 마시오. 전투 도중 겁을 낸다면 그건 불명예에 다름 아니오. 전사가 두려워 도망친다면 죽지 않고 살 것이오만, 도망치는 자에겐 명예도 구원도 없을 것이오."(5:529-532) 신과 달리 죽음을 피해갈 수 없는 인간은 명성을 통해 불멸의 경지에 도달합니다. 그러하니 전쟁에 참가하여 명예를 얻으려는 사람은 불멸이라는 최종의 목표를 추구하는 것입니다.

남자다움의 증명은 싸움 잘함이 아닌 명예를 입증함으로써 가능한 것입니다. 싸움을 잘해도 명예롭지 않으면 그저 수컷다움에 불과하죠. 남자다움을 증명하기 위해 인간은 과실, 즉 하마르티아hamartia에 빠지지 말아야 합니다. 하마르티아는 목표에서 빗나가는 것입니다. 파트로클로스를 잃고 분노에 휩싸여 상황을 숙고하지 못한 채 맹목적인 행동을 일삼는 아킬레우스는 과실을 범했습니다. 싸움은 잘했지만 우리가 그를 선뜻 영웅의 자리에 올려놓지 못한 것도 그 때문이지요. 하마르티아는 과실이라 해도 책임을 면하지 못함을 의미합니다. 누군가 책임을 져야 하는 일이 생겼는데, 그 일이 개인의 성격적 결함이나 악덕함 때문에 생기지는 않았다고 가정해보지요. 가장 쉬운 예로, 교통사고로 누군가 죽었습니다. 그 죽음의 원인은 운전자의 성격적 결함이나 악덕함은 아닙니다. 그런데 사람이 죽었으니 누군가 그 죽음에 책임을 져야 합니다. 운전자가 그 사람을 다치게 할 악덕함이 없었다고 과실의 책임은 피해갈 수 없지요.

헥토르는 포괄적 과실 책임에 대한 감각이 있는 인물입니다. 트로이아 전쟁은 동생 파리스의 행동으로 인해 일어났지만, 자신이 그의 형임은 분명한 사실이기에 헥토르는 포괄적 책임을 외면하지 않습니다. 파리스가 메넬라오스에게 양해도 구하지 않고 헬레네를 트로이아로 데려왔는데도 헬라스의 반격이라는 전쟁 발발의 가능성을 예측하고 전쟁이 일어나지 않도록 예방적 행동은 취하지 않았으니까요. 어떤 일이 일어날 수 있다는 가능성을 염두에 두지 않았다는 건 그 사람의 지적 탁월성이 부족하다는 뜻이겠지요. 예방적 행동을 하지 않았다면 실천적 지혜가 부족했다고 해석할 수도 있습니다. 명예를 증명하는 건 정말 쉽지 않은 것이네요.

과실 책임을 져야 하는 상황이 생기면 비겁한 인간 유형은 핑곗거리를 만들곤 하는데요, 이들의 단골 레퍼토리가 '미망迷妄, ate'입니다. 우리를 미혹하는〔迷〕 망령〔妄〕에 휩싸여 있다는 뜻입니다. 리타이는 사죄의 여신인데요, 사죄의 여신은 제우스의 딸이지만 주름살투성이입니다. 늘 사죄하느라 얼굴을 찡그렸기 때문입니다. 게다가 절름발이라 걸음이 느립니다. 미망의 여신 아테는 걸음이 빨라 늘 리타이보다 앞서갑니다.

명예를 얻기 위해서는 걸음이 느린 사죄의 여신에 기댈 문제가 아니라 걸음이 빠른 아테를 다스릴 줄 알아야 하죠. 미망에 휩싸이고 난 뒤 자기 자신을 변명하기 위해서 미망에게 책임을 돌리는 것은 영웅적이지 않습니다. 미망에 사로잡히지 않기 위해서는 실천적 지혜가 필요합니다. 역시 교양이 필요한 이유는 교양이라는 실천적 지혜로 미망이 사죄의 여신보다 빨리 움직이는 것을 막을 수 있어서군요.

《일리아스》에서는 많은 인물이 죽습니다. 파트로클로스가 죽고 헥토르도 죽을 뿐만 아니라 열거할 수 없을 정도로 수많은 인물이 세상을 떠나지요. 이름도 남기지 못한 채 세상을 떠난 사람이 더 많습니다. 전쟁이라는 게 그렇죠. 《일리아스》를 읽는 내내 떠나지 않은 질문이 있습니다. 그래요, 이들은 살육을 하기 위한 목적이 아니라 자신의 명예를 증명하기 위해 전쟁에 참가했다고 칩시다. 아무리 목적이 명예를 증명하여 누가 진정한 영웅인지를 가려내는 것이라 하더라도 사람이 죽을 수밖에 없는 전쟁이 정당화될까요?

《일리아스》의 세계엔 비장미가 가득합니다. 후반부는 파트로클로스의 장례식과 헥토르의 장례식 장면이 등장합니다. 헥토르의 시신이 트로이아에 도착하는 그 순간을 《일리아스》는 이렇게 노래합니다. "어머니가 아들 헥토르의 시체를 보자 어머니는 밝은 빛의 머리쓰개를 벗어던지며 머리카락을 쥐어뜯으며 크게 울부짖었다. 그의 아버지 프리아모스도 슬피 울었고 헥토르를 둘러싼 백성도 슬피 울었으며 트로이아 전체가 절망하였다. 마치 높다란 트로이아가 꼭대기부터 불타오르는 것 같았다."(22:406-411) 트로이아와 헬라스 연합군은 잠시 전쟁을 멈추고 각자의 영웅을 추모하는 의식을 진행합니다. 아킬레우스의 분노로 시작한 《일리아스》는 "이렇게 말을 길들이는 헥토르의 장례식이 치러졌다"(24:804)라는 구절로 끝납니다. 《일리아스》의 마지막 장면을 휘감는 남성 동맹의 비장미는 현대의 독자에게도 삶의 모델이 될 수 있을까요? 명예 증명은 고대 헬라스의 세계에서나 우리가 살고 있는 현대에서나 그 중요성은 여전하겠지만, 명예를 증명하는 과정이 꼭 전쟁이라는 형식을 거쳐야만 하는지 그 과정의 정서는 비장미의 범주에 머물러야 하는지는 여전히 의문입니다.

이런 생각이 머리를 스칠 때마다 아리스토텔레스가 알렉산드로스 3세에게 넘겨준 《일리아스》 필사본에 담긴 메모가 궁금해집니다. 아리스토텔레스는 《일리아스》의 작가가 아니라 우리와 같은 《일리아스》의 독자이지요. 아리스토텔레스는 훈고학적 방법으로 책을 읽는 독자가 아니라 보다 적극적으로 개입하는 독자의 모델을 우리에게 제시해줍니다. 우리도 《일리아스》를 읽는 동안 아리스토텔레스를 따라, 적극적인 해석을 하는 독자가 되는 것도 괜찮겠지요. 책을 읽으면서 책에 남기는 주석을 거창하게 생각할 필요는 없습니다. 공감한 부분에 밑줄을 치는 것도 주석이고 인상적이었던 문장 옆 여백에 느낌표 적어넣기, 동의하기 어려운 부분에 물음표 달기도 주석입니다.

아리스토텔레스의 도움으로 생애 처음 《일리아스》를 완독하고 나니, 제가 읽은 《일리아스》 곳곳에도 밑줄과 메모가 적혀 있습니다. 아리스토텔레스의 주석본의 수준에는 미치지 못하는 부족한 메모이겠지만, 고전을 읽으면서 자신만의 주석을 쓴다는 것은 알게 모르게 고전을 현대적으로 재해석하고 있다는 뜻입니다. 고전은 그 자체로 박제되어 보존되어야 하는 책이 아니라 고전이기에 끊임없이 현대적으로 재해석되어야 하는 책입니다. 고전은 칼비노Calvino의 말처럼 한번 읽고 마는 책이 아니라 반복해서 읽는 책이니까요, 《일리아스》를 두번째 읽으실 때는 첫번째 읽으면서 남긴 주석과 두번째 독서의 주석을 비교해보세요. 여러분 사유의 나이테를 확인하실 수 있을 겁니다. 현대적 독자란 다름 아닌 각자의 주석본을 만들어내는 사람이지 않을까요. 저도 다시 읽어야겠네요. 주석본을 만들기 위해.

인용 문헌
아리스토텔레스, 《니코마코스 윤리학》, 강상진·김재홍·이창우 옮김, 도서출판 길, 2011.

3

낯선 세계 속으로 들어가봅니다

이븐 칼둔Ibn Khaldun,
《무깟디마Muqaddimah》, 1377년

이븐 칼둔, 《무깟디마—
이슬람 역사와 문명에
대한 기록》, 김정아 옮김,
소명출판, 2020.

이븐 칼둔, 《역사서설—
아랍, 이슬람, 문명》,
김호동 옮김, 까치,
2003.

우리는 출생과 더불어 국적을 부여받습니다. 그리고 그 나라의 국민으로 한평생 삽니다. 국민으로서의 자기 정체성을 갖는건 어렵지 않습니다. 국민의 구성원이라는 자기 인식은 모국어를 익히는 것처럼 자연스럽게 이뤄지니까요. 반면 인류의 구성원으로서 자기 인식은 의식적 노력을 경주해야 도달할 수 있는 경지입니다. 교양 있는 사람이란 국민-국가의 국민이라는 자기 인식에 머무르지 않고 인류의 구성원이라는 자기 인식으로까지 확장시킨 사람이 아닐까 싶습니다. 낯선 것을 두려워하고 적대시하는 제노포비아xenophobia가 아니라 낯선 것과 우호적 관계를 기꺼이 맺고자 하는 필로제니아philoxenia의 태도가 교양 있는 사람의 특징이겠지요.

우리가 이번에 함께 읽으려는 《무깟디마》는 제목부터 낯설죠? 《무깟디마》라는 제목으로는 책에서 다루는 내용이 짐작조차

되지 않고 이븐 칼둔이라는 작가의 이름을 발음해보면 입에 착 달라붙지도 않습니다. 책 제목과 작가의 낯선 이름을 두려움이 아니라 호기심의 에너지원으로 삼는 필로제니아의 정신으로 《무깟디마》에 가까이 가보려 합니다. 이븐 칼둔의 《무깟디마》를 필로제니아 자가진단을 할 수 있는 일종의 실험장으로 여기면서요.

서유럽의 영향을 받으며 근대화를 이룬 우리에겐 서유럽의 문화·사상적 전통은 우리의 문화·사상적 전통만큼이나 낯설지 않습니다. 그렇지만 그것이 인류가 이룬 유일한 것이라든가 최고의 것이라고 말할 수는 없습니다. 산업혁명 이후 서유럽의 문화예술적 역량과 성과가 다른 지역에 비해 상대적인 우위를 차지했음은 부정할 수 없지만, 서유럽은 인류의 전체 역사에서 항상 다른 지역을 압도할 만한 지적·문화적·예술적 역량을 보여주지는 않았습니다. 우리가 세계인이자 교양인이 되기 위해서는 서유럽 전통에만 매몰되지 않고 다른 지적 전통에 대한 상식이 필요합니다. 《무깟디마》를 통해 낯선 이슬람의 세계 속으로 들어가보도록 하겠습니다.

오리엔트 지역으로 시선을 돌려봅시다

서유럽에선 그들을 기준으로 메소포타미아 문명과 이집트 문명이 발생한 동쪽 지역을 해가 뜨는 곳이라는 의미로 '오리엔트 Orient'라 부릅니다. 서유럽인이 동쪽이라 부르는 지역은 아시아를 기준으로 하면 서쪽이지만, 혼동을 피하기 위해 사실상 고유명사가 된 단어 오리엔트를 그대로 쓰겠습니다. 산업혁명을 거치면서 서유럽은 지구적 패권을 얻었으나, 그 이전 문명지역은 서쪽이 아니라 오리엔트 지역이었지요. 어설프게 아는 것은 아예 모르는 것보다 위험합니다. 우리는 오리엔트 지역에 대해 아는 게 없다고 깨끗하게 인정하고, 인류의 구성원으로 우리를 재교육하기 위해 오리엔트로 이동하겠습니다.

서유럽적 시야에서 쓰인 책을 주로 읽다보니 우리의 지적 관심은 튀르키예의 이스탄불을 넘어 동쪽까지 닿지 않습니다. 그렇지만 문명의 기원은 재차 강조하지만 오리엔트입니다. 유프라테스강과 티그리스강, '두 강 사이'라는 뜻을 지닌 메소포타미아 문명은 다들 잘 알고 계시지요. 기원전 1만2천 년 인류 최초의 신전인 괴베클리 테페, 기원전 9500년 인류 최초의 계획도시 차탈회위크, 함무라비 법전으로 유명한 바빌로니아 왕국, 기원전 14세기의 히타이트 제국의 역사가 말해주듯 헬레니즘 역사와의 비교가 무의미할 만큼 오리엔트는 인류의 문명이 최초로 시작된 곳이라 해도 과언이 아닌 지역입니다.

서쪽은 오리엔트 지역을 동경했습니다. 《일리아스》도 이런 맥락에서 해석해볼 수 있는데요, 헬라스 연합군은 서쪽에서 출발해 에게해를 건너 동쪽으로 건너갑니다. 트로이아는 에게해 건너편 오리엔트 지역의 도시입니다. 달리 말하면 트로이아 전쟁은 서쪽과 동쪽의 관계가 변화하는 조짐을 보여준다고나 할까요? 트로이아 전쟁 이후의 서쪽에 의한 오리엔트 정복 전쟁인 페르시아 전쟁을 통해 동쪽과 서쪽의 관계는 극적으로 변합니다. 아테네와 스파르타가 주축이 된 헬라스의 폴리스가 페르시아 제국을 격파하고 승리를 거두고서야 고대 헬라스의 헬레니즘 세계가 만들어집니다.

우리는 페르시아 전쟁을 투퀴디데스의 《펠로폰네소스 전쟁사》와 헤로도토스의 《역사》를 통해 이해합니다. 하지만 《펠레폰네소스 전쟁사》와 《역사》는 어디까지나 헬라스의 관점에서 쓰인 책입니다. 우리는 헬라스의 헬레니즘적 해석으로 오리엔트를 바라봅니다. 페르시아라는 명칭 자체가 헬라스 편향을 보여주죠. 그리스가 영어식 표현인 것처럼 페르시아는 서쪽에서 부르는 이름이었고 정작 해당 지역 사람들은 자신의 지역을 이란이라 불렀다고 합니다. 우리의 인류사적 시선이 얼마나 편협한지 또 한 번 증명되는군요. 반성하는 의미에서 앞으로는 페르시아 대신 이란이라는 명칭을 사용하겠습니다. 가급적이면 그 지역의 사람들이 사용하는 명칭을 존중하는 게 세계인을 지향하는 교양인의 태도이니까요. 이란이라는 이름은 아리안족이라는 이름으로부터 유래했다고 하는데요, 이란어는 아랍어와 달리 유럽어 쪽에 훨씬 더 가깝고 이란 사람들은 외모상으로 서유럽 사람과 유사하게 보입니다. 이란 제국에서 남쪽으로 이동하면 아라비아반도가 등장합니다. 아라비아반도는 이슬람교가 출현하는 무대입니다.

무함마드가 등장합니다, 아라비아반도가 변합니다

아라비아반도는 주기적으로 범람하는 나일강 덕택으로 곡창지대였던 이집트 문명지역과는 달리 사막지대입니다. 이란 제국과 이집트는 서로 교류하면서도 양쪽 모두 사막지대인 아라비아반도 남쪽에는 관심을 기울이지 않았습니다. 여러 문명의 각축장이었던 오리엔트에서 아라비아반도는 중심이 아니라 주변부였습니다. 그 주변부에서 기독교, 불교와 더불어 지구의 3대 종교 중 하나인 이슬람교가 출현했습니다.

이슬람교에 대한 최소한의 상식이 없으면 세계의 3분의 1에 해당되는 지역을 모르는 것이기에 세계인이 되고자 하는 우리는 이슬람교를 배워봅니다. 이슬람교가 탄생하기 이전 오리엔트 지역의 종교 분포부터 살펴볼까요? 이란은 조로아스터교 지역입니다. 아라비아반도 서쪽의 비잔틴 제국은 기독교를 믿습니다. 홍해 건너 아프리카 에티오피아 지역도 기독교입니다. 유일신교 지역이었던 주변과 달리 아라비아반도는 다신교 지역이었습니다. 유목민이 여러 부족 단위로 흩어져 있는 곳, 거대 통합 국가가 등장하지 않았던 지역이지요. 이런 아라비아반도의 메카에서 570년 무함마드가 태어납니다. 메카는 오리엔트의 중심지였던 알렉산드리아, 콘스탄티노플, 페르세폴리스로부터 멀리 떨어진 변방입니다.

무함마드는 인간적으로 매우 흥미로운 사람입니다. 평범한 상인 가정에서 태어나 상인으로 자랐습니다. 평범한 상인으로 살다가 카디자라는 거상 여주인의 집에 취업했습니다. 당시 그 여주인은 남편이 사망했고 무함마드보다 연상이었습니다. 무함마드는 그 여주인과 결혼합니다. 그러다가 40세 무렵에 이른바 중년의 위기를 맞게 돼요. 고향 도시 외곽의 황야를 배회하던 중 "길가의 돌과 나무들이, 그대에게 평화 있으라, 하느님의 예언자여!"라고 말하는 소리를 듣습니다. 그 후 무함마드는 하느님의 말씀을 전하기 시작하는데요, 그가 포교를 시작한 메카는 다신교 지역이라 유일신 하느님의 말씀을 전하는 무함마드는 메카와 대립할 수밖에 없었습니다. 그리하여 무함마드가 메카에서 메디나로 옮겨가게 되는데요, 이게 '헤지라Hijrah'이죠.

이슬람을 부정적으로 보는 사람은 헤지라를 단순한 도피라고 해석할 수도 있지만, 메카에서 메디나로의 이주는 부족 단위로 뿔뿔이 흩어져 있던 여러 부족이 하나의 공동체, 즉 움마를 결성하는 출발점이라는 것이 중요합니다. 하느님(알라)을 믿는다는 이유로 부족의 경계를 넘어서서 하나의 공동체를 형성하기 시작했기 때문에 이슬람에서는 역사를 헤지라 이전과 이후로 구별하는 것이죠.

고대 이집트 문명과 헬라스 문명 그리고 이란 문명 사이에서 변방에 불과했던 아라비아반도는 이슬람교가 탄생하기 이전과 그 이후 극적인 변화를 겪습니다. 기독교에서 시간을 예수의 탄생을 기점으로 기원전BC, Before Christ과 기원후AD, Anno Domini로 나누는 것처럼 이슬람에도 고유한 시간 구별법이 있습니다.

헤지라를 기준으로 헤지라 이전은 알파벳으로는 BH로 표기하고 헤지라 이후는 AH로 표기합니다. 이슬람이 없었던 시대를 무지했던 시대라는 의미로 '자힐리야jahiliyyah'라 부르기도 하지요. 이슬람교가 생긴 아라비아반도는 자힐리야 시대의 아라비아반도와는 완전히 다릅니다.

자힐리야 시대의 아라비아반도는 유목민이 사막지대에 부족 단위로 흩어져 살던 땅이었습니다. 이슬람교는 아라비아반도를 넘어 퍼져나갑니다. 이란 제국과 이집트 문명지역도 이슬람화 됩니다. 이슬람교는 유럽까지 확대되어 이베리아반도까지 상륙합니다. 그 결과 이슬람은 서쪽으로는 북아프리카까지, 동쪽으로는 인도네시아를 거쳐 말레이시아까지 아우르는 명실상부한 세계 송교로 자리 잡게 되지요. 이 모든 변화는 무함마드가 없었다면 불가능했을 것이니, 이슬람이 인류의 역사를 자힐리야 시대와 그 이후로 구분하는 이슬람의 관점은 역사를 예수 이전과 이후로 구분하는 기독교적 시대 구분만큼이나 설득력이 있습니다.

배경지식은 좋은 선생님입니다

이슬람에 대한 최소한의 이해는 이뤄졌지만 아직 이슬람은 낯설기만 하죠? 우리는 그 낯선 세계를 이븐 칼둔이라는 이슬람 학자를 통해서 함께 살펴보려고 해요. 이븐 칼둔은 1332년에 태어나서 1406년에 세상을 떠났습니다. 고려에서 조선이 등장하던 그 시기의 이슬람 세계 사람이죠. 《무깟디마》는 그의 대표 저작입니다. 《무깟디마》는 읽기도 전에 어려울 거라는 생각부터 들게 하는 책입니다. 두툼한 두께도 두께지만 그보다 더 무서운 건 심리적 장벽 때문일 거예요. 부제로 '이슬람 역사와 문명에 대한 기록'이라고 쓰여 있는데요, 《일리아스》가 왠지 읽어야 할 것 같은 문화적 강박을 주는 책이라면 《무깟디마》는 왠지 읽어내지 못할 것 같다는 심리적 압박을 주는 책입니다. 저도 처음엔 그랬거든요.

책을 읽을 때 우리는 각종 어려움에 부딪히는데요, 그 어려움의 원인을 파악하는 게 매우 중요합니다. 적극적인 사유를 동반하며 책을 읽지 않아 그 책이 어려운 경우가 있습니다. 독자가 작가와 함께 생각해야 비로소 이해할 수 있는 철학적 색채가 강한 책이 그렇죠. 그런 책을 읽기 시작했는데 잘 이해를 못한다면 그 원인은 생각하려 하지 않는 우리의 게으른 독서습관일 수 있습니다. 그런 책은 빨리 읽으면 안 됩니다. 천천히 읽어야 돼요. 생각을 병행하면서 읽어야 문장이 이해될 테니까요.

이것과는 다른 이유로 독서의 어려움이 생기기도 합니다. 배경지식 부족으로 인해 책 내용을 이해하기 어려운 경우입니다. 이븐 칼둔은 이슬람 문화 내부에서 이슬람 전통을 상식처럼 공유하고 있는 독자를 상대로 《무깟디마》를 썼습니다. 이 책을 이슬람에 대한 배경지식이 아주 부족한 21세기의 동아시아인이 읽으리라 예상하지 못했을 것입니다. 제가 읽어보고 말씀드립니다만, 《무깟디마》는 결코 이론적으로 어려운 책이 아니에요. 어려움의 원인은 단순해요. 이슬람에 대한 배경지식 부족입니다. 원인이 단순하니 문제를 해결하는 방법도 간단합니다. 《무깟디마》를 읽기 전에 최소한 《무깟디마》를 이해하기 위해서 필요한 이슬람에 대한 배경지식을 확보하는 것이죠. 고전은 대부분 현대의 독자와는 다른 문화적·역사적 배경 속에서 탄생한 책이니 배경지식 확보는 고전을 읽기 위해 필수불가결한 준비운동입니다.

낯선 세계에 대한 시선은 정립했으니 이슬람에 대한 배경지식을 좀더 쌓아볼까요? 기독교, 유대교, 이슬람교는 모두 하느님을 믿습니다. 하느님을 부르는 이름이 종교에 따라 다를 뿐입니다. 신은 하느님 한 분이니까 이슬람교의 《꾸란》과 기독교의 《성경》은 상당 부분 내용이 겹칠 수밖에 없습니다. 《꾸란》에도 예수가 등장합니다. 이슬람교에서 예수는 무함마드 이전에 등장한 예언자 중 한 명이라고 여기니까요. 가브리엘은 무함마드에게 신의 계시를 안내해주었는데, 그 가브리엘은 마리아에게 하느님의 아들을 잉태하게 될 것이라고 '수태고지'를 하기도 했었지요. 하느님의 첫 예언자 아브람의 자손이라는 점도 공통적입니다. 세 종교에서 공통적으로 등장하는 노아, 아브람, 모세에서 끝나면 유대교가 됩니다. 예수는 하느님의 아들이고 최후의 예언자라 여기면 기독교가 되지요. 이슬람교에서 무함마드는 인간이며, 무함마드는 최후의 예언자가 아니라 최신의 예언자로 여깁니다. 이슬람교는 최신의 예언자 무함마드를 따르겠다는 겁니다.

세 종교 사이의 공통점과 차이점을 정리했으니 다음으로는 이슬람교 특유의 표현에 대한 배경지식을 쌓아볼까요? 《꾸란》은

신이 예언자 무함마드를 통해 인간에게 제시한 말씀입니다. 《꾸란》 이외에 중요한 경전으로 《순나》가 있는데요, 《순나》는 예언자 무함마드의 말과 행동에 대한 기록을 모은 것입니다. 《하디스》는 《순나》를 구체적으로 설명한 것입니다. '지켜야 할 것'이라는 뜻을 지닌 샤리아는 이슬람의 종교율법으로 《꾸란》과 《하디스》에 기초하여 무슬림의 일상생활을 규정짓는 법의 체계입니다. 울라마는 샤리아를 연구하는 학자를 의미합니다.

이슬람교는 무함마드에 의해 시작되었지만, 이슬람교도는 하느님의 아랍어 표현인 알라를 믿습니다. 이슬람은 알라에게 복종한다는 뜻입니다. 무슬림은 이슬람을 믿는 사람, 즉 이슬람교도를 의미합니다. 《무깟디마》를 이해하기 위해 칼리파라는 단어에 익숙해지는 게 필요합니다. 칼리파는 근대적·세속적 관점으로 표현하자면 종교 지도자와 정치 권력자가 합쳐진 개념입니다. 이맘이라는 호칭도 심심찮게 등장합니다. 이맘은 기능적으로 예배를 인도하거나 주관하는 사람인데, 기독교처럼 특권화된 성직자 계급은 아니고 예배 시 기능적인 역할을 하는 사람입니다.

칼리파와 이맘의 구별은 시아파와 수니파라는 이슬람의 두 가지 분파와 연결이 됩니다. 무함마드가 사망한 후 무함마드와 함께 이슬람 전파에 중요한 역할을 했던 네 사람이 번갈아가면서 무함마드의 후계자가 되고, 그들이 칼리파가 됩니다. 이 시기를 '정통 칼리파 시대'라 합니다. 네 명의 칼리파 사망 이후 칼리파 계승 문제에 대한 해석의 차이로 시아파와 수니파가 갈라집니다. 시아파는 혈통을 매우 중요하게 여겨요. 그래서 무함마드의 혈족만이 칼리파가 될 수 있다는 입장이고, 수니파는 칼리파의 혈통보다 《순나》의 해석을 중요하게 여깁니다. 수니파는 경전 해석 중심이고 시아파는 혈통 중심을 지향하는 이슬람의 소수파입니다. 이란과 이라크가 시아파이고 이란과 이라크를 제외한 나머지 이슬람 지역은 수니파이죠.

《무깟디마》에는 우리에겐 낯선 마그레브, 마슈리크, 이프리키아와 같은, 지역을 가리키는 용어가 나옵니다. 마그레브는 아랍어로 '해가 지는 서쪽'을 의미합니다. 아라비아반도를 기준으로 현재의 국가 이름으로 말하자면 알제리, 튀니지 지역이지요. 동쪽을 부르는 이름은 마슈리크입니다. 이집트가 마슈리크죠. 북서 아프리카 사막지대 유목민 베두인이 사는 곳을 이프리키아라고 합니다. 베두인은 도시 아닌 곳에 거주하는 사람이라는 뜻인 바드우에서 유래했습니다. 《꾸란》《순나》《하디스》 그리고 시아파와 수니파, 그다음에 이슬람, 무슬림, 칼리파, 이맘, 마그레브, 마슈리크, 이프리키아, 베두인, 이 정도 배경지식이 있으시면 《무깟디마》 이해를 위한 최소한은 확보했습니다.

괴테의 시선으로 《무깟디마》를 읽어볼까요

괴테의 창작에서 굉장히 중요했던 두 가지 외국 체험이 있는데요, 그 하나가 잘 알려진 이탈리아 기행입니다. 괴테는 1786년부터 2년에 걸쳐 "마흔이 되기 전에 공부 좀 해야겠다"라며 이탈리아반도를 여행했죠. 이탈리아반도 교양 여행은 괴테의 사상사에게 중요한 전기점이 됩니다. 괴테는 이탈리아 여행에서 고대 미술의 조화와 균형, 그리고 절도와 절제의 정신을 자신의 문학을 조절하는 규범으로 삼아 고전주의Klassik 시대를 열었지요. 다른 문화에 대한 필로제니아가 얼마나 생산적일 수 있는지를 보여주는 좋은 사례라 할 수 있습니다. 괴테의 말년인 1814년, 14세기 이란의 시인 하페즈Hafez의 시집《디반Divan》이 독일어로 번역이 됐는데, 괴테는 그 시집을 읽고 충격을 받습니다. 동방의 시인은 서방의 괴테에게 잠재된 시인의 감성을 활짝 열어주었고, 괴테는 말년에 시인 괴테로 거듭납니다. 괴테가 쏟아낸 시적 감성이《서·동 시집》이라는 제목으로 묶여 세상에 나옵니다.

《서·동 시집》에는 동쪽에 대한 역사·문화·문학을 아우르는 방대한 오리엔트론인 〈보다 나은 이해를 위하여〉라는 제목의 글도 실려 있는데요. 그는 말합니다. "시를 이해하려는 사람은 시의 나라로 가야 하고 시인을 이해하려는 사람은 시인의 나라들로 가야 한다"(《서·동 시집》, 283쪽)라고. 시인이 된 괴테에게 시인의 나라는 동쪽의 나라입니다. 그곳엔 서쪽 사람들에게는 알려지지 않은 혹은 알려고 하지 않아 과장되게 신비화되거나 야만이라는 선입견으로 채색된 것들이 있는 곳이지요. 이탈리아를 동경해 한때 남쪽으로 갔던 괴테는 시인의 나라를 향해 동쪽으로 가고 싶어합니다. 무함마드의 메디나 이주를 의미하는 《헤지라》라는 제목의 시를 같이 읽어볼게요.

북과 서와 남이 쪼개진다

왕자들이 파열한다, 제국들이 흔들린다

그대 피하라, 순수한 동방에서

족장의 공기를 맛보러 가라

사랑과 술, 노래 가운데서

히저의 샘물이 그대를 젊어지게 하리.

거기, 순수함 가운데서 올바름 가운데서

나, 인간 족속들의 심원한

근원까지 가겠노라

사람들이 아직 천상의 가르침을

신에게서 지상의 언어로 받던 곳

머리 아프지 않게 바로 받던 그곳.

– 《서·동 시집》, 11쪽.

메카를 떠나 메디나로 갔던 무함마드처럼 괴테는 동쪽을 향한 정신적인 헤지라를 갈망합니다. 괴테는 자신을 여행객에 비유합니다. 그리고 《서·동 시집》은 오로지 "동쪽을 별로 알지 못하거나 전혀 알지 못하는 독자들의 직접적인 이해가 깊어졌으면 하는 뜻"(《서·동 시집》, 285쪽)에서 쓴 것이라 합니다. 정신적인 헤지라를 갈망하는 괴테는 흥분했습니다. 자신은 "낯선 땅의 풍습을 호감을 가지고 나누고, 그 언어 사용을 제 것으로 수용하려 노력했으며, 생각을 함께 나누고, 좋은 풍습을 받아들일 줄"(《서·

동 시집》, 286쪽) 아는 여행객이라 했습니다. 그리고 부탁합니다.
"여행객은 가지고 돌아오는 모든 것을, 주변 사람들이 빨리 좋게
보도록, 상인의 역할을 맡는다. 상품을 고객들 마음에 들게 펴놓
고, 이런저런 식으로 마음을 끌려 하는 상인 말이다. 알리고, 묘
사하고, 심지어 자찬하는 말을 늘어놓는다고 그를 나쁘게 생각
하지"《서·동 시집》, 286쪽) 말아달라고 하는군요. 여행객의 마음
을 품고 동쪽으로의 정신적 헤지라를 꾀하는 괴테의 시선으로
우리는 《무깟디마》의 이슬람 세계로 가겠습니다.

헤지라 이후의 이슬람 역사까지 알면 더 좋습니다

괴테의 시선으로 무장했으니 일단 숨을 잠시 고르시고, 배경
지식 확보를 위한 마지막 고비를 향해 가도록 하죠. 헤지라 이후
의 이슬람 역사에 대한 이해는 《무깟디마》를 읽기 위해 매우 중
요한데요, 《무깟디마》의 핵심주제가 헤지라 이후 여러 이슬람 왕
조의 흥망성쇠의 원인을 분석하는 것이기 때문입니다.
헤지라 이후의 이슬람 역사를 크게 세 가지로 구별해보겠습
니다. 첫번째 시기가 정통 칼리파 시대(632-661)이고 두번째가 다
마스쿠스를 수도로 하는 우마이야 왕조 시대(661-750), 세번째가
바그다드를 수도로 하는 아바스 왕조 시대(750-1258)입니다. 정통
칼리파 시기에 다신교 지역이었던 아라비아반도는 이슬람화되었
고, 이란 사산 왕조까지도 이슬람화됩니다. 아직 튀르키예 지역

이나 마그레브는 이슬람화되지 않았지만 굉장히 짧은 시간 안에 이슬람은 확산되었습니다.

우마이야 왕조 시대 때 이슬람 지역은 더 확대됩니다. 마그레브 지역 서쪽으로도 훨씬 더 가서 그 북아프리카 지역이 이슬람화됐고 그뿐만 아니라 지중해 지브롤터해협 건너 이베리아반도도 711년에 이슬람 지역이 됐습니다.

우마이야 왕조 다음에 아바스 왕조가 등장합니다. 우마이야 왕조는 무함마드하고는 혈족적으로는 관계가 없는 가문이었는데요, 우마이야 왕조에 반기를 들었던 사람들이 그 점을 이용합니다. 아부 무슬림이라는 무함마드의 후손이 있었었는데 이 사람만이 정통 칼리파가 될 수 있다는 주장을 내세워, 일종의 쿠데타를 일으켜서 우마이야 왕조를 붕괴시키고 아바스 왕조를 세웁니다.

아바스 왕조 시대 이슬람 지역은 확장되었지만 아바스 왕조 역시 영원하지 못했죠. 10세기에 접어들면서 아바스 왕조는 산산히 부서져 여러 왕조로 분화됩니다. 크게 보자면 아프리카 지역과 이집트에는 파티마 왕조가 들어섭니다. 모로코, 알제리, 튀니지 지역에는 마린 왕조가, 튀니지 지역엔 하프스 왕조, 이베리아반도의 코르도바를 중심으로 한 안달루시아 지역에는 코르도바 칼리파국이 등장합니다. 그 유명한 그라나다의 알함브라 궁전을 낳은 왕조이죠. 기독교인의 재정복 운동, 이른바 레콩키스타에 의해 코르도바 칼리파국이 위험에 빠지는 등 이슬람 지역 내에선 쉴새 없이 왕조가 들어서고 몰락했습니다.

이슬람 왕조 흥망성쇠의 한복판에
이븐 칼둔이 있습니다

이번엔 살짝 낯선 작가 이븐 칼둔에 대해 살펴볼게요. 그의 일대기는 굳이 표현하자면 국적이 별로 의미 없었던 시대의 코즈모폴리턴적 지식인의 전형을 보는 것 같습니다. 마그레브, 마슈리크 그리고 이베리아반도에 이르기까지 전 이슬람 문화권이 그의 삶과 연결되어 있습니다. 이븐 칼둔은 1332년 현재 튀니지의 수도 튀니스 출신입니다. 튀니스는 메카를 향해 성지순례를 떠나는 마그레브 지역 순례자가 집결하는 도시였습니다. 그는 학자 집안에서 태어났습니다. 조상은 아라비아반도 남부 해안에 거주하던 예멘 계통의 부족으로 이슬람 초기 우마이야 왕조 시대에 무슬림이 북아프리카를 거쳐 이베리아반도로 진출할 때 세비야에 정착했습니다. 그의 조상은 기독교의 이베리아반도 재정복이 시작되자 13세기 중반 북아프리카로 이주했다가 튀니스에 정착하여 가족 대대로 학자의 길을 걷습니다. 많은 학자들이 튀니스에 있는 이븐 칼둔의 생가를 사랑방처럼 들락거렸고, 그는 학자들이 북적이는 분위기 속에서 성장했다고 합니다.

이븐 칼둔은 성장하면서 순탄한 삶을 살지는 않았습니다. 왕조가 바뀔 때마다 이전 왕조와의 관계 때문에 새로 들어선 왕조에 의해 감옥 생활을 하기도 했습니다. 그러니 이슬람 지역 곳곳을 자의 반 타의 반으로 떠돌며 이주할 수밖에 없었습니다. 튀니스에서 모로코 페스로, 1362년에는 지중해를 건너서 그라나다

왕국의 군주였던 무함마드 5세의 초청으로 그라나다로 갔다가, 그라나다에서 베자이아로 갔다가 이븐 살라마에서 《무깟디마》를 집필합니다. 인생의 마지막 시간은 이집트 카이로에서 신학교 율법학 교수로 지내다가 1406년에 죽었습니다. 이븐 칼둔의 생가는 튀니스에, 그의 무덤은 카이로에 있으니, 이븐 칼둔의 삶 자체가 이슬람 왕조의 흥망성쇠를 분석하는 《무깟디마》의 주제를 반영한다고 할 수 있겠네요.

《무깟디마》는 무엇에 관한 책인지 단 하나의 문장으로 설명해달라고 요구를 받는다면, 저는 이븐 칼둔이라는 이슬람 학자가 문명의 형성과 성장 그리고 쇠락의 원인을 분석한 책이라고 말하겠습니다. 이븐 칼둔은 헤지라 이후 이슬람 왕조의 흥망성쇠에 눈을 돌립니다. 급속한 팽창을 할 수 있었던 원인은 무엇이 있었는지, 급속한 팽창 이후에 급격한 몰락은 왜 불가피했는지, 왕조의 몰락을 촉진하는 요인은 무엇인지, 이븐 칼둔은 질문을 던지고 답을 꾀하는 데 그 답이 《무깟디마》에 담겨 있습니다.

책 제목 《무깟디마》를 해석해볼까요? 이븐 칼둔은 《충고의 서, 아랍인과 이란인과 베르베르인 그리고 동시대의 위대한 군주들에 관한 총체적 역사》라는 긴 제목의 총 7권으로 구성된 책을 구상했는데요, 이 《총체적 역사》의 서문격인 1권이 《무깟디마》입니다. '무깟디마'는 아랍어로 서문이라는 뜻입니다. 그러니까 《무깟디마》는 이븐 칼둔의 저작 중 일부만 전해진 결과입니다. 《총체적 역사》의 기획의도에 대해서는 이븐 칼둔이 직접 소상하게 밝히고 있는데, 그 부분을 같이 읽어보겠습니다.

마그립(마그레브)의 원주민이었던 베르베르인(베두인)들은 11세기에 마그립으로 들어온 아랍인들로 교체되었고 아랍인은 베르베르인을 정복하고 그들의 토지를 장악했다. 이런 상황은 14세기 중반까지 동쪽과 서쪽의 이슬람 문명에서 계속되다가 역병이 휩쓸고 간 결과로 민족들은 황폐해졌다. 뿐만 아니라 문명의 장점들도 말끔히 지워져버렸다. 그 역병은 수명이 다해 노쇠기에 들어선 왕조들을 덮쳐 세력을 약화시켰다. 왕조의 권위는 약화되어 실제 상황은 고사 직전이었고 왕조는 붕괴 직전이었다. 인구는 감소하고 그 땅위의 문명도 쇠퇴해서 도시와 기술은 황폐되고 곳곳의 도로와 안내판도 지워지고 빈집이 속출하고 왕조와 부족들은 쇠퇴하고 거주지는 완전히 바뀌었다.

— 《무깟디마》, 69쪽, 괄호 안 단어 첨가는 인용자.

아하, 왕조의 흥망성쇠를 목격하며 이븐 칼둔은 그 이유를 알고 싶었던 것이군요.

그래서 나는 역사서를 한 권 썼다. 이 책에서 나는 여러 세대에 걸쳐 발생한 상황을 가리고 있던 베일을 걷어내고 역사적인 정보와 성찰을 한 장 한 장 배열했다. 이 책에서 나는 왕조와 문명의 발생 원인을 보여주고 오늘날 마그립에 거주하는 여러 민족에 관한 정보를 밝히며 왕조의 수명이 길건 짧건 간에 왕족과 그 추종자들의 선조에 대한 정보를 토대로 역사를 기록했다. 그들은 아랍인과 베르베르인이다.

— 《무깟디마》, 24쪽.

홍망성쇠를 들여다보기 위한 분석단위는 '움란'입니다. 한국어 번역판에서는 문명이라고 번역되어 있는데, 움란은 문명보다 훨씬 더 넓은 개념입니다. 움란의 어원은 '어딘가에 살고 있다' '누구네 집에 자주 드나든다' '번영한다'는 뜻의 단어라고 합니다. 움란은 한편으로 야만과 대립하는 문명이라는 의미인 동시에 인간의 사회·정치·문화 활동의 총체를 의미합니다. 이븐 칼둔은 움란을 유목민 문화에 바탕을 둔 베르베르인(베두인)의 '움란 바다위' 그리고 그와 대조적인 정주형 움란인 '움란 하다리'로 구분합니다. 움란 바다위와 움란 하다리의 교체가 왕조 홍망성쇠의 기본틀이기도 하지요.

《무깟디마》는 근대적 사회과학의 원형입니다

《무깟디마》는 근대적 사회과학의 원형을 보여주는 일종의 백과사전입니다. 우리가 말하는 근대적 의미의 역사학·정치학·경제학·사회학은 서유럽에서 17, 18세기의 계몽주의를 거쳐 19세기에 등장했습니다. 이븐 칼둔의 놀라운 점은 단 한 명의 이슬람 학자가 애덤 스미스, 오귀스트 콩트, 몽테스키외, 마키아벨리가 태어나기도 이전 근대적 사회과학의 원형이 담긴 책을 남겼다는 사실입니다. 사회과학은 인문학과는 달리 개인의 내면과 개성에만 주목하는 게 아니라 개인과 개인의 관계 그리고 개인의 집합체인 집단 사이의 역학관계에 초점을 맞춥니다. 이븐 칼둔은 이 시선의 원형을 보여줍니다. 게다가 그가 다루는 사회과학적 영역의 스케일은 그에 비견할 수 있는 서유럽 출신 학자를 찾기 힘들 정도로 방대합니다. 이븐 칼둔은 이슬람 지역 출신이라는 이유로 상대적으로 저평가된 인류의 문화유산이 아닐 수 없습니다.

근대적 사회과학을 대표하는 분과학문이 역사학·정치학·경제학·사회학이라면 《무깟디마》에 숨어 있는 근대적 사회과학의 원형을 찾아보겠습니다.

《무깟디마》 이전에도 역사를 기록한 책은 적지 않았지요. 하지만 이븐 칼둔은 《무깟디마》에서 근대적 의미의 역사학이 지향하는 바를 분명하게 밝히고 있습니다. 그래서 역사학자 아널드 토인비Arnold Toynbee는 "시대와 장소를 불문하고 인간이 만든 역사철학 가운데 가장 위대한 작품"이라고 이 책을 극찬하기도 했습니다. 이븐 칼둔은 지금까지 역사는 과장되게 쓰였다고 비판합니다. 다시 말해, 떠도는 이야기를 사실 여부를 확인도 하지 않고 써왔다는 겁니다. 서사시와 역사를 구별해야 한다는 거죠. 이븐 칼둔이 볼 때, 지금까지 옛 왕조의 역사는 서사시적 전통에서 벗어나지 못했습니다. 그래서 옛 왕조에 관해서 이야기를 쓰더라도 사실 검증을 통해 허황된 것을 제거하고 오직 사실에 기반해 이야기를 쓰려고 한다는 입장을 밝힙니다.

이렇게 새롭게 역사를 쓰려고 하는 것이 이븐 칼둔의 목적이라면 구체적인 서술 방법은 사회과학적일 수밖에 없습니다. 한 왕조의 창시자가 호랑이를 손으로 때려잡는 영웅이었다고 과장되게 표현해도 서사시라면 괜찮지요. 《일리아스》에서 보았던 것처럼 서사시에는 과장된 표현이 수시로 등장하니까요. 이븐 칼둔은 서사시가 아니라 역사를 쓰려 하지요. 그렇다면 한 왕조의 창시자가 맨손으로 호랑이를 때려잡았다는 이야기가 전해진다고 해서 이 이야기를 사실 그 자체로 취급하여 서술할 수 없다는 것입니다. 역사학자는 떠도는 이야기를 그대로 믿는 사람이 아니라 "연구나 검토를 하지 않고 액면 그대로 수용하는 까닭에 엉뚱한 이야기가 글에 끼어들게"(《무깟디마》, 62쪽) 되는 사태를 막는 사람이어야 합니다. 입증할 수 있는 자료를 다 찾아내서 '크로스 체크'를 통해 사실 검증된 것만을 역사의 기록으로 남겨야 한다는 것이죠.

근대적 역사학의 원형이 제시되고 난 후에 사회학의 원형이 제시됩니다. 이븐 칼둔은 아리스토텔레스를 인용합니다. "인간의 사회조직은 필수적인 것이다. 철학자들은 이를 '인간은 본질적으로 사회적이다'라고 표현했다."(《무깟디마》, 87쪽) "사회조직은 인류에게 필수불가결한 것이다. 사회조직이 없다면 인류의 존재는 불완전한 것이다."(《무깟디마》, 89쪽) 이 문장들은 그 자체로 사회학적 선언이라 해도 과언이 아닙니다. 사회조직이 이렇게 인류에게 필수불가결하다면, 왜 사회조직은 항상성을 유지하지 못하고, 어떤 사회조직은 흥하고 어떤 사회조직은 쇠락을 피하지 못하는 것일까요?

왕조의 흥망성쇠의 핵심원인은
아싸비야에 있습니다

사회조직은 불가피하지만 때로 사회조직 내 이익을 둘러싼 갈등 상황도 생기지요. 야만으로 퇴행하지 않게 하려면 각자의 이익을 위해 싸우고 있을 때 갈등상황을 조정하는 개입이 반드시 필요합니다. 정치는 조정자 역할을 수행합니다. 그리고 정치 권력자는 통제하고 군림하는 사람이 아니라 조정하고 이끄는 능력을 지닌 사람입니다.

권력자가 갖춰야 하는 능력이 이븐 칼둔의 트레이드마크와도 같은 유명한 개념인 '아싸비야Asabiyyah'입니다. 아싸비야라는 개념도 움란처럼 폭이 넓어요. 아싸비야는 '묶다' '감싸다'라는 아랍어 동사에서 기원했는데, 매우 다양한 맥락으로 사용됩니다. '묶다'라는 어원에서 알 수 있는 것처럼 사회적인 유대, 개인과 개인의 협력이라는 뜻으로 사용되고, 한편으로는 '감싸다'라는 어원이 말해주듯 자신을 점령하려는 자를 방어함을 뜻합니다. 점령하려는 자를 방어하려면 무엇이 필요할까요? 나와 같은 편에 속한 사람의 적극적 협력을 이끌어내야 할 것이고 동시에 두려워하지 않는 용기와 도전하는 정신이 필요하겠지요.

인간은 처음부터 움란 상태에 있지 않았습니다. 아싸비야가 있어야 움란이 만들어집니다. 인간 집단 사이에는 정복의 움직임이 늘 있는데요, 점령하려는 세력으로부터 자기 방어에 성공해야 한 인간 집단은 살아남을 수 있습니다. 아싸비야는 "자신을 방어하고 적에게 저항하고 자신을 보호하고 자신의 주장을 강하게"《무깟디마》, 242쪽) 내세우는 능력입니다. 도전하는 심성과 용기를 가지고 있는 집단이 다른 집단을 정복하면 왕조가 교체되죠. 우마이야 왕조가 아바스 왕조에 의해 교체되었던 것처럼요. 정복하는 사람과 정복당하는 집단의 차이도 아싸비야의 유무로 해석될 수 있습니다.

점령하려는 자로부터 집단을 지켜낼 수 있는 가장 큰 힘은 방어하는 집단 내부의 사회적 유대입니다. 사회적 유대와 협력이 부재한 집단은 정복당하거나 정복하려다 실패합니다. 협력을 이끌어낼 수 있는 지도력을 현대적으로 표현하자면 리더십입니다. 아싸비야는 적극적 동의라는 의미로 그람시의 헤게모니 개념을 연상시키고, 사회적 유대는 경제자본만큼이나 위력을 발휘한다는 맥락에서 사회자본social capital이라는 현대의 사회과학 개념과도 닮아 있습니다. 움란을 일궈내는 힘, 움란을 지켜내는 에너지는 다름아닌 사회자본으로서의 아싸비야입니다.

그들(베두인)이 방어전을 펼 때는 **그 집단이 얼마나 긴밀하게 상호관계를 이루어 내느냐에 따라** 성공이 결정된다. 이런 상호관계는 **그들에게 활력을 강화해주고 적에게는 두려움**을 주기 때문이다. 자신의 가족과 집단에 대한 애정은 그 무엇보다도 중요하다. 인간의 본성에는 혈족이나 친척에 대한 사랑과 연민이 있는데, 이는 알라께서 인간의 영혼에 심어 주신 것이다. **그것은 서로를 돕고 지탱하며 적에게는 더 큰 공포심을 준다.**

– 《무깟디마》, 219쪽, 괄호 안 단어 첨가 및 강조는 인용자.

용기와 도전하는 심성 그리고 내부의 결속에 의한 사회자본이 아싸비야를 구성하는 핵심요소이고 이를 통해 움란이 발생한다면, 왜 형성된 움란은 흥망성쇠의 과정을 피해가지 못하는 것일까요? 문명이 번영과 몰락을 반복하는 원인을 규명하는 것은 사회과학의 고전적 주제입니다. "아무리 부자라도 3대를 못 간다"라는 일상의 경험적 성찰이 담긴 표현은 이븐 칼둔이 《무깟디마》에서 던지는 질문과 일맥상통합니다.

움란의 첫번째 세대는 아싸비야를 통해 가문의 영광을 직접 획득한 세대입니다. 예를 들자면 왕조의 창시자는 아싸비야가 있는 인물이지요. 두번째 세대는 첫번째 세대인 창설자와 개인적 접촉이 경험이 있는 세대입니다. 1대의 아들은 "아버지와 직접 접촉을 하고 그에게서 듣고, 그 영광을"(《무깟디마》, 234쪽) 누립니다. 비록 1대보다는 한 수 아래라 하더라도 2대는 아싸비야 넘치는 1대를 직접 경험했습니다. 3대는 1대의 아싸비야를 전승받는 세대입니다. 3대는 "단지 모방하는 것에 만족하고 특히 전승에 대부분 의존"(《무깟디마》, 234쪽)합니다. 4대에 오게 되면 모든 선조에 뒤집니다. 1대의 아싸비야는 어디론가 사라집니다. 쇠락이 시작되지요.

재벌의 역사에 비교해서 이해해볼까요? 재벌 1대는 아무것도 없는 무일푼으로 태어났지만 도전정신과 용기로 막대한 부를 일궈냅니다. 조직을 장악하는 능력 역시 타의 추종을 불허하지요. 재벌 2대는 1대의 카리스마를 지켜보고 배웠지만 스스로 일궈낸 1대의 카리스마에는 미치지 못합니다. 재벌 3대는 재벌의 형성사를 기록으로 전수받습니다. 1대의 카리스마도 전승되죠. 4대쯤 오게 되면 1대의 근검절약과 도전정신에서 한참 거리가 먼 사치에 탐닉하는 세대가 등장합니다. 위기가 시작됩니다.

아싸비야가 어떻게 유지될 수 있는지를 분석하다가 이븐 칼둔은 최초의 경제학자가 됩니다. 《무깟디마》의 4부는 사실상 경제학이에요. 아싸비야 유지는 노동에 대한 태도와 깊은 연관을 갖고 있습니다. 1대의 근면성실함과 노동윤리가 사치풍조에 의해서 압도되는 과정이 아싸비야가 소멸되는 과정입니다.

그는 막스 베버Max Weber적 의미의 프로테스탄트 노동윤리를 굉장히 중요하게 여기죠. 노동윤리가 지켜지지 않았을 때 노동의 근간이 되지 않고 사치와 상업과 눈속임에 의해 도시 문명이 이루어지게 된다면 아싸비야의 몰락을 가져오고 아싸비야가 약화되면 도시 문명은 몰락할 수밖에 없다고 해석합니다. 노동윤리가 지켜지지 않으면서 이후 세대에서 사치풍조가 등장하는 것에 대한 비판은 베블런Veblen이 《유한계급론》에서 신랄하게 문제점을 지적한 유한계급이 연상되지요. 사치스러운 사람은 사치재를 자신의 노동에 의한 소득으로 충당할 수 없습니다. 사치라는 망상에 빠진 사람은 "자연스런 방법으로 획득하는 소득이 부족"(《무깟디마》, 642쪽)하다고 생각하고 "그는 아무런 대가를 치르지 않고 큰돈을 벌었으면 하는 바람 이 외에는 다른 생각"(《무깟디마》, 643쪽)을 하지 않게 되죠.

현대적인 지리학의 원형도 《무깟디마》에 있습니다. 기술이 발전한 지역과 발전하지 못한 지역의 지리적 조건을 비교하는 착상인데요, 《무깟디마》에서는 마그레브와 마슈리크를 비교합니다. 마슈리크는 문명의 교류와 교차가 일어난 곳이어서 그 덕택으로 고기술이 형성되었고 이를 바탕으로 번영했습니다. 반면 유목생활을 하는 마그레브의 베두인은 고립되어 있었기에 저기술·저발전의 상태를 벗어나지 못했다는 해석입니다. 지구적 차원에서의 발전과 저발전을 분석하는 현대적 시선을 연상시키지 않나요?

고귀한 기술인 글쓰기를 통해 동아시아의 우리는
이슬람의 학자 이븐 칼둔과 만날 수 있었습니다

기술은 이렇게 한 지역을 발전시키기도 하고 저발전의 상태에서 벗어나지 못하게 하기도 합니다. 《무깟디마》의 마지막 부분에서 이븐 칼둔은 아주 흥미로운 기술의 체계를 제시합니다. 그는 기술을 두 가지로 구별합니다. 하나가 필수적인 기술이고 다른 하나가 고귀한 기술입니다. 필수적인 기술은 집단적 사회생활의 기초가 되며, 인간이 생존하기 위해 불가결한 기술을 의미합니다. 농업, 건축업, 제조업, 목수, 직조를 이븐 칼둔은 필수적인 기술이라고 제시합니다. 눈치채셨듯이 의식주의 바탕이 되는 것이지요.

필수적인 기술이 생존과 직결된다면, 이븐 칼둔은 인간의 완성과 연결된 기술을 고귀한 기술이라 부릅니다. 칼둔이 제시하는 고귀한 기술은 산파, 의학, 노래 부르기, 글쓰기와 필사입니다. 문명에 도달하는 것은 기초기술이 아니라 고귀한 기술이 결정짓습니다. 노래 부르기는 예술이라는 의미에서 고귀한 기술로 넣었다고 짐작되는데, 산파와 의학은 살짝 의아하게 느껴지지 않나요? 의학은 사람을 병으로부터 구하는 기술이니 고귀한 기술이겠지요. 그러면 산파는 왜 언급한 것일까요? 세대 재생산의 안전과 직결되는 기술이기 때문입니다. 생각해보면 고개가 절로 끄덕여지는 기술 분류입니다.

제 눈길을 가장 끈 고귀한 기술은 글쓰기와 필사입니다. 일단 이븐 칼둔의 이야기부터 들어보겠습니다.

글쓰는 것은 귀로 들을 수 있는 말을 글자의 윤곽과 형태를 통해서 나타내는 것이고, 말은 정신 속에 있는 것을 표현하는 것이다. 이것은 **인간과 동물을 구별하는 하나의 특수한 자질**이기 때문에 고귀한 기술이다. 나아가서 그것은 마음 속에 있는 것을 드러낸다. **한 사람의 의중을 먼 곳에 있는 사람에게 전달하는 것을 가능케** 하고, 그렇게 함으로써 그가 하고자 하는 일을 스스로 직접하지 않아도 처리할 수 있도록 한다. 그것은 **사람으로 하여금 학문과 교육 그리고 고대인들에 의해서 저술된 학문과 정보들을 익힐 수 있게 한다.**
— 《역사서설》, 393쪽, 강조는 인용자.

전 이 대목에서 전율을 느꼈습니다. 우리가 《무깟디마》를 읽을 수 있는 것은 글쓰기와 필사라는 고귀한 기술이 있었기 때문입니다. 그렇지 않으면 우리가 어찌 지리적으로 한참 떨어져 있고 시간적으로 먼 과거의 사람인 이븐 칼둔의 정신세계를 접할 수 있었겠어요. 글쓰기와 필사가 있었기에 이븐 칼둔은 "고대인들에 의해서 저술된 학문과 정보"들을 익힐 수 있었고, 우리는 그것을 물려받은 이븐 칼둔에 의해서 저술된 학문과 정보를 계승받고 있습니다. 오늘날의 인간을 인간으로 만들어준 핵심적 힘은 아싸비야라는 사회자본과 글쓰기였던 셈이네요.

글쓰기라는 고귀한 기술 덕택으로 우리는 14세기에 아랍에 살았던 이븐 칼둔이라는 이름도 낯선 사람이 쓴 당시의 이슬람에 관한 백과사전을 읽을 수 있고 그 백과사전을 통해 우리는 인류의 유산을 물려받았습니다. 낯설었고 무지했던 세계를 책을 통해 알게 될수록 우리의 필로제니아는 커질 것입니다. 《무깟디마》를 읽기 전보다 우리는 아주 조금이지만 좀 더 세계인이 된 느낌이 들지 않나요? 혹시라도 여러분이 괴테처럼 정신적 헤지라를 《무깟디마》를 통해 맞이하셨다면 이 강의는 대성공입니다.

인용 문헌
요한 볼프강 폰 괴테, 《서·동 시집》, 전영애 옮김, 도서출판 길, 2021.

4

책을 읽는 인간 특유의
의식세계를 들여다봅니다

월터 옹 Walter J. Ong,
《**구술문화와 문자문화**Orality and Literacy》, 1982년

월터 J. 옹, 《구술문화와 문자문화》,
임명진 옮김, 문예출판사, 2018.

　　여러분은 몇 살 때부터 책을 읽기 시작하셨나요? 저는 어렴풋하게 글자를 배우기 이전의 답답함은 기억납니다. 지금은 책 읽기를 즐기는 애독가일지라도 한때 우리 모두에겐 글자를 익히지 못했던 시절이 있었지요. 인류도 마찬가지입니다. 문자는 호모 사피엔스가 출현한 바로 그날부터 있었던 것이 아니라 인간이 후에 필요를 느껴 만든 것입니다. 오늘 함께 읽을 월터 옹의 《구술문화와 문자문화》는 인간이 문자를 사용하기 이전과 이후의 변화를 다룹니다. 독서인인 우리의 기원이 이 책에 담겨 있지요.

　　이븐 칼둔이 《무깟디마》의 마지막 부분에서 인간을 동물로부터 구별시켜주는 특수한 자질인 고귀한 기술에 대해 언급한 것 기억하시죠? 글쓰기가 인간의 고귀한 기술 중 하나라고 지적하며 인간의 정신과 말과 글쓰기의 관계를 이렇게 설명했지요. "글 쓰는 것은 귀로 들을 수 있는 말을 글자의 윤곽과 형태를 통해

서 나타내는 것이고, 말은 정신 속에 있는 것을 표현하는 것이다."(《역사서설》, 393쪽)

　인간의 정신은 인간이 사유능력을 지녔음을 증명하는 것이자 사유활동의 결과물입니다. 인간은 홀로 살지 않으니 각자의 정신을 서로 교환하는데요, 그럴 때 감각기관을 사용합니다. 각자의 감각기관은 상대방의 정신을 수용할 수 있는 통로입니다. 오늘 함께 읽을 월터 옹은 《구술문화와 문자문화》에서 《무깟디마》의 마지막 부분을 이어받은 듯 인간의 정신과 말과 문자의 관계에 주목합니다. 이븐 칼둔이 이슬람을 믿었던 14세기의 인물이고 월터 옹은 20세기의 가톨릭 예수회 신부라는 점을 고려하면 이 두 책 사이의 이런 연관관계는 매우 흥미롭습니다.

인간의 정신은 언어로 표현되고, 언어를 통해 인간은 정신을 교환합니다

　인간의 정신은 언어language로 표현되는데, 언어는 말speech과 글words로 구성되어 있습니다. 발화자는 입으로 말하고 수신자는 말을 청각으로 지각합니다. 글을 읽을 때는 시각이 동원됩니다. 청각기관과 시각기관이 모두 언어를 통한 의사소통에 개입하는 것이죠. 언어를 구성하는 말하기와 읽기를 발생 순서에 따라 살펴보면 말이 글에 우선합니다. 한 개인의 발달, 즉 개체 발생에서도 그렇고, 인류의 발전, 즉 계통 발생에서도 동일합니다.

어린아이는 옹알이부터 시작하지, 아무리 뛰어난 지능을 지녔다고 해도 글 읽기는 말을 배우고 난 후에 합니다.

여러분은 외국어를 배울 때 어떤 점이 가장 어려우셨나요? 혹시 여러분도 저처럼 외국어의 읽기와 말하기 능력 간에 심한 불균형이 있으신가요? 제가 이해할 수 있는 모든 외국어에서 읽는 능력과 말하는 능력 사이에는 큰 차이가 있습니다. 요즘은 다르지만 제가 영어를 배울 때만 하더라도 말하기를 전혀 배우지 않은 채 읽기부터 배웠거든요. 그랬더니 지금도 영어로 말하기는 영어로 읽기보다 어렵기만 합니다. 읽기 능력은 계속 향상되었지만 영어로 말하기 능력은 그에 비례하며 향상되지 못했습니다.

저의 모국어와 외국어 습득 경험을 비교해볼까요? 모국어는 말하기부터 시작하여 후에 읽기와 쓰기를 배우는 순서로 익히니, 인간의 언어 발생사의 순서에 조응합니다. 그런데 저는 외국어를 배울 때 이 발생 순서를 거슬렀으니, 읽는 능력과 말하는 능력 사이에 극심한 불균형을 낳았던 것입니다.

지구상에는 약 3천 개의 언어가 있는데, 문학을 가진 언어는 78개에 불과하다고 합니다(《구술문화와 문자문화》, 36쪽). 글 없이 말로만 존재하는 언어가 더 많은 것이죠. 인류 역사를 말과 글의 관계로 살펴보면, 말만 있었던 시기와 글이 발생한 시기로 구별해볼 수 있습니다. 문자 없이 말로만 언어가 존재했던 상황에서 인간의 의식체계는 말과 문자를 모두 사용하는 시기를 살고 있는 우리의 의식체계와 동일했을까요, 아니면 달랐을까요?

월터 옹의 《구술문화와 문자문화》는 전 인류 역사를 말과 글의 탄생과 전개 그리고 미래로 다루는 일종의 '빅 히스토리Big History'입니다. 호모 사피엔스의 역사는 수십만 년이지만 "최초의 기록물이 나타난 것은 고작해야 6천 년 전"(《구술문화와 문자문화》, 30쪽)에 불과합니다. 기록된 문헌에만 기초하면 인류의 역사 서술에는 비어 있는 부분의 시간이 기록된 시간보다 길기만 합니다. 인간에게 문자와 쓰기가 도입되기 이전의 상태로 거슬러 올라가는 타임머신 여행을 《구술문화와 문자문화》를 읽으며 함께 해보겠습니다.

말만 존재하던 순수 구술성의 상태를 상상해봅니다

말은 청각적 세계에 속하고 글은 시각적 세계에 속합니다. 서양 문명을 말과 글의 관계, 즉 청각적 세계와 시각적 세계의 중심성을 기준으로 살펴보면, 헬레니즘과 기독교는 시각적 세계에, 헤브라이즘과 유대교는 청각적 세계에 가깝습니다. 이 관계를 발생 순서로 늘어놓으면 청각적 세계인 헤브라이즘과 유대교가 시각적 세계인 헬레니즘과 기독교에 앞섭니다.

유대교는 신에 대한 시각적 재현을 철저하게 금하는 우상금지 계율을 지킵니다. 유대교 교회에는 하느님을 시각적으로 표현한 그 어떤 이미지도 없습니다. 다윗의 별과, 모세가 십계명을 받을 때 불이 피어올랐으나 타지 않았던 떨개나무 가지를 형상화한 메노라라는 촛대가 고작이죠. 반면 기독교는 매우 시각적입니다. 유대교 교회와 달리 기독교 교회는 각종 이미지로 뒤덮여 있습니다. 헬라스인에게 시각은 가장 명증하고 정확한 감각기관이었습니다. 헬라스적 사유에서 모든 것은 시각성에 의존합니다. 헬라스 문화에서 벌거벗은 조각상을 가장 고귀한 예술적 이념으로 설정했던 것은 나체상이 시각적 투명함을 구현한 것이라여겨졌기 때문입니다. 레지스 드브레Régis Debray는 헬라스의 시각중심성을 이렇게 묘사합니다. "그리스 사람들에게 산다는 것은우리처럼 숨 쉰다는 것이 아니라, 본다는 것이었다. 죽는다는 것은 곧 시력을 잃는다는 뜻이었다. 프랑스 사람은 '그는 마지막 숨'을 거두었다고 하지만, 그리스 사람은 '그는 마지막 눈길'을 거두었다고 한다. 그리스 사람은 적을 벌할 때 거세보다 눈을 뽑는것을 더 가혹하게 여겼다."(《이미지의 삶과 죽음》, 26쪽) 헬레니즘과기독교가 충돌하지 않고 나중에 신플라톤주의로 통합될 수 있었던 배경도 시각중심성이라는 공통된 특징이었습니다.

성경 중에서도 유대교에서 '토라'라 부르는 모세 오경에는 청각적 은유가 많이 등장합니다. 구약의 세계는 말과 글의 관계에서 보자면 언어가 오로지 말로만 존재하던 세계를 의미합니다. 창세기에 의하면 "야훼께서 아브람에게 말씀"(창세기 12:1, 이하 성경 인용은 《공동번역 성서》)하셨습니다. 출애굽기에서 모세 역시 하느님의 말씀을 듣지요. "떨기에서 불꽃이 이는데도 떨기가 타지않는 것을 본 모세가 저 떨기가 어째서 타지 않을까? 이 놀라운광경을 가서 보아야겠다 하며 그것을 보러 오는 것을 야훼께서 보시고 떨기 가운데서 모세야, 모세야 하고 하느님께서 부르셨다."(출애굽기 3:3-5) 모세가 하느님에게 모습을 보여달라고 간청하자, 하느님은 이렇게 대답하셨다고 합니다. "그러나 나의 얼굴만은 보지 못한다. 나를 보고 나서 사는 사람이 없다."(출애굽기 33:20)

아브람과 모세는 하느님의 말씀을 전하기 위해 창세기와 출애굽기를 쓰지 않았습니다. 아브람과 모세의 이야기는 구전되다가 후세에 문자로 쓰이게 된 것이니, 아브람과 모세가 하느님의 말씀을 들은 때와 그 이야기를 기록한 때 사이에는 시간 간격이 있습니다.

월터 옹의 《구술문화와 문자문화》는 인간의 정신을 언어로 표현할 때 그 언어가 청각적 세계에서 펼쳐지는 구술문화와, 말이 문자로 옮겨져 시각적인 세계로 전이되는 문자문화를 비교하는 책입니다. 책의 절반은 문자문화가 형성되기 이전, 즉 인간의 언어가 말로만 존재하던 시대의 특징을 탐구하고 나머지 절반은 문자문화로 인해 변화된 인간의 의식을 분석하는 데 할애됩니다. 책의 순서는 당연히 구술적 세계에 대한 탐색부터 시작됩니다.

문자를 사용하기 이전의 구술적 상황을 옹은 '1차 구술성'이라 부릅니다. 1차 구술성의 세계에 살고 있는 사람이 직접 그 세계를 우리에게 문자로 알려주지 않습니다. 옹은 말만 있었던 구술문화의 특징을 규명하고 문자문화에 의해 구술문화의 특징이 어떻게 변형되었는가를 해명하려는 계획을 세웠습니다. 연구 계획은 단순한데, 방법론적으로는 결코 쉽지 않습니다. 방법론적

난제를 풀 수 있는 실마리를 옹은 호메로스의 《일리아스》에서 찾아냅니다. 이렇게 《일리아스》가 또 등장하는군요.

호메로스의 《일리아스》가
순수 구술성의 세계를 탐색하는 실마리를 제공합니다

트로이아 전쟁은 기원전 1200년경에 일어났습니다. 트로이아 전쟁을 문자로 기록한 서사시는 기원전 800년경에 쓰였습니다. 전쟁 이후 400여 년 동안 기록되지도 않은 트로이아 전쟁 이야기는 어떻게 전해져 기록될 수 있었을까요? 이 수수께끼를 푸는 실마리를 옹은 고전학자 밀먼 패리Milman Parry의 호메로스 연구에서 찾아냅니다. 밀먼 패리 이전 호메로스를 해석하는 주류 방법은 이른바 분석주의였습니다. 분석주의는 《일리아스》와 《오뒷세이아》는 잘 조립되어 있는 텍스트이며 인물도 일관성 있게 성격화되어 있기에 한 명의 작가에 의해 만들어진 창작품이라고 해석하는 입장입니다.

밀먼 패리는 이 해석에 반기를 들었습니다. 우리가 《일리아스》에서 다뤘던 것처럼 호메로스의 실체는 오래된 논쟁이었지만, 호메로스가 한 명의 실존인물이 아니라는 문제 제기는 의혹 수준을 벗어나지 못했습니다. 분석주의자의 주장을 반박할 수 있는 결정적 근거가 부족했기 때문입니다. 분석주의의 전제에 강한 의혹을 품고 있던 밀먼 패리는 《일리아스》와 《오뒷세이아》에 등장하는 인물의 성격 묘사가 빈약하고 두 작품 사이에는 일관성이 없어서 한 명의 창작품이라기보다 여러 원천을 지닌 이야기를 짜깁기한 것에 가깝다고 판단했습니다.

밀먼 패리는 자신의 방법으로 호메로스 문제를 해결하기 위한 근거를 확보해나갑니다. 그는 "호메로스의 시에 드러나는 모든 특징들은 구술적 창작 방식에 필연적인 유기적 체계"(《구술문화와 문자문화》, 56쪽)에 기인한다는 발견을 소중하게 여깁니다. "호메로스의 시에서 단어나 어형 선택은 (구술적으로 짜인) 육각운hexameter 형태에 의존"(《구술문화와 문자문화》, 55쪽)한다는 것이 중요한 실마리였습니다. 호메로스 서사시가 육각운으로 구성되어 있음은 서사시가 애초부터 쓰인 것이 아니라 구술문화에 의해 전수되었다는 증거라는 겁니다. 호메로스의 서사시는 구전으로 창작되고 전수되어오다가 헬라스 알파벳에 의해 기원전 800년경 기록된 것이지, 창작 연도가 기원전 800년경은 아니라고 해석하면 호메로스는 한 명의 뛰어난 천재라는 기존의 해석은 뒤흔들릴 수밖에 없습니다.

기원전 800년경 헬라스 알파벳으로 기록되기 이전 서사시가 누구에 의해 어떻게 전수되었는가를 상상하는 데 작곡가 버르토크 벨러Bartók Béla의 민속음악 연구를 참조할 만합니다. 버르토크는 음악학자이기도 했어요. 그는 미국으로 이주하기 전 음악 활동의 초창기에 작곡가 코다이Kodály와 함께 중앙유럽 지역을 곳곳을 누비며 당시의 최신 발명품이었던 에디슨 포노그래프를 이용해 구전으로 전해져오던 농민음악을 녹음했습니다. 중앙유럽에 구슬라라는 악기에 맞춰 이야기를 구술연행하는 시인이 있는데, 이들의 구술연행 방식은 호메로스의 서사시에 흔적이 남아 있는 구술문화의 특징과 닮았습니다. 구슬라 연행자는 텍스트 없이 오로지 기억력에 의존해 구술연행을 합니다. 대체 연행자는 그렇게 긴 텍스트를 어떻게 기억하고, 그 이야기는 텍스트화되지 않았음에도 오랜 기간 손실 없이 전수되었을까요?

《일리아스》에는 정형구formula가 수시로 등장합니다. 정형구는 완성도를 떨어뜨리고 이야기의 체계를 위협하는 요소임에도 반복적으로 사용됩니다. 구슬라 연행자처럼 트로이아 전쟁 이야기는 랍소도스라는 직업 노래꾼에 의해 구술연행되었는데, 랍소도스는 이전 세대의 랍소도스로부터 이야기를 구술로 물려받습니다. 구술로 전해지는 과정에서 정보가 손실되지 않도록 돕는 방법은 정형구를 이용한 기억술입니다.

쓰기의 문화를 지니고 있는 우리의 관점에서 정형구는 진부하고 상투적인 표현으로 여겨지지만 호메로스 시대에는 값지게 평가되었는데요, "단지 시인뿐만 아니라, 구술문화에 속하는 인식 내지 사고 전체가 그러한 정형적인 사고의 조립에 의지"했고 "구술문화에서는 일단 획득된 지식을 잊지 않도록 끊임없이 반복"(《구술문화와 문자문화》, 60쪽)해야 했기 때문입니다.

구술문화는 "잘 생각해서 말로 표현해낸 사고를 기억해두고 효과적으로 재현하기 위해서, 기억하기 쉽고 바로 말할 수 있도록 만들어진 패턴에 입각하여 사고"(《구술문화와 문자문화》, 74-75쪽)합니다. 그래서 구술문화의 말은 분석적이라기보다 집합적이고, 장황하거나 다변적이고, 보수적이거나 전통적이고, 인간의 생활세계에 밀착되어 있고, 논쟁적 어조가 강하고, 객관적 거리 두기보다 공감적이며 참여적이고, 추상적이기보다 상황 의존적인 특징을 지닙니다. 호메로스 서사시의 특징과 묘하게 일치하지 않나요?

구술문화는 또한 글보다는 말을 신뢰합니다. 입으로 말하고 귀로 들으며 의사소통을 했던 구술문화는 위조될 수 있는 문자보다는 육체의 현존을 전제로 한 사람의 말이 진실되다고 판단했습니다. 말로 전해지는 것보다는 문서로 작성된 것이 더 객관적이어서 진리의 기준으로 적당하다는 문자문화 세계의 상식적 판단과는 완전히 다른 것이죠.

문자가 등장하면서
상황이 달라집니다

언어의 시각적 세계가 문자와 더불어 시작됩니다. 현재까지 알려진 바에 의하면 가장 오래된 문자는 기원전 3500년경의 메소포타미아 쐐기문자cuneiform와 기원전 3000년경의 이집트 상형문자입니다. 헬라스 미노아의 선형문자 A는 기원전 1800년경, 미케네의 선형문자 B는 기원전 1500년경 등장하고 중국의 갑골문자도 기원전 1500년경부터 사용되기 시작했습니다.

쐐기문자는 기록하는 방식이나 용도에 있어서도 우리의 문자문화와는 많은 점에서 다릅니다. 종이와 인쇄술이 없던 시기였으니까요. 수메르인은 태블릿tablet, 즉 점토판에 날카로운 갈대로 자국을 내어 문자를 기록했다고 합니다. 요즘 우리가 사용하는 태블릿 PC와 이름은 같지만 너무나 다른 쓰기 방식이지요. 쐐기문자는 "대부분이 도시사회에서 그날그날의 경제활동 및 행정 활동을 기록"《구술문화와 문자문화》, 149쪽)하는 데 쓰였습니다. 쐐기문자의 유용성을 제일 먼저 깨달은 집단은 거래 내역을 정확하게 기억해야 할 필요성이 있었던 상인입니다. 그다음으로 국가 행정의 측면에서도 문자는 유용한 수단으로 받아들여졌습니다.

문자 쓰기로 인한 의식의 재구조화와 관련해 옹은 표음문자에 관심을 기울입니다. 알파벳과 우리의 한글은 이런 맥락에서 옹의 주요 관심 문자이지요. 원형 알파벳은 페니키아에서 기원전 1500년경에 만들어졌지만 모음이 없어서 소리를 그대로 기록하기에는 한계가 있었습니다. 페니키아 알파벳에 모음이 추가되어 기원전 800년경 헬라스에서 개량 알파벳이 등장하죠. 개량 알파벳의 등장과 호메로스의 서사시 기록 연대는 묘하게 일치하지요? 알파벳이 등장하면서 대전환이 일어납니다.

말을 그 자체로, 즉 소리로 기록할 수 있게 되면 표의문자와 달리 몇 개 안 되는 문자로 말을 기록할 수 있게 됩니다. 한글은 14개의 자음과 10개의 모음, 총 24개뿐인 문자로 모든 소리를 기록할 수 있으니 수십만 개에 달하는 글자의 뜻을 익혀야 하는 한자와는 달리 쉽게 배울 수 있지요. 표의문자가 엘리트 코드이기에 사회적으로 확산될 수 없었다면, 표음문자는 대조적으로 민중의 코드이기에 사회적 확산이 쉽고 빠르지요. 문자의 구술성 대체 여부는 얼마나 많은 사람이 문자문화 속으로 편입되는지에 의해 결정될 텐데요, 표의문자 시스템보다는 표음문자 시스템이 도입된 사회에서 그 전환이 당연히 빠를 것입니다. 페니키아 알파벳을 도입하여 모음을 추가해 개량한 헬라스어 알파벳의 장점을 옹은 이렇게 설명하는데, 한글의 장점을 설명하는 것처럼 들립니다. "누구라도 간단히 배울 수가 있다는 의미에서 **민주적**이었다. 외국어까지도 처리하는 방식을 갖추고 있었다는 점에서 **국제적**"이기도 했는데 헬라스인이 "변하기 쉬운 음성의 세계를 추상적으로 분석하여 시각적인 등가물로 환치할 수 있는 작업을 이룩했다는 데에서, 그들이 이후 그 이상으로 분석적인 탐구를 진전시킬 수 있다는 것이 이미 예고"《구술문화와 문자문화》, 155쪽, 강조는 인용자)되었다고 합니다.

쓰기의 시대가 열립니다, 축이 변화합니다

문자문화의 확산과 관련하여 《구술문화와 문자문화》에 등장하지는 않지만 야스퍼스Jaspers가 사용한 축의 시대Achsenzeit라는 개념은 흥미롭습니다. 인류의 정신에 자양분이 될 위대한 전통이 지구 곳곳에서 거의 비슷한 시기에 일어나는 전환점을 야스퍼스는 축의 시대로 표현했습니다.

중국에서는 공자(기원전 551-479)가 출현한 시기에 헬라스에서는 소크라테스(기원전 469-399)가, 인도에선 석가모니(기원전 563-480)가 나타납니다. 놀라운 동시대성 아닌가요? 동양과 서양에서 축의 시대를 연 공자, 소크라테스, 석가모니는 비슷한 시기에 출현했다는 점뿐만 아니라 자신의 사유를 글로 남기지 않았다는 공통점도 지닙니다.

축의 시대를 연 인물의 사상은 제자문학 시대를 통과하며 글로 기록되었고 우리에게 전해집니다. 스승을 대신하여 제자들이 글로 스승의 생각을 기록하는 시대를 제자문학 시대라고 합니다. 여기서 문학은 영어로 '리터러처literature'인데, 이때 리터러처는 좁은 의미로 시와 소설이라는 뜻이 아니라 글로 쓰인 것의 총체라는 뜻입니다. 노벨 문학상이 시인과 소설가가 아닌 사람에게 수여되는 것도 그 때문입니다. 《군중과 권력》으로 노벨 문학상을 받은 엘리아스 카네티Elias Canetti는 굳이 분류하자면 사회학자에 가깝습니다. 싱어송라이터 밥 딜런Bob Dylan에게도 노벨 문학상이 수여되었고요.

제자문학 시대에 모세와 아브람이 하느님으로부터 들은 말이 히브리어 성경으로 쓰였습니다. 공자의 언행은 제자들에 의해 《논어》로 기록되었고요, 소크라테스의 이야기를 제자 플라톤이 《파이드로스》로 썼고 석가모니가 전하는 말씀도 《금강경》에 담기기 시작했습니다. 제자문학의 사례 중 옹은 플라톤에 주목합니다. 플라톤은 구술문화에서 문자문화로의 이행 과도기 양상을 보여주는 대표적 인물입니다. 플라톤에 관해서는 서로 충돌되는 이야기가 등장해요. 플라톤이 쓴 중기 저작 《파이드로스》는 소크라테스와 파이드로스가 나눈 대화의 기록입니다. 플라톤은 그 대화를 문자로 기록했습니다. 아이러니하게도 플라톤은 쓰기가 도입되어서는 안 된다는 내용을 쓰기로 남겼습니다.

소크라테스는 말을 문자로 옮겨 쓰는 것을 부정적으로 보는데요, 그 예로 이집트의 신 토트를 들고 있습니다. 토트라는 신이 인간에게 문자를 선물하겠다고 했습니다. 파라오가 토트에게 문자의 장점을 되물었다고 하죠. 토트는 문자를 사용하면 기록이 가능하다는 점을 내세웠고, 이런 장점이 있는 문자를 받겠느냐고 재차 묻습니다. 파라오는 심사숙고 끝에 문자를 사용하면 편리한 점이 있을 수 있지만 궁극적으로 인간의 기억력이 쇠퇴될 것이기에 문자를 받지 않겠다고 합니다.

과도기적인 양상에서 플라톤은 쓰기를 거부하는 소크라테스의 입장을 한편으로 옹호하면서도 흔적을 남기기 위해서 《파이드로스》를 대화체로 만들었습니다. 구술적 상황이 남아 있는 것처럼 보이도록 대화 형식으로 썼음에도 불구하고 이런 내용을 글로 적는 것은 모순입니다. 문자는 인간의 기억력을 감퇴시키기에 해롭다는 내용이 문자로 기록되었으니 내용적으로도 모순이지요. 결국, 스승이 쓰지 말라고 했는데 플라톤은 썼으니, 플라톤은 충실한 제자이면서 동시에 스승의 뜻을 어긴 제자라는 모순적 존재입니다.

플라톤은 문자문화로의 이행을 촉구합니다. 플라톤은 《파이드로스》에서 보여준 구술성에 대한 모호한 입장과 달리 후기 작품인 《국가》에서는 그 유명한 시인 추방론을 제기합니다. 시인은

"오래된 구술문화의 첨가적이고 장황하며 다변적이고 전통적이며 인간적으로 따뜻하고 참여성이 강한 모방의 기억 세계를 지지"하는 인물인데, 플라톤은 "분석적이며 간결하고 정확하고 추상적이며 시각적인 부동의 '이데아'로 이루어진 세계"(《구술문화와 문자문화》, 259쪽)를 지지하기 때문입니다. 시인 추방론을 전면에 내세우는 후기 플라톤의 미묘한 변화는 헬라스 알파벳이 헬라스인의 "마음에 처음으로 충분히 내면화"되어 헬라스인의 "사고를 변화시킨 시대를"(구술문화와 문자문화, 259쪽) 플라톤도 살았음을 보여줍니다. 추방되어야 하는 시인의 대표격이 호메로스입니다. 호메로스는 구술 전통에 충실한 시인입니다. 시인과 달리 철학자는 쓰기라는 새로운 전통을 만드는 사람입니다. 플라톤의 시인 추방론은 달리 말하자면 구술문화와의 완전한 단절 요청이라고 볼 수 있습니다. 이런 점에서 플라톤은 서양 철학의 중요한 전환점입니다.

구술문화의 흔적을 과감하게 청산하고 완전한 문자문화의 상황으로 이동하면, 게다가 소리를 그 자체로 기록하는 표음문자 방식에 의한 쓰기의 세계로 이동하면 의식은 재구조화되기 시작합니다. 옹은 이렇게 말합니다.

> 완전한 표음 알파벳은 그 밖의 어떠한 쓰기 체계보다도 뇌 좌반구의 활동을 활발하게 함으로써 신경생리학적 견지에서 볼 때 추상적·분석적 사고를 기른다고 한다.
> – 《구술문화와 문자문화》, 155쪽.

호메로스에 의해 대표되던 시인의 시대는 끝나고 문자문화를 주도하는 철학자의 시대가 헬라스에서 열립니다. 장황하고 다변적이고 상호의존적이었던 구술성 기반의 의식세계가 분석적이고 추상적이고 초월적인 의식세계로 대체되는 것이죠. 고대 헬라스에서 철학이 시작된 이유는 다름 아닌 고대 헬라스에서의 개량된 알파벳 사용과 깊은 관련을 맺고 있습니다. 모음이 있어서 소수의 문자만으로 소리를 그 자체로 기록할 수 있었던 헬라스의 개량 알파벳과 헬라스 고대 철학 출현 사이의 상관관계는 "쓰기가 의식을 재구조화한다"는 옹의 핵심주장에 가장 적절한 예증일 것입니다.

구술문화로부터 문자문화로 전환함으로써 분석적이고 추상적인 의식이 형성된 흔적은 어휘 수의 증가로 나타납니다. 순수하게 구술적으로만 사용되는 언어의 어휘는 보통 2천-3천 단어에 불과하다고 해요. 1차 구술성의 세계에 있던 언어가 문자문화로 이동하면, 언어는 점점 분석적이 되면서 어휘 수가 늘어납니다. 현재 영어 단어 수는 150만 개를 넘는다고 합니다. 150만 개의 단어를 한 인간이 모두 암기하는 건 아닙니다. 영어가 모국어이고 아무리 언어의 전문가인 영문학자라 하더라도 150만 개의 단어를 다 알고 있고 그 뉘앙스의 차이를 다 설명할 수는 없을 것입니다. 우리는 말할 때는 사전을 참조하지 않습니다. 하지만 쓸 때 가장 좋은 글쓰기 비법은 부지런히 사전을 찾는 것이지요. 사전을 많이 찾아 단어 사이의 섬세한 뉘앙스 차이를 활용해 분석적 사고를 표현하면 그 무엇보다 정확한 글쓰기가 됩니다. 사전이 있어서 쓰기는 더 분석적이 될 수 있고, 쓰기가 진행될수록 단어는 분화되어 사전에 수록되는 어휘 수가 늘어납니다. 쓰기는 인간의 의식을 재규정할 뿐만 아니라 언어 자체도 재정의하는 것입니다.

읽고 쓰기를 통해 개인의 의식은 강화됩니다

구술연행은 수행의 조건 자체가 집합적입니다. 판소리를 예로 들어볼까요? 판소리 연행에는 소리꾼만 아니라 북을 치는 고수도, 소리를 듣는 관객도 추임새로 함께합니다. 추임새는 소리꾼을 방해하는 행위가 아니라 오히려 소리하는 상황을 완성시켜주는 요소이지요. 집합적 맥락이 발생하지 않으면 구술연행은 싱겁게 느껴집니다. 구술연행에서는 '나'보다는 '우리'라는 주체가 중요합니다. 《일리아스》와 《오뒷세이아》를 옮긴 사람은(그 사람을 호메로스라고 인격화하든 아니든 상관없이), "구술성 공동체에서 이름도 남기지 않고" 사라졌습니다. "그는 결코 '나'라는 자격으로는 나타나지" 않습니다. 그런데 《아이네이스》를 쓴 베르길리우스는 이 책 서두를 "나는 무기와 무사를 노래 부르리"로 시작합니다.(《구술문화와 문자문화》, 247쪽)

문자문화의 읽고 쓰기는 구술연행의 집합된 주체가 아니라 개인화된 주체를 요구합니다. 말하고 듣기로 이루어진 구술문화와 대조적인 문자문화의 구성요소인 텍스트의 읽고 쓰기는 고립된 개인을 전제로 삼습니다. "텍스트를 작성하거나 무엇인가를 쓸 때" "생산하는 인간 역시 고립"(《구술문화와 문자문화》, 170쪽)되어 있습니다. 구술연행은 함께함이지만, 쓰기는 홀로 하는 행위입니다. 작가들이 글쓰기는 이 세상에서 가장 외로운 행위라고 털어놓는 것도 이 때문이죠. 쓰기와 읽기에는 집단으로부터의 일시적인 차단과 의도적 고립을 통한 몰입이 필수적입니다. 글을 쓰거나 읽을 때 옆에서 누가 자꾸 말 걸면 진도가 안 나가잖아요.

글을 쓸 때 아무도 없는 골방에 홀로 처박히거나 때로 세상과 단절해야 몰입할 수 있는 것도 말하기와는 다른 글쓰기의 독특한 역학 때문입니다. 청중을 향해서 말을 거는 것보다 쓰기는 더 고통스럽고 힘겹습니다. 적지 않은 사람들이 말로 하면 표현할 수 있겠는데, 그 내용을 쓰라고 하면 도저히 못 하겠다고 고개를 절레절레 흔들지요.

청자는 말하는 사람이 눈으로 확인할 수 있으나 독자는 쓰는 사람의 눈에 보이지 않습니다. 이런 특수한 상황에서 글 쓰는 사람은 가상의 수신자를 상상해야 합니다. 눈으로 확인할 수 없는 텍스트의 수신자를 허구화해서 일종의 모방적 대화의 상황을 상상하는 겁니다. 가상적 독자와 상상적 대화를 하려면 글 쓰는 사람은 자신을 한편으로 상상적 독자이자 동시에 작가라는 위치를 지닌 존재로 이중화해야 합니다. 글쓰기는 자신을 관념적인 도플갱어로 만드는 과정이나 다를 바 없습니다. 가장 흔한 도플갱어 창출 방법은 글 쓰는 사람 자신의 내면과의 대화이지요.

진정한 자아는 표면이 아니라 보이지 않는 내면에 있다는 인식, 좋은 글은 그 내면을 밖으로 드러내보이는 가상의 대화라는 생각은 글쓰기를 통해 재구조화된 문자성의 세계에 익숙한 사람에게는 상식적인 전제로 자리 잡습니다. 옹은 이렇게 말합니다.

> 쓰기는 지식의 객체the known로부터 지식의 주체the knower를 분리해 냄으로써 점점 더 분절적인 내면 활동을 가능하게 했다. 즉 자신과 전적으로 구분되는 외부의 객체적 세계에 대해서뿐만 아니라, 객체적 세계에 대응하는 자기 내면의 세계에 대해서도 마음이 열리게 했다.
> – 《구술문화와 문자문화》, 176쪽.

쓰기는 자아의 내면화를 촉진합니다. "쓰기를 통해 열린 세상이 갈수록 내면화를 증가"(《구술문화와 문자문화》, 239쪽)시키면 고백록이라는 문자성에 기반한 새로운 관행을 낳습니다. 아우구스티누스와 루소의 《고백록》은 쓰기의 산물입니다. 근대의 글쓰기는 대부분 일종의 자기고백이지요.

필사문학의 시대,
문자의 세계는 일부 사람들만의 세계였습니다

문자성의 확산과 관련하여 우리가 주목해야 할 점은 쓰인 것이 재생산되는 방식의 차이입니다. 인쇄술이 등장하기 전에 쓰인 텍스트는 대량생산이 불가능했습니다. 텍스트를 복제하는 방법은 손으로 옮겨 적는 필사가 유일했지요.

필사된 것을 편집하는 두 가지 방법을 비교해보겠습니다. 알렉산드리아 도서관과 페르가몬 도서관이라는 전설적인 도서관을 비교해볼게요. 도서관은 구술성의 세계가 아니라 문자성의 세계를 상징하는 시설입니다. 기원전 3세기에 설치되었다고 알려진 알렉산드리아 도서관은 파피루스로 만들어진 두루마리(스크롤scroll) 형식으로 텍스트를 보관했습니다. 페르가몬 도서관은 파피루스가 아닌 양피지를 네모반듯하게 잘라 한쪽을 끈으로 묶는 현대적 책의 원형인 코덱스 형식으로 텍스트를 보관했습니다.

글쓰기에 담긴 정보에 접근성이라는 측면에서 보자면 알렉산드리아 도서관의 두루마리 형식보다는 페르가몬 도서관의 코덱스 형식이 효율적이었습니다. 스크롤은 코덱스 형식보다 정보 검색의 속도가 느립니다. 요즘 전자 게시판에 긴 글을 쓰면 '스크롤 주의'라고 미리 알려주는 게 예의인 것처럼 스크롤 방식으로 텍스트를 읽으면 불편한 점이 한두 가지 아니죠. 두루마리는 정보를 찾으려면 한참 풀었다 감았다 해야 하지만 코덱스 형식은 페이지를 넘기는 간단한 동작으로 원하는 정보에 쉽게 도달할 수 있으니, 페르가몬 도서관으로 상징되는 코덱스가 두루마리를 대체하게 됩니다.

종이가 전파되기 전, 코덱스는 주로 양피지로 만들어졌습니다. 그런데 양피지가 매우 비쌌기 때문에 코덱스는 대중화되기 쉽지 않았습니다. 종이가 발명되고 널리 전파되면서 문자성 확산을 방해한 양피지 가격이라는 경제적 장벽은 사라졌지만, 여전히 남은 문제가 있었습니다. 책이 필사의 방식으로 복제되어 생산되는 한 대량생산될 수 없었고, 그러다보니 개인이 소장할 수 없을 만큼 값비싼 물건이 되었습니다. 필사된 책은 주로 성경이었는데요, 대중 독자가 아니라 종교적 제례용으로 만들어져서 지금의 책과는 비교할 수 없을 정도로 크기도 컸고, 표지는 심지어 금과 보석으로 화려하게 장식되기도 했습니다. 본문의 글자도 캘리그래피caligraphy 방식으로 필사되었기에 장식적 효과가 두드러지는 데다가 채색화까지 곁들어져 있으니, 이런 방식으로 만들어진 성경은 책이라기보다 예술작품에 가까웠습니다. 필사된 책은 인쇄된 책에 비해 시각적으로는 더 아름답지만 오히려 그 이유로 쓰기와 읽기에 몰입하기 쉽지 않습니다.

경제적 장벽 이외에 문화적 장벽까지 문자성의 확산을 방해했습니다. 성경은 고대 라틴어와 헬라스어로 기록되었습니다. 고대 라틴어와 헬라스어는 말로 사용되는 언어가 아니라 오로지 글로 쓰이는 언어였기에 이 언어를 해독할 수 있는 사람은 소수의 학자와 성직자뿐이었습니다. 그 결과 문자성으로 이행과 문자성에 의한 의식의 재구조화는 아주 천천히 일어났습니다. 인쇄술의 등장하기 전 문자성은 일부 사람들만의 세계에 머물러 있었던 것이죠.

인쇄술의 확산으로 인해
문자성은 전방위적으로 확산됩니다

인쇄술의 등장과 더불어 책이 수작업으로 만들어지는 방식에서 대량생산 시스템으로 옮겨가면서 읽기 문화가 급격히 확산되며, 당연히 그 결과로 문자성에 의한 의식의 재구조화는 빠른 속도로 진행됩니다. 문자성이 확산되려면 인쇄술이라는 기술적 요인 이외에도 문자성의 확산을 촉진하는 문화적 변화가 필요했습니다. 한국과 유럽의 차이를 통해 이 점에 대해 더 알아보겠습니다.

인쇄술이라는 기술은 한국에서 앞서 등장했지만, 인쇄되는 문자는 한자였습니다. 한자는 표음문자가 아니라 표의문자입니다. 게다가 한자는 유럽의 라틴어와 헬라스어처럼 지역을 초월했다는 의미에서 추상적 언어이자 엘리트만의 보편언어였지요. 인쇄술이라는 기술이 표의문자와 결합하고 지역언어가 아니라 추상적 보편언어와 결합하는 것이 한국적 상황이었다면, 서유럽에선 다른 맥락이 만들어집니다.

구텐베르크는 인쇄술을 만들었고 마르틴 루터Martin Luther는 라틴어나 헬라스어로 쓰여 있어 엘리트만 이해할 수 있었던 성경을 독일어라는 지역언어로 번역했습니다. 구텐베르크의 기술적 혁신과 루터의 문화관습적 혁신이 합쳐지면서 급진적인 변화를 유발하지요.

당시 각 지역의 엘리트는 자신의 지역에서 사용하는 언어가 아니라 추상적 보편언어인 라틴어와 헬라스어로 글을 쓰고 읽었습니다. 성경 또한 라틴어로 기록되어 전해졌는데, 라틴어 성경이 지역에서 사용되는 언어로 번역되는 과정에서 지역언어는 다듬어지고 통합되어 보다 넓은 지역에서 통용될 수 있는 보편화된 지역언어로 탈바꿈됩니다.

보카치오Boccaccio의 《데카메론》을 한 예로 더 살펴보겠습니다. 보카치오 이전에 이탈리아반도의 문필가들은 학술 라틴어로 글을 썼습니다. 라틴어를 읽을 수 있는 사람은 소수의 교육받은 사람에 한정되었지요. 보카치오는 추상적 보편언어가 아닌 로망스어, 즉 지역언어인 토스카나어로 《데카메론》을 썼습니다. 《데카메론》이 당대에 널리 읽힐 수 있었던 배경은 세속적 소재를 다루었다는 점 이외에도 글로 쓰인 언어가 지역언어였다는 점을 빼놓을 수 없습니다. 현대 이탈리아어는 토스카나어로부터 발전되었는데요, 쓰인 말이 결국은 그 국민-국가의 국어national language가 되는 사례를 《데카메론》은 잘 보여줍니다. 사실상 지역방언에 불과했던 언어가 "쓰기를 통해 정리된 국민언어로서의 지위"《구술문화와 문자문화》, 178쪽)를 얻은 사례인 것이죠.

인쇄술이라는 대량생산 시스템과 로망스어로 글쓰기라는 사회적 관행이 맞물리면서 국민-국가 차원의 국어로 글을 쓰고 국어로 쓰인 글을 읽는 독자가 차츰 늘어났습니다. 그렇게 문자문화는 구술문화를 대체하며, 문자성은 엘리트의 좁은 영역으로부터 사회적으로 확산됩니다. 쓰기, 즉 문학을 만들어낸 언어는 살아남고 문학이 부재한 언어는 소멸 위기에 놓이게 됩니다.

그리고 실제로 국어 인쇄와 국민-국가의 등장이 동시에 전개되는 변동 과정에서 적지 않은 지역어어가 문학을 낳지 못해 사라졌지요.

우리는 2차 구술성의 세계에서 글 쓰듯 말합니다

우리는 구술성이 문자성에 의해 대체된 시대에 태어났고 문자문화의 패러다임에 의해 교육을 받았고 문자문화에 충실하여 읽고 쓰고 있습니다. 그렇지만 문자문화가 지배적인 시대라 해도 구술성이 모두 사라진 건 아닙니다. 문자성에 의해 구술성이 완전 대체되는 것이 아니라서 문자성과 구술성은 병존합니다. 그렇다면 두 세계는 어떻게 상호작용할까요? 문자성이 등장하기 이전의 구술성을 1차 구술성이라 한다면, 문자성과 병존하는 구술성은 2차 구술성이라 부를 수 있습니다.

월터 옹은 구술성과 문자성의 상호작용을 살펴보기 위해 수사법에 주목합니다. 수사법은 얼핏 보면 구술 전통인 것 같습니다. 수사법은 본래 "대중 앞에서 말하는 기술, 즉 구술적인 연설 기술로서 설득"(《구술문화와 문자문화》, 181쪽)을 의미했습니다. 수사법은 쓰기를 통해 만들어진 새로운 전통인 철학과 대비되는 구술적인 옛 세계의 흔적처럼 보입니다. 옹의 주장에 의하면 수사법은 구술적 세계의 산물이라 하더라도, 문자성과 구술성이 병존하면 수사법은 웅변술이 아니라 문체의 형태로 드러납니다. 문체는 문자성에 남아 있는 구술성의 흔적이자, 1차 구술성의 형식이 문자문화 속에서 변형된 것이지요.

옛날이나 지금이나 사람들은 말 잘하는 사람을 부러워합니다. 아리스토텔레스와 키케로의 시대에 말 잘하는 사람이 되고 싶은 관심이 수사법으로 표현되었다면, 우리 시대에서 말 잘하고 싶다는 욕망은 화술speech과 프레젠테이션 기법으로 드러나지요.

강연 잘하는 사람이 인기를 끄는 시대입니다. 테드TED 강연에서 놀라울 정도로 말을 잘하는 사람은 구술성의 능력을 보여 주는 것일까요? 그 강연은 순수 구술성인 것처럼 보이지만 강연자는 관객은 볼 수 없는 프롬프터에 쓰인 텍스트를 보면서 말을 하고 있습니다. 구술성과 문자성의 상호작용인 것이지요. 2차 구술성은 구술성처럼 보이지만 문자성의 영향을 받은 '문자에 입각한 구술성literate orality'입니다.

강의는 말로 메시지를 전달하는 방법입니다. 강의는 일종의 연설이죠. 저는 강의를 할 때 수사법을 고민합니다. 어떻게 하면 강의 내용을 효과적으로 전달할 수 있는지 그리고 듣는 사람으로 하여금 집중하게 할 수 있는지를 고민합니다. 이런 점에서 보면 수사학은 말하기의 문제인 것처럼 보입니다. 저의 말하기는 호메로스의 말하기 방법과 동일할까요? 저는 강의를 할 때 호메로스처럼 기억을 돕는 정형구에 의한 장황한 말하기가 아니라 논리적인 말하기를 지향합니다. 슬라이드 프레젠테이션 테크닉이 그것을 돕지요. 호메로스는 수사법을 고민하지 않습니다. 호메로스는 정형구를 고민합니다. 하지만 2차 구술성의 세계에서 말하는 사람은 말을 잘하기 위해 '퇴적된 관형구'가 아니라 논리와 체계를 고민합니다. 논리는 문자성의 산물이지요.

우리 시대의 말하기는 2차 구술성의 말하기입니다. 문자성과 구술성이 상호작용하는 말하기입니다. 겉으로는 말하기처럼 보이지만 말하기의 심층에는 문자성이 있습니다. 우리 시대에 말 잘하는 사람은 말하기 전에 쓰기를 통해 혹은 프레젠테이션 슬라이드 구성을 통해 내용을 분석적으로 만들고 그것들의 논리적 체계를 만든 후에 그걸 다시 순수 구술연행인 것처럼 보여주는 능력을 지닌 사람입니다.

2차 구술성의 시대, 책은 위기 상황으로 내몰려 있습니다

《구술문화와 문자문화》는 1982년에 출간된 책입니다. 옹이 이 책을 서술하던 당시와 이 책을 읽고 있는 우리 시대 사이는 40여 년의 차이가 있지만 문자성과 구술성의 관계의 측면에서 보자면 급격한 단절적 차이를 확인해주는 미디어의 변화가 있었습니다. 옹이《구술문화와 문자문화》의 마지막 부분에서 언급했듯 "구술성과 문자성을 대조하는 작업은 아직 완전히 끝나지 않았으며 아직도 해야 할 일이 많이 남았"(《구술문화와 문자문화》, 243쪽)습니다.

2차 구술성 시대에 문자성과 구술성 사이의 상호작용은 어떤 미래의 변화를 낳을지 옹은 책의 마지막 부분에서 문제 제기는 하지만 본격적으로 분석하지는 않았습니다. 다만 "구술성의 영향이 잔존한 온갖 문화뿐만 아니라 라디오와 텔레비전을 통해 생겨나는 이차적 구술문화, 즉 '문자에 입각한 구술성'을 금후 철저하게 연구해야 한다."《구술문화와 문자문화》, 248-249쪽)라고 어렴풋이 그 방향만 이렇게 제시하고 있을 뿐입니다.

우리는 지금 텔레비전이 지배적인 시대를 넘어서 유튜브가 모든 것을 집어 삼키는 시대를 살고 있습니다. 인쇄술이 구술성과 문자성의 관계를 급진적으로 변화시켰듯이, 텔레비전과 그 이후의 미디어인 유튜브는 구술성과 문자성의 관계를 새로운 국면으로 인도하고 있습니다. 쓰기와 읽기에 기반을 둔 문자성의 세계는 19세기에 절정에 도달한 이후, 20세기에 등장한 각종 미디어에 의해 위협받고 있고 예전의 문화적 권위를 여전히 유지하지는 못합니다. '말만 번지르르하다'는 표현은 문자성이 문화적 헤게모니를 지녔던 당시에는 대상을 폄하하는 표현이었고, 때로 '눌변'은 '달변'보다 내면의 진정성을 표현하는 양식으로 평가되기도 했다면 20세기를 통과하면서 말 잘하는 사람은 텔레비전과 유튜브의 시대에 최적화된 인물로 여겨집니다.

얻는 것이 있으면 잃는 것도 있습니다. 어떤 미디어도 절대 악은 아닙니다. 물론 인류는 구술성의 세계에서 문자성의 세계로 옮겨왔지만 옹은 양자를 우위의 관계로 볼 수 없음을 강조합니다. 구술성에는 구술 고유의 특성이 있고 문자성에는 문자만의 특성이 있습니다. 유튜브 시대를 2차 구술성이 문자성을 위협하는 시대라고 정리한다면, 우리의 관심은 '유튜브 악마화'가 아니라 2차 구술성이 지배적이 되면서 나타난, 문자성에 의해서만 규정되었던 쓰기와 읽기의 변화 분석으로 향해야겠죠.

쓰기 문화의 산물이 오디오북으로 가공되어 시각의 세계에서 청각의 세계로 재배치되고, 책을 읽다가 어려움에 부딪히면 그 난관을 해결하기 위해 구술로 진행되는 강의를 듣기도 합니다. 앞서 말씀 드린 것처럼 이 강의는 1차 구술성의 세계가 아니라 2차 구술성의 세계인데, 2차 구술성 세계의 산물인 이 강의는 다시 쓰기로 변환되어 강의를 듣지 않았던 분에게는 읽기의 방식으로 전달될 것입니다. 이처럼 읽기와 쓰기 그리고 말하기와 듣기 사이의 관계는 더욱 복합적이 되어가고 있습니다.

옹은 방향만 제시할 뿐 복합화된 현대의 양상을 본격적으로 분석하고 있지는 않습니다. 우리는 이 아쉬움을 달래기 위해 닐 포스트먼의 《죽도록 즐기기》를 읽을 예정입니다. 2차 구술성의 시대에 책은 소멸할까요? 아니면 읽기와 쓰기의 문화는 재편되는 것일까요? 2차 구술성이 지배적인 사회에서 문자성 습득을 훈련받았고 문자성을 소중하다고 여기는 사람들은 2차적 구술성의 세계에서 어떻게 살아남아야 할지, 그 고민은 잠정적으로 닐 포스트먼에게 넘기면서 이 강의를 마치도록 하겠습니다.

인용 문헌
《공동번역 성서》, 대한성서공회, 1986
이븐 칼둔, 《역사서설—아랍, 이슬람, 문명》, 김호동 옮김, 까치, 2003.

5

스스로 가르친 사람에게서 배웁니다

잠바티스타 비코Giambattista Vico,
《새로운 학문*La scienza nuova*》, 1725년

잠바티스타 비코, 《새로운 학문》,
조한욱 옮김, 아카넷, 2019.

여기 보라색 표지 책이 한 권 있습니다. 손에 쥐어보니 꽤나 두껍네요. 946쪽이나 됩니다. 글쓴이의 이름은 잠바티스타 비코입니다. 낯선 사람입니다. 이렇게 긴 책을 읽으려면 꽤나 긴 시간을 함께해야 할 텐데, 오랜 시간 힘들게 책을 읽고 난 후 읽기 잘했다고 만족할 수 있을까요? 고전은 다른 책에 비해 읽으려면 품이 많이 듭니다. 읽는 도중 예상하지 않았던 복병과 마주치기도 하지요. 두꺼운 책은 완독이라는 고지에 오르기까지 방해하는 요인이 수없이 많습니다. 그것들을 다 물리치고 난 후에야 우리는 완독의 고지에 오릅니다. 저 역시 마찬가지입니다. 읽다가 중간에 포기한 책이 한두 권이 아닙니다. 다른 재미있는 것도 많으니 포기하라는 유혹은 독서 내내 떠나지 않습니다.

그만두라는 유혹을 물리치는 저만의 방법을 털어놓자면, 저는 책을 의인화합니다. 비록 눈으로 읽지만 책에서 작가의 목소리가 들리도록 책을 통해 작가와 상상 속 만남을 시도하는 거죠. 특히 그 작가가 평생 단 한 권의 업적을 남겼는데 그 책이 인류의 고전으로 평가되고 있는 경우라면 더욱 필사적으로 책을 쓴 사람의 마음을 상상하며 책에서 돌연 그 사람의 육성이 들릴 지경이 될 때까지 그를 머릿속에서 그려보며 읽습니다. 정확한 발음인지 자신 없지만 이탈리아어 발음을 흉내내며 《새로운 학문》의 원제목인 'La scienza nuova'를 입으로 발음해보고, 철자를 틀리지 않게 외우는 게 쉽지 않아 보이는 'Giambattista Vico'라는 작가 이름도 발음해보면서 책을 읽기 시작합니다. 《새로운 학문》을 끝까지 읽기 위해 저는 두 가지 질문을 마음속에 품습니다. 첫째, 잠바티스타 비코, 당신은 누구입니까? 둘째, 책 제목이 《새로운 학문》인데 학문이 새롭다는 건 대체 무슨 뜻입니까?

잠바티스타 비코는 독학자입니다

다행스럽게 비코는 자서전을 남겼습니다. 《비코 자서전》은 첫 번째 질문인 "당신은 누구입니까?"에 대한 대답을 얻을 수 있는 실마리입니다. 책은 이렇게 시작됩니다. "잠바티스타 비코는 1670년 나폴리에서 상당히 평판이 좋던 선량한 부모 사이에서 태어났다. 아버지는 쾌활했고 어머니는 우울한 편이었는데, 두 기질을 모두 물려받았다."(《비코 자서전》, 15쪽)

그가 태어난 나폴리로 가봅니다. 나폴리 구시가지는 유네스코 세계문화유산으로 지정되었는데 흔히 역사지구라 부르기도 합니다. 나폴리 구시가지엔 작은 골목길이 복잡하게 얽혀 있습니다. 자동차가 등장하기 이전에 형성된 도시이다보니 건물 사이의 도로도 현대 도시처럼 넓지 않지요. 역사지구에 비아 산 비아조 데이 리브라이Via San Biagio Dei Librai라는 이름의 골목길이 있습니다. 직역하자면 '성 비아조 서점 거리'인 만큼 서점이 밀집한 골목길입니다. 비코는 그 서점 골목길 31번지에 있던 서점에서 태어났습니다.

지금이야 책이 흔하지만, 비코가 살았던 17세기에 책은 저렴하지 않았습니다. 다독이라는 독서 방식은 경제적 장벽에 부딪혀 불가능한 시대였습니다. 비코의 아버지가 서점 주인이었기에 비코는 다른 동시대 사람에겐 불가능했던 다독의 가능성이 열려 있었습니다. 비코는 어린 시절부터 책이라는 미디어에 담겨 있는 세상의 모든 지식을 시간적·경제적 장벽 없이 접근할 수 있었던 거죠. 《비코 자서전》의 앞부분은 사실상 '독서 일기'라고 해도 될 정도로 그가 읽어낸 책에 관한 이야기로 가득합니다. 비코는 삶과 독서가 합체된 사람이었습니다.

비코는 독학자獨學者, autodidascalo입니다. 스스로 가르친 사람이라는 뜻이죠. 무엇을 배울 것인가를 자기가 결정하고 스스로 공부했습니다. 좋은 스승이 있으면 좋겠으나 인생을 살면서 스승한테 배우기만 할 수는 없습니다. 배우려는 학생의 자세를 취하는 것과 독립하지 않고 누군가에 늘 의존해서 공부를 하는 것 사이에는 굉장한 차이가 있습니다. 독학자는 의존의 상태에서 벗어나 스스로 사유하는 사람입니다.

교육의 최종 목적은 제자의 독립입니다. 제자가 영원히 곁에 머무르기 바란다면 좋은 스승의 태도는 아닐 겁니다. 스승은 제자를 독립된 장인으로 만들어야 합니다. 그런데 박사학위를 받고서도 독학자가 되지 못하는 사람들이 많습니다. 독학자는 제도적 학교 교육의 시스템에 속하지 않았다는 뜻이지 스승이 없다는 뜻은 아닙니다. 독학자는 독서를 통해 스승을 만나기에 독학자가 좋은 책을 고르고 정성껏 읽으면 그 어느 대학도 흉내 내지 못할 최고의 스승으로 구성된, 그 사람만의 대학이 만들어집니다. 우리는 《새로운 학문》을 읽으며 비코를 독서 스승으로 모시고 그를 따라 독학자가 되어가면 어떨까요?

독학자 비코에게 평생의 관심은 무엇이었을까요? 그의 관심의 원리를 엿볼 수 있는 구체적인 실마리가 있는데요, 《비코 자서전》에서 비코는 자신이 찬사를 보내는 두 명의 지식인에 대해 이야기를 합니다. 한 명은 헬라스의 철학자 플라톤이고 또 다른 사람은 로마의 역사학자 푸블리우스 코르넬리우스 타키투스 Publius Cornelius Tacitus입니다. 비코는 《비코 자서전》에서 자신의 관심사를 이렇게 설명해요. "모든 시간에 걸친 보편적 역사가 밟아가는 이상적인 영원한 역사", 즉 "모든 민족이 흥기하고 정체하고 몰락하는 과정"(《비코 자서전》, 81쪽)에 대한 해명이 비코를 사로잡은 평생의 계획입니다. 비코의 학문적 야망은 이븐 칼둔의 《무깟디마》를 연상시킵니다. 비코가 이븐 칼둔의 책을 읽었는지는 알 수 없지만, 이탈리아반도의 나폴리에 있던 비코와 북아프리카 지역을 떠도는 지식인 이븐 칼둔이 공통 관심사를 가지고 있었다는 점은 후대의 독자인 우리에겐 매우 흥미롭습니다.

너무 두꺼운 책의 낯선 작가라 멀게만 느껴지던 《새로운 학문》에서 차츰 인간 비코의 느낌이 나기 시작하는 것 같으니, 두 번째 질문으로 넘어가볼까 합니다. 새로운 학문이란 대체 뭘까요? 최초의 실마리를 역시 《비코 자서전》에서 찾아보겠습니다. 그는 현명한 사람이란 "플라톤처럼 숨겨진 지식도 알아야 하고, 타키투스처럼 범속한 지식도 알아야 한다"(《비코 자서전》, 81쪽)라고 썼습니다. 숨겨진 지식을 알기 위해서는 학자의 철학적 언어를 익혀야 하지만 범속한 지식을 알기 위해서는 민중의 언어인 토속어vernāculae를 알아야 합니다. 민중의 언어인 토속어에 대한 관심이 비코를 당대의 다른 학자들과 구별시켜주는 새로움입니다. 한편 그의 또 다른 새로움은 당대의 영향력 있는 철학자인 르네 데카르트René Descartes와 다른 길을 걸으려 했다는 점에서 찾을 수 있습니다.

그는 데카르트와 다른 길을 가려 합니다

비코의 시대에 데카르트의 학문적 영향력은 막강했습니다. 데카르트가 추구했던 방향과 다른 길을 걸으려면 보통 용기가 아니고선 불가능했을 텐데 비코는 왜 그랬을까요?

데카르트는 과학 모델을 설립하려고 했죠. 데카르트에게 중요한 건 신학적 해석으로부터 벗어나서 이성의 영역으로 이동하는 것입니다. 데카르트는 과학만이 이성의 세계로 건너갈 수 있는 지식의 체계라 생각했습니다. 과학의 명징한 언어로 신학으로부터 벗어날 수 있다고 생각하는 게 데카르트 방식입니다. 하지만 비코는 단호하게 당대의 주류 데카르트와 거리를 둡니다. 다음 구절에선 쩌렁쩌렁 연설하는 비코의 목소리가 느껴질 정도입니다. "우리는 르네 데카르트가 자신의 철학과 수학만을 숭상하면서 인간의 지식과 신의 지식을 구성하는 다른 모든 학문을 손쉽게 비하했던 태도를 취하는 시늉이라도 해서는 안 된다."(《비코 자서전》, 21쪽)

비코는 달리 생각했습니다. 그는 세상은 인간이 만든 것과 인간이 만들지 않은 것 두 가지로 나뉜다고 봤습니다. 자연은 인간이 만든 것이 아니기에 데카르트가 강조하는 과학과 이성의 언어로 자연을 탐구해도 문제가 없다는 겁니다. 그런데 세상은 인간이 만들지 않은 자연과 인간이 만든 사회로 구성되어 있습니다. 현재의 사회가 취한 형태는 이전의 사람들이 내린 선택이 축적되어 만들어진 결과입니다. 예를 들어 복지국가로서의 스칸디나비아 국가는 자연의 산물이 아니라 사람의 선택 결과입니다. 과학과 이성의 언어는 인간의 선택이 개입하지 않은 자연은 설명할 수 있지만, 인간의 결정과 선택이 빚어낸 결과인 사회는 과학의 언어로는 설명할 수 없다는 것이 비코의 생각입니다. 인류가 야만적 원시 상태로부터 현재에 이르기까지 거쳐온 변화 과정 해명이 비코의 학문적 목표인데, 그 과정은 자연법칙의 산물이 아니라 인간 선택에 의해 규정되기에 자연 연구에 동원되는 것과는 다른 방법이 요구된다는 것입니다. 자연과학과 사회과학이 갈라지는 지점에 비코가 있습니다. 그리고 비코는 사회과학 고유의 길을 개척하며 자신이 개척하는 학문을 '새로운 학문'이라 명명합니다.

비코는 지식인이 아니라 지성인이 되고 싶어합니다

저는 《비코 자서전》을 읽으면서 비코라는 인물 자체의 매력을 느끼게 됐는데요, 학문에 대한 비코의 태도에서, 현대적으로 말하자면 기능적인 지식인이 되는 것과 교양을 갖춘 지성인이 되는 것 사이의 차이를 보다 분명하게 느낄 수 있었습니다. 비코는 지식인이 아니라 지성인이 되려 합니다. 다독가였고 모르는 게 없을 만큼 박식한 사람이었음에도 불구하고 그의 목표는 그저 지식만 많은 사람이 되는 게 아니었습니다. 그런 사람의 한계를 자서전에서 이렇게 지적합니다. "학문의 어떤 분야에서 잘 출발할 수 있는 사람들이 다른 분야에서는 모든 부분에서 일관적인 종합적 지식의 결여 때문에 제대로 된 안내를 받지 못한 채 얼마나 참담한 과오"(《비코 자서전》, 29-30쪽) 속에서 헤매는지를 한탄하는데요, 요즘 표현으로 바꾸면 전문분야를 넘어선 교양이 없는 '전문가 바보'에 대한 비판이죠.

나폴리 대학에서 수업 학사 연도가 시작될 때 학생들 앞에서 했던 연설의 내용이 《비코 자서전》에 소개되는데요, 이 부분을 같이 읽어보겠습니다. "허위가 아닌 참된 지식, 공허하지 않은 견고한 지식으로 남기기 위해 연구하려 한다면 학문의 세계에서는 기만이 없어져야 한다."(《비코 자서전》, 88쪽) '전문가 바보'가 되지 않으려는 비코의 결기가 느껴지지요. 기만 없음은 비코가 볼 때 태도와 정신의 문제입니다. 지식인은 많이 배운 사람의 태도에 대한 평가까지 포함한 개념이 아니라 지식의 양과 전문성만 평가한 표현입니다. 지성인에겐 전문지식의 양과, 전문성 그 이상의 포괄적 판단 능력과, 기만하지 않으려는 태도의 결기까지 필요합니다. 아리스토텔레스의 《니코마코스 윤리학》 방식으로 말하자면, 지성인이 되기 위해서는 전문지식 이외에도 성격적 탁월성까지 겸비해야 한다는 것입니다. 나폴리 대학 학생에게 하는 연설 중 이런 내용도 있습니다.

젊은이가 몇 년 이내에 학문의 모든 과정을 완성하지 못한다면 그것은 단지 그가 원하지 않았거나, 또는 원했다 할지라도 선생이 없었거나 연구의 순서를 잘못 정해 실패했거나, 또는 그의 연구의 목적이 우리 정신에 있는 일종의 신성을 배양하려는 것이 아니었기 때문이다.

– 《비코 자서전》, 86쪽.

적절한 스승이 없었거나 연구의 순서를 잘못 정한 것 같은, 기능적으로 해결할 수 있는 문제 외에 비코는 "일종의 신성神性

을 배양"하려는 연구 목적의 결여가 학문적 실패를 낳을 수도 있음을 경고합니다. 《니코마코스 윤리학》의 용어로 설명하자면, 성격적 탁월성에 도달하려는 노력과 학문이 결합하지 않음의 한계를 후배 학자들에게 지적하고 있는 겁니다. 공부 잘하는 괴물이 넘쳐나는 세상, 궤변과 권모술수에 능통한 전문가가 넘쳐나는 세상을 사는 우리로선 이 구절이 우리 시대의 전문가 괴물에게 경고하는 것처럼 느껴져요.

《새로운 학문》은 이런 이유로 두꺼워요

다독가 비코는 엄청난 분량의 책을 읽었겠지요. 비코는 자기 주장을 전개하기 위해 《새로운 학문》에서 진짜 지독하다 싶을 정도의 엄청난 스케일의 사례를 제시합니다. 그러니 책이 두꺼워질 수밖에 없죠. 우리가 책을 읽을 때 편집자의 관점을 갖는 게 중요하다고 한번 말씀드렸던 적이 있는데, 이 책의 독서 팁에 대해 말씀드릴까 합니다. 《새로운 학문》처럼 사례가 풍부한 책을 읽다보면 오히려 예시 때문에 책이 어려워지는 경우도 있어요. 고대 헬라스인까지는 괜찮은데요. 스키타이인이나 칼데아인이 언급되면 스키타이와 칼데아가 무엇인지 알아내려고 인터넷 검색을 하잖아요. 검색으로 궁금증을 풀고 다시 책을 집어들었는데 모르는 개념과 지역과 역사적 사건이 또 등장합니다. 또 검색하지요. 그러다보면 검색이 검색을 낳는 '무한 검색'이라는 루

프가 돌아가지요. 그러다가 책을 내던지고 포기하게 됩니다.

이때 '예증은 예증이다'라는 자신감이 필요해요. 예증은 부연 설명입니다. 핵심은 예증에 있는 게 아닙니다. 학자마다 핵심 주장이 있습니다. 마르크스에게는 "인류 역사는 계급 투쟁의 역사다", 이게 핵심주장이죠. 그런데 주장을 예증 없이 두괄식으로 선언만 하면 정치적 선동 같습니다. 글 쓰는 사람은 지식을 총동원해 자신의 주장을 뒷받침하는 모든 사례를 써놓고 싶어합니다. 그래야 읽는 사람에게 훨씬 더 설득력이 있다고 생각하기 때문이죠. 이건 작가의 관점입니다. 그런데 독자가 작가보다 사전 지식과 배경지식이 부족하다면 독자는 독해에서 어려움을 겪습니다. 비코 같은 다독의 작가를 읽는 독자의 대다수는 비코보다 희박한 지식을 지니고 있습니다. 비코만큼 지식이 있는 사람이 지구상에 몇 명이나 있겠어요. 나만 못난 게 아닙니다. 비코가 박식한 거죠.

예증의 규모에 놀라 이 책은 읽을 수 없다고 자포자기하면 책의 핵심주장까지 놓치게 됩니다. 이런 우를 범해서는 안 되겠죠. 너무 기죽지 말아야 합니다. 현재 확보하고 있는 배경지식만으로 이 책을 읽어내고, 나의 배경지식 범위를 넘어선 사례가 등장해도 마음이 흔들리지 않고 읽어나가는 거예요. 전혀 알 수 없는 예증은 가끔 뛰어넘어도 됩니다. 그 대신 내가 아는 예증이 나오면 더 집중해서 생각해보는 거죠. 우리는 이미 호메로스의 《일리아스》를 읽었습니다. 《새로운 학문》에서 호메로스는 매우 중요한 배경지식이 됩니다. 호메로스뿐만 아니라 로마와 이집트의 역사도 등장하는데요, 일단 첫번째 독서에서는 호메로스의 배경지식을 토대로 《새로운 학문》을 읽습니다. 후에 로마의 역사나 이집트의 역사에 대한 배경지식이 생기면 《새로운 학문》을 다시 읽으면 되지요. 처음 독서에서 완벽한 이해를 하겠다는 욕심은 우리를 오히려 고전에서 멀어지게 합니다. 첫번째 독서에서는 읽을 수 있는 만큼 읽어보겠다는, 자신에게 관대한 자세도 필요합니다. 고전이란 한 번 읽고 마는 책이 아니라 반복해서 읽는 책이니까요.

민족의 자만심이란 부질없는 거죠

비코에겐 도달하고 싶은 두 가지 원대한 목표가 있어요. 첫번째 목표는 《새로운 학문》을 통해 민족의 자만심으로부터 벗어나는 것입니다. 비코는 현대적으로 말하자면 다원주의자이자 다문화주의자이거든요. 모든 민족에겐 전 세계에서 자민족이 제일 잘났다는 자부심이 있습니다. 이집트인은 자신들의 역사가 가장 길기에 자민족이 세계 최고라고 생각하고 헬라스인은 헬라스인대로 자신들로부터 문명이 시작되었다고 생각해요. 보통 민족의 자만심에 꽉 차 있는 사람은 문화와 문화 사이의 관계를 이야기할 때 전파 모델로 설명합니다. 어디서 어디로 전파되었다, 누가 누구를 가르쳤다, 누구에게 전수해줬다 등으로 인류 역사를 해석하는 방식인데, 비코는 모든 민족의 신화에는 공통적 요소가 있다고 강조합니다. 그렇기에 어느 한 지역에서 다른 지역으로, 그러니까 더 발전한 지역에서 덜 발전한 지역으로 문화가 전파되었다고 볼 수 없고, 각 민족은 각 민족 고유방식으로 야만에서부터 현재에 이르는 과정을 거쳤다고 보는 게 비코의 주장입니다. 중요한 사상적인 변화이자 사물을 바라보는 관점의 변화죠. 이런 관점으로 보면 헬라스 중심주의, 로마 중심주의, 중화사상은 물론, 비코식으로 말하면, 일본의 문물 대부분은 한반도로부터 전파된 것이기에 그전의 일본은 야만이라고 단정하는 주장도 민족의 자만심에서 벗어나지 못한 채 인류 역사를 해석하는 관습의 사례일 겁니다.

두번째로 비코는 학자만이 세상의 진리를 알 수 있다는 학자의 자만심에서 벗어나려 합니다. 오직 학자가 구사하는 언어로만 세상의 진리를 표현할 수 있다는 태도가 학자만의 자만심의 핵심입니다. 비코는 《새로운 학문》에서 진리는 민중이 사용하는 토속어 속에도 있으며, 민중적 표현방식인 속담, 우화, 신화 등등에도 학자의 지식의 체계 못지않은 지식의 체계가 있을 수 있다고 하지요. 학자의 언어로 구성되어 있는 것을 통해서만 인류 역사를 파헤친다면 우리는 그 절반만 아는 것입니다.

민족의 자만심과 학자의 자만심에서 벗어난다는 목표에 도달하려면 수단이 있어야 합니다. 즉 새로운 목표에는 새로운 연구 방법이 필요합니다. 비코가 《새로운 학문》에서 사용하는 연구 방법은 인간 언어의 변천 과정 탐구입니다.

인간 선택의 흔적은
언어에 누적되어 있습니다

비코는 인간이 만들어낸 것에 대한 이해를 학문의 목표로 삼았는데, 역사로 기록된 인간의 선택 이외의 선택 흔적은 어디에 남아 있을까요? 그는 언어의 변화에 주목합니다. 한 언어에서 사용되는 단어는 뜻이 고정되어 있지 않습니다. 언어는 유기체처럼 흥망성쇠하는 단어로 구성되어 있습니다. 있던 단어가 사라지기도 하고, 새로운 단어가 만들어지기도 하고, 단어는 여전히 사용되는데 그 뜻은 본래의 뜻과 완전히 달라지는 경우도 많지요. 부정적이었던 단어가 긍정적으로 바뀌기도 하고 그 반대가 되기도 하는 거예요. 이걸 연구하는 것이 비코의 방법론입니다. 비코가 《새로운 학문》에서 제시하는 방법론을 하나의 단어로 표현하면 문헌학filologia이라 할 수 있습니다. 비코의 의미에서 문헌학은 "인간의 임의적인 선택에 의존하는 모든 것에 대한 학문"(《새로운 학문》, 22쪽)입니다. 문헌학은 추상적인 논리나 개념을 대상으로 하는 게 아니라 사람이 실제로 사용하는 언어를 바탕으로 사회를 연구하는 방식입니다. 인간의 언어는 자연으로부터 주어진 것이 아니라 인간의 임의적인 선택이 축적된 결과이니, 언어 탐구를 통해 인간의 역사를 추적할 수 있다는 뜻인 거죠.

《비코 자서전》에서 비코는 《새로운 학문》의 시도를 이렇게 설명합니다. "모든 토착어에 공통적인 어원의 관념을 제시한 뒤 외래어의 어원의 관념을 제시함으로써 궁극적으로 보편적인 어원의 관념을 펼쳐낸 것이었다. 그것은 우리가 민족의 자연법을 적절하게 논의할 수 있으려면 반드시 필요한 언어의 과학이었다."(《비코 자서전》, 150-151쪽) "토착어에 공통적인 어원의 관념을 제시"한다는 짧은 문장 안에 비코가 추구하는 태도가 농축적으로 표현되어 있습니다. 토착어에 대한 관심은 학자의 자만심에서 벗어나려는 태도의 표현이고, "토착어에 공통적인 어원"이 있다는 주장은 민족의 자만심에서 벗어난 다원적 비교문화론의 관점을 드러내는 것입니다. 언어는 인간이 만든 것이기에 인간이 만든 인간 세계를 연구하려는 비코에게 어원을 연구하는 것만큼 적절한 연구 방법은 없을 것입니다.

《새로운 학문》의 방법론을 살펴봤으니 《새로운 학문》의 구조를 살펴볼게요. 《새로운 학문》은 총 5권으로 구성되어 있는데요, 제1권은 '원리의 확립에 관하여', 제2권은 '시적 지혜에 관하여', 제3권은 '참된 호메로스의 발견에 관하여', 제4권은 '민족들이 밟는 과정', 제5권은 '민족이 다시 일어났을 때 인간사의 반복'이라는 표제가 붙어 있습니다. 워낙 두꺼운 책이니 완독하려면 능동적인 사고를 동원해 각 권의 관계를 나름의 방식으로 정리하는 게 중요합니다. '비코라는 위대한 학자가 이 두꺼운 책을 잘 구성했겠지, 그러니 나는 비코를 믿고 따라갈 거야'라는 사고방식은 버려야 합니다. 잘 편집된 현대의 책은 챕터 구성을 따라가면서 읽어도 괜찮지만 고전은 그렇게 읽으면 안 되거든요. 우리가 정신 똑바로 차리고 재구성해야 합니다.

각 권의 관계를 제 방식으로 정리하자면 이렇습니다. 제1권은 서론이에요. 《새로운 학문》의 전반적인 개요와 책의 의도가 서술되어 있죠. 그렇기에 제1권만 제대로 읽어도 《새로운 학문》의 기본적인 맛은 볼 수 있습니다. 《새로운 학문》을 단번에 다 읽지 못할 것 같으면 첫 시도에서는 제1권을 읽고 제2권, 제3권, 제4권, 제5권은 나중에 읽겠다는 소박하지만 현실적인 목표를 세워도 됩니다. 제2권은 서론을 바탕으로 한 본론이라 할 수 있습니다. 제3권은 제1권과 제2권의 내용을 호메로스의 사례를 통해 검증합니다. 제4권은 각 민족이 밟아갔던 '이상적인 영원한 역사'의 과정을 제시합니다.

제5권은 음악적으로 표현하자면 소나타 양식의 재현부처럼 제시되었던 주제가 발전을 거친 후 피날레에 도달하기 전에 등장하는 반복과 유사합니다. 《새로운 학문》의 제5권은 제1권, 제2권, 제3권 그리고 제4권의 요약 정리에 해당됩니다. 책을 읽다가 이해가 잘 안 되거나 길을 잃은 느낌이 들면 일단 제5권으로 뛰어넘어가 통독하고 다시 본래 자리로 돌아오는 독서법도 좋습니다. 《새로운 학문》과 같은 구성으로 이뤄진 책을 완독하는 최고의 스킬은 앞과 뒤를 자유롭게 넘나드는 독서 방식입니다.

그가 규명하려고 하는 원리에 의해
인류의 역사를 정리해보죠

《새로운 학문》의 서론 격인 제1권의 제목이 '원리의 확립에 관하여'인데요, '원리'라는 단어를 비코식으로, 단어의 어원으로부터 풀어볼까요? 원리를 뜻하는 이탈리아어는 '프린키피오 principio'인데, 이는 시작을 뜻하기도 합니다. 제1권의 제목을 어원학으로 해석해보면 '원리'가 '시작' 또는 '기원'이라는 뜻이니, 원리를 밝힌다는 건 언어의 어원을 추적한다는 것과 같은 의미라고 볼 수도 있겠지요. 다소 아리송하게 느껴졌던 제목 '원리의 확립에 관하여'에서 단박에 비코의 목표를 알아챌 수 있게 됐네요. 어원을 추적하는 문헌학의 매력은 이런 것입니다.

《새로운 학문》은 "모든 민족이 시간 속에서 출현하고 발전하고 성숙하고 쇠퇴하다가 종말을 맞으며 밟아가는 과정에 대한 이상적인 영원한 역사를 기술"(《새로운 학문》, 240쪽)하는 것을 목표로 삼습니다. 비코는 인류 역사를 신의 시대, 영웅의 시대, 인간의 시대로 분류했습니다. 신의 시대가 어떻게 만들어졌는지에 관한 비코의 설명부터 시작해보겠습니다. 최초의 인류는 야만적입니다. 문명이 없었던 시대입니다. 인간에겐 본성만 있었고 부끄러움도 없었습니다. 야수처럼 헤매던 최초의 인간은 하늘이 내린 대홍수를 피해 동굴로 피신합니다. 동굴 속에서 그들은 하늘의 힘을 절감합니다. 신은 하늘에 있는데, 하늘에 있는 신이 유피테르(제우스)를 통해 인간에게 전조를 내려준다고 그들은 생각합니다. 대홍수라는, 하늘이 내린 무서운 힘에 놀라 하늘에 복종하면서 "오만함과 잔인함으로 가득 차 있던 그들이 일종의 신성함 앞에서 겸손"(《새로운 학문》, 865쪽)한 존재로 바뀌게 됩니다. 신의 시대에 "여러 민족은 신의 다스림 속에 살고 있다고 믿었고, 그들의 모든 행동도 전조와 신탁에 의해 그들에게 명해진 것이라고"(《새로운 학문》, 54쪽) 믿었습니다. 하늘을 섬기기 시작하자 "하늘을 올려보면 하늘의 모습은 그들에게 경외를 일으켜 그들은 성욕을 자제하고, 육욕에 대한 충동을 코나투스conatus 속에서 제어"하여 '혼례'와 '장례'가 시작됩니다.

여기에서 코나투스 개념에 주목해야 합니다. 코나투스는 더 나아지려고 하는 욕구와 욕망을 의미합니다. "더 나아지고 싶다" "이 상태로 머물지 않고 더 괜찮은 사람이 되고 싶다" "좀 더 발전하고 싶다" 이런 의지와 욕망을 코나투스라고 하는데 신을 접한 사람에겐 코나투스가 생깁니다. 그들은 유피테르를 통해 하늘의 경고를 알아챕니다. 신이 부끄러움을 가르치기 위해서 유피테르의 천둥과 번개로 알렸고 그걸 알아차린 사람은 부끄러움을 느끼면서 달라져야 한다는 코나투스가 생긴 거죠. 그러지 않은 사람도 있습니다. 여전히 야만적이고 부끄러움도 모르는 자들인데요, 비코의 표현을 빌리자면 "자신들의 고유한 사악한 힘에 굴복하여 물건과 여자를 수치스럽게 공유하는 자들"(《새로운 학문》, 867쪽)입니다. 여전히 부끄러움도 모르고 코나투스도 없는 사람들입니다.

신을 접한 자들은 코나투스를 알았고 물건과 여자를 수치스럽게 공유해서는 안 된다는 것을 알게 되었고, 부끄러움에서 벗어나기 위해 혼례 의식이 발생합니다. 신을 받아들이면서 종교가 생겼고, 인간의 죽음에 예의를 갖추는 '매장'하는 풍습도 생깁니다. 종교와 혼례와 매장은 문명이 출현하게 되는 보편적인 의례

이자 인류 역사의 기본 원리입니다. **"모든 민족은** 종교를 갖고 있
고, 엄숙한 혼례를 거행하고, 죽은 사람들을 매장한다."(《새로운
학문》, 225쪽, 강조는 인용자) 민족의 자만심에서 벗어난 비코의 설
명이 돋보이는 대목이지요. 모든 민족에겐 구체적 형태는 다르다
고 하더라도 종교와 혼례와 매장의 풍습이 생긴다는 점에서는
동일하고 그런 맥락에서 민족 사이에는 높낮이가 있을 수 없다
는 것입니다. 모든 민족에는 그들만의 유피테르와 그들만의 헤라
클레스 같은 영웅이 있다는 것이니까요.

시적 지혜는 민중적 지혜입니다

인류 역사의 기원을 간략하게 정리했으니, 인간 관념의 역사
로 관심을 돌려볼까요? 제2권에서 비코가 집중적으로 논의하는
이른바 '시적 지혜sapienza poetica'로 눈을 돌려보겠습니다. 비코에
따르면 초기의 사람들은 알지 못하는 대상에 마주치면 자신과
비교하여 비유적으로 이해하려 했다는 점에서 시인으로 태어났
다고 합니다. 비코에게 시인이란 현대적 의미와 달리 최초의 인
간이라는 뜻이지요. 이런 맥락에서 이해하자면 '원리'가 시작/기
원을 의미했듯이 시적 지혜는 사유의 시작/기원에 해당하는 '최
초의 지혜'라는 뜻입니다. 학자의 언어로 말하지 않는 민중의 언
어 생활방식, 성인의 언어로 이야기하지 않은 어린아이의 언어
사고방식, 그리고 데카르트적인 합리주의에 완전히 지배받는 합

리적 이성적 도구로서의 언어를 사용하기 이전에 인간이 사용했던 상상력이 넘치는 그 세계를 비코는 '시적'이라는 단어로 표현합니다. '원리'를 다루는 제1권에서 민족의 자만심을 문제 삼았던 비코는 시적 지혜를 다루는 제2권에서는 학자의 자만심을 문제 삼습니다.

계몽주의 이후의 인간은 이성적 언어에 기반을 두고 세계를 해석합니다. 학문은 이성적 언어와 동일시되고 학자의 전문언어는 그 어떤 언어보다 이성적 언어라고 간주되지요. 인간은 늘 이성적 언어를 사용해왔을까요? 비코는 이성적 언어 이전의 인간에 대해 궁금해합니다. 제1권에서처럼 그의 관심은 시작이라는 뜻의 '원리'를 향하니까요. 전문가는 이성적 언어에 대한 자부심이 과도한 나머지 이성적 언어 이전의 인간 언어는 야만적이었다고 치부해버릴 수 있지만, 제2권에서 시적 지혜를 추적하는 비코는 그렇게 단순하게 가정하지 않습니다. 학자의 자만심에서 벗어난 비코는 이성적 언어와는 다른 언어의 특성에 주목합니다. 이성적 언어가 아닌 최초의 언어, 즉 시적 언어의 보고는 민중의 언어에 있습니다. "민중의 언어는 그 언어가 형성되던 시기에 사람들이 지켜오던 오랜 관습에 대한 무게 있는 증인"(《새로운 학문》, 158쪽)입니다. 그리고 "민중적 지혜의 금언인 속담"은 시적 지혜의 원형인데, 시적 지혜에 관해서는 "고대와 현대의 모든 민족들 사이에서 본질적으로 같은 의미가 그 민족들 숫자만큼이나 다양한 방식으로 표현"(《새로운 학문》, 162쪽)되어 있지요.

인간의 언어엔 대상을 하나의 범주로 묶어서 인식하고 표현하는 범주 표현이 있습니다. 비코에 의하면 논리학은 사물의 의미를 범주를 통해 이해하는 것입니다. 최초의 지혜인 '시적 지혜'에도 논리학은 있지만 시적 지혜의 논리학은 은유적으로 의미를 전하는 표현양식인 알레고리allegory라는 시적 언어로 구성되어 있습니다. 논리학의 어원인 '로고스'라는 헬라스어의 "고유한 의미가 '신화'favola"(《새로운 학문》, 286쪽)임에서 알 수 있는 것처럼 시적 언어의 논리학은 알레고리로 구성된 신화의 언어이기도 합니다. 알레고리는 "같은 속屬 아래에 구성되는 다양한 종種이나 다양한 개체에 의미를 부여"(《새로운 학문》, 289쪽)하는 "다양어"의 속성을 지닙니다. 꽃의 여신 플로라flora(속)가 모든 꽃(다양한 종)을 의미하고, 과일을 가꾸는 여신 포모나pomona(속)가 모든 과일(다양한 종)을 가리키는 알레고리인 것처럼요. 호메로스의 《일리아스》를 통해 익숙해진 아킬레우스를 예로 들어볼게요. 아킬레우스는 사람입니다. 우리도 사람이지요. 즉 아킬레우스나 우리는 모두 인간이라는 범주로 묶일 수 있습니다. 그렇지만 인간이라는 범주로 묶여도 아킬레우스나 우리 각자는 고유성을 지닌 개체입니다. 인간은 개별적이면서도 공통적인데요, 개별적이면서도 공통적인 것이 알레고리입니다. 《일리아스》의 아킬레우스를 개별자로만 이해한다면 《일리아스》는 나의 이야기와 겹쳐질 수 없습니다. 그런데 만약 우리가 아킬레우스를 "모든 강인한 사람들에게 공통적인 용맹함에 대한 관념"(《새로운 학문》, 289쪽)이라고 이해한다면, 아킬레우스는 아킬레우스이면서 동시에 어떤 다른 용맹한 사람을 지칭하는 알레고리일 수 있습니다.

현대 학문 언어는 알레고리 언어가 아니거든요. 학문의 언어는 보편성을 지향하고 개별성을 지양합니다. 개념이 보편적이어야만 많은 걸 설명할 수 있다고 간주하는 게 학문 언어의 전제입니다. 보편적일수록 단어는 추상적이 되지요. 단어가 지나치게 추상적이면 설명할 수 있는 범위는 넓어지는데 설명의 설득력이 약해지는 약점이 있어요. 하지만 설득력에 한계가 생기는 것을 피하려고 구체적 사례로 하강하여 사례에만 머무르면 설명할 수 있는 대상의 폭이 좁아집니다. 학문의 언어는 개념으로 설명할 수 있는 대상이 줄어드는 위험성을 피하려고, 구체성을 상실하더라도 보편성을 획득하기 위해 추상적 개념을 주로 사용하죠. 추상의 힘이 커지면 상상력은 불가피하게 축소됩니다.

알레고리는 추상으로 상승하여 메타의 영역에 머무르면서 상상력이 축소된 학문의 언어와 달리 상상력을 자극하는 시적 비유를 적극적으로 수용합니다. 알레고리에서는 보편성을 추구하면서도 그 보편성이 지나쳐 구체성을 상실하는 일이 생기지 않도록 보편을 위해 상승하는 힘과 구체를 위해 하강하는 힘이 교차합니다.

학자의 학문 언어와 달리 시적 언어는 알레고리를 능숙하게 사용합니다. 시적 주체의 언어에서 "바람이 휘파람 분다" "땅이 목마르다" "곡식이 살찐다" "물푸레나무가 눈물 흘린다"와 같은 비유 이외에도 "감각을 통해 인식할 수 있는 관념을 사용하는"(새로운 학문, 292-293쪽) '추한 가난' '슬픈 노년' '창백한 죽음'과 같은 표현이 등장하는 것도 그 때문이죠.

《새로운 학문》에는 현대적으로 재해석될 수 있는 내용이 많지만 제 눈길을 가장 끈 대목은 "평민들의 시적 인격체"라고 그가 예를 든 아이소포스 해석입니다. 우리에겐 이솝이라는 이름으로 알려진 아이소포스의 우화는 한편으로 시적 알레고리 언어의 특성과 평민의 민중적 지혜의 측면이 교차한다는 점에서 흥미롭습니다. 우화는 소설도 아니고 학자의 철학과도 다릅니다. 우화는 전형적인 알레고리입니다. 알레고리로 표현되어 있기에 우화를 읽는 사람은 자신의 모습을 우화 속에서 발견하죠. 비코는 《새로운 학문》에서 파이드로스의 《우화》에 등장하는 아이소포스 해석을 인용하는데요, 그대로 옮겨보겠습니다. "이제 우화라는 장르가 어떻게 생겨났는지 간략하게 말하겠네. 겁이 많은 노예가 말하고 싶은 것을 감히 말하지 못하고 자신의 감정을 우화에 전이시켜 유명한 아이소포스가 길을 뚫으니 내 그 길을 넓혔네."(《새로운 학문》, 306쪽) 아이소포스가 우화로 말하기의 가능성을 처음 제시했고 파이드로스 자신이 우화를 통해 말하기를 궤도에 올려놓았다는 것입니다. 학자들은 우화를 얕잡아 봤습니다. 우화는 민중의 토속어로 구성되어 있기에 학자는 자만심에 의거해서 우화는 연구할 필요가 없는 대상이라 여겼는데 비코는 다릅니다. 토속어로 민중의 구전에 의해 전승된 우화는 알레고리 방식의 언어 사용의 풍부한 사례가 담겨 있는 보고입니다. 시적 세계 속의 시적 지혜를 탐구하려면 토속어로 표현된 세계로 진입해야 합니다. 민중이 토속어로 우화의 형식으로 말하는 지혜를 탐구하는 것, 그 자체로 '새로운 학문' 아닌가요?

비코에선 마르크스가 연상되기도 합니다

학자들이 자만심에 빠져 그 중요성을 알아채지 못했던 민중의 시적 세계에 눈을 돌리는 비코는 역사의 전개 과정을 설명하는 데 있어서도 이전의 해석과는 '새로운' 관점을 제시합니다. 앞서 말했듯, 비코는 인류 역사를 신의 시대, 영웅의 시대, 그리고 인간의 시대로 구분했는데요, 한 시대에서 다른 시대로 이행시키는 동력에 대한 설명은 마르크스의 계급투쟁론을 연상하게 합니다. 야만의 상태에서 벗어나 신의 시대로 이행할 때 어떤 사람은 영웅과 귀족이 되고 어떤 사람은 예속민과 평민이 되었습니다. 사람이 두 집단으로 최초로 갈라질 때, 이른바 "사회적 계급"(《새로운 학문》, 869쪽)이 만들어질 때 나름의 정당한 까닭이 있었습니다. 비코는 이렇게 해석합니다. "첫번째의 계급은 자연적 질서에 가장 가까운 것이었다. 그것은 인류의 고결성에 근거한 것이었고, 따라서 영웅주의에 근거한 것이었다. 그러한 상태에서 고결성이란 신의 전조를 받아들여 택한 아내에게서 자손을 생산하는 것을 뜻했다. 그 고결성을 바탕으로 귀족은 평민을 지배했다."(《새로운 학문》, 869쪽)

코나투스가 없었기에 평민이 된 사람과 코나투스가 있었기에 영웅과 귀족이 된 사람은 서로 다른 신분입니다. 평민은 예속민입니다. 그들은 일을 합니다. "언제나 바퀴를 돌려야 했던 익시온이 평민이었고, 바위를 산 위로 굴려 올려야 하는 시지포스도 마찬가지로 평민"(《새로운 학문》, 469쪽)입니다. "라틴어에는 '땅을 경작하다'라는 의미로 '땅을 돌리다'vertere terram라는 표현이, '오랫동안 고된 일을 하다'라는 의미로 '바위를 굴리다'saxum volvere라는 표현"(《새로운 학문》, 469쪽)이 있는 것은 시지포스가 평민임을 뜻합니다. 영웅은 그들을 보호하는 가부장이 됩니다. 가부장은 재산이 있지만 예속민은 재산이 없습니다. 재산이 있는 자들, 일찍 코나투스를 받아들인 자들이 귀족이 되었습니다. 그들은 노동을 하지 않고 인문학을 합니다. 인문학을 표현하는 '리버럴 아츠liberal arts'라는 개념은 아르테스 리베랄리스artes liberalis, 즉 귀족liberalis의 기예artes입니다.

근데 예속민이 언제까지나 예속민 상태에 머무를까요? 한때 코나투스가 없어 예속민이 되었으나, 그 예속민이 코나투스를 습득하면 지배에 저항하게 됩니다. "세월이 지나고 인간의 정신이 발전하면서 마침내 민족들마다 그 평민은 영웅주의의 허황됨을 다시금 인식"하는 국면이 등장합니다. "귀족과 동등한 인간 본성을 갖고 있다는 것을 인식한 그들은 스스로도 도시의 사회 질서에 편입"(《새로운 학문》, 870쪽)되기를 원합니다. 신의 시대에서 영웅의 시대로 이행하는 과정에서 출현한 귀족 역시 영원히 영웅적 면모를 유지하지는 않습니다. "영웅주의의 허황됨을 다시금 인식"한 평민(예속민)은 귀족이 독점하고 있는 신의 전조를 공유하기 위해 투쟁에 나섭니다. 헤겔의 주인과 노예의 변증법을 연상시키듯, 평민(예속민)은 귀족에게 도전합니다. 비코가 볼 때 역사는 상호 대립되는 주체의 갈등이라는 '원리'에 의해 움직여가는 과정입니다.

인간의 역사가 신의 시대에서 시작하여 영웅의 시대와 인간의 시대로 옮겨간다는 비코의 역사의 '원리'에 대한 해석을 진보에 대한 믿음이라고 받아들일 수도 있지만, 비코는《새로운 학문》의 후반부에서 인류 역사의 진전은 자동적으로 보장되어 있지 않다고 경고합니다. 거꾸로 갈 수 있는 가능성을 배제할 수 없다는 것입니다. 예를 들어 비코는 "최초의 야만의 역사의 반복으로 설명되는 후기 야만의 역사"(《새로운 학문》, 830쪽)의 관점을 놓치지 않습니다. "돌아온 야만"(《새로운 학문》, 833쪽)이라는 표현을 사용해요.

거꾸로 갈 수 있는 사례를 로마 제국이 제시합니다. 로마에서는 영웅의 시대를 지나 "국민 전체가 공동으로 정의를 원하며 공평한 법이 모두의 선이기 때문에 공평한 법을 입안"(《새로운 학문》, 871쪽)했지요. 인간의 시대로 접어든 것처럼 보입니다. 하지만 귀족의 특권을 문제 삼았던 깨어난 민중이 타락하여 '후기 야만(돌아온 야만)'의 모습이 드러납니다.

로마의 시민들은 재산을 질서를 만드는 데 사용하지 않고 권력을 쌓는 데 사용하려 했다. 또한 맹렬한 남풍이 바다를 요동치게 하듯 이런 시민들은 국가를 내전으로 몰고 가 전면적인 무질서의 상태로 이끌었다. 그리하여 그들은 국가가 완벽한 자유에서 무정부 상태의 완벽한 폭정 즉

자유민의 무제한의 자유에 도달하도록 만들었는데, 그것이 모든 폭정 중에서도 가장 나쁜 폭정이다.

– 《새로운 학문》, 872쪽, 강조는 인용자.

각자가 마음대로 처분할 수 있는 재산을 축적했는데, 그 재산으로 사회의 질서가 만들어지기는커녕 각자의 권력의 수단이 되었을 때 벌어지는 상황에 대한 경고입니다. 역사가 앞으로 진전했다고 해서 그 진전은 영원한 것이 아니라 언제든 뒤로 되돌아갈 수 있음에 대한 경고이지요. 민중이 타락하면 "본성적으로 제약 없는 감정의 노예"가 되어 "사치, 유약함, 탐욕, 질투, 오만, 허영 등의 노예"가 되고 "방종한 삶의 쾌락을 추구하면서" "가장 비천한 노예들에게나 어울릴 거짓말, 사기, 비방, 절도, 비굴, 위선 등의 모든 악행"(《새로운 학문》, 873쪽)에 빠져들 수도 있다는 것입니다. 아도르노와 호르크하이머가 《계몽의 변증법》에서 힘주어 강조했던 "야만으로 후퇴하는 현대"에 대한 가능성 지적을 이미 비코가 했던 셈이에요. 《새로운 학문》은 오래된 책이지만, 이런 점에서 현대의 어떤 책보다 새롭습니다.

현재 인류는 과거의 인류보다 일견 발전한 것처럼 보입니다. 대량살상무기조차 기술 없는 야만의 상태에선 만들 수 없는 문명의 산물이에요. 그런데 그 무기가 사용되는 바로 그 순간 인류는 야만으로 되돌아가겠지요. 후퇴의 가능성은 언제나 존재합니다. 야만으로의 후퇴를 막을 유일한 방법은 그 가능성을 우리가 각성하는 것입니다. 소수의 사람만 코나투스가 갖는 게 아니라 코나투스가 모두의 것이 될 때 야만 경보기는 상시 작동할 테니까요.

《새로운 학문》과 같은 두꺼운 책을 포기의 유혹을 물리친 채 완독했더니 제 마음속에서 더 커진 코나투스가 꿈틀거리고 있음이 느껴지면서 공부의 희열을 맛봅니다. 힘들었지만 비코의《새로운 학문》을 읽기 참 잘했습니다.

인용 문헌
잠바티스타 비코, 《비코 자서전—지성사의 숨은 거인》, 조한욱 옮김, 교유서가, 2020.

6

야박하고 기괴한 시장 지향적
인간이 탄생했습니다

칼 폴라니Karl Polanyi,
《거대한 전환*The Great Transformation*》, 1944년

칼 폴라니, 《거대한 전환—우리 시대의 정치·경제적 기원》, 홍기빈 옮김, 도서출판 길, 2009.

"우리는 누구입니까"라는 질문으로 시작해볼까요? 공통된 속성을 지녔고 소속감까지 느껴져 나와 같은 편에 속한다고 판단될 때 사람은 '우리'라는 대명사를 사용합니다. 우리 가족, 우리나라, 우리끼리, 이런 표현들 말이에요. 여러분은 어떤 '우리'에 속해 있으신가요? 여러분이 '지배층' '특권층' '기득권자' '부자' '상류층'에 속했다는 느낌이 없다면, '그들'과는 구별되는 '우리'를 잘 표현해주는 지시 기호는 무엇일까요? 서민이나 국민이 자주 쓰이는 단어입니다. 시민이라 부를 수도 있고, 민중도 빼놓을 수 없습니다. '특권층' '기득권층' '상류층'이 아닌 '우리', 그 보통 사람의 공통 역사가 《거대한 전환》의 주제입니다.

다섯번째로 읽었던 잠바티스타 비코의 《새로운 학문》을 다시 펼쳐볼게요. 어원학을 통해 인간 역사의 궤적을 역추적하는 비코는 토착민土着民이라는 단어를 어원학적으로 이렇게 설명합니다. 귀족을 뜻하는 라틴어 '인게누이ingenui'의 어원은 '인데게니티indegeniti'입니다. 인데게니티는 땅에서 태어난 사람이라는 뜻인데요, 토착민을 가리키는 '인디게나이indigenae' 역시 어떤 땅에서 태어난 사람이라는 뜻이라고 합니다. 아주 오랜 기간 인간은 땅과 연결된 존재로 자신을 이해해왔습니다. '대지의 아들'이나 '대지의 딸'이라는 관용적 표현은 인간의 이러한 자기 이해에서 유래했습니다. 우린 태어났습니다. 태어난 인간은 어디에 있을까요. 땅 위에 있죠. 그러다 죽으면 우리는 땅으로 돌아갑니다. 존재한다는 것은 땅과 연결되어 있음의 다른 표현인 것이죠.

여러분 소유의 땅이 있으신가요? 우리 시대 보통 사람의 공통된 처지가 '땅 없음'이 아닐까요? 집 밖으로 나가면 다 남의 땅입니다. 땅이 없기에 먹고살려면 일을 해서 돈을 벌어야 합니다. 농사지을 땅이 없으니 쌀도 사먹어야 하고, 쌀을 사려면 돈이 있어야 하니 일해서 돈을 버는 거죠. 땅이 없어서 일해야 하는 보통 사람, 이들은 어떤 역사적 변화 과정을 통해 만들어졌을까요? 이것이 칼 폴라니의 《거대한 전환》에 담긴 핵심질문입니다.

폴라니는 별스럽고 끔찍한 20세기를 살아냈습니다

칼 폴라니는 1886년에 태어나서 1964년에 세상을 떠났습니다. 역사학자 에릭 홉스봄Eric Hobsbaum은 1917년에 태어나서 2012년까지 살았습니다. 홉스봄은 자서전 《미완의 시대》에서 자

신이 살아낸 20세기를 "가장 별스럽고 끔찍한 한 세기"라고 회고
합니다. 곰곰이 생각해보면 홉스봄의 표현이 맞는 것 같습니다.
20세기에 세계적 규모의 전쟁이 두 번이나 벌어졌으니까요. 그뿐
만 아니라 자본주의적 산업화가 진행되면서 선발 산업국가인 유
럽 각국은 원자재와 판매시장 개척을 목적으로 제국주의적 영토
팽창을 해서 아프리카, 아시아, 아메리카 대륙을 식민지로 잡아
삼킨 것도 20세기요, 러시아 혁명 이후 자본주의 진영과 사회주
의 진영의 대립이라는 냉전체제를 낳은 것도 20세기이며, 파시즘
이 등장했던 것도 20세기입니다. 우리를 애국심 경쟁 체제로 몰
아넣는, 국가 사이의 경계선을 확실하게 쳐놓는 국가 시스템, 즉
국민—국가 시스템이 자리 잡은 것도 20세기입니다. 영문도 모르
는 채 보통의 젊은이들이 국가주의에 동원되어 전쟁에 끌려나가
희생된 것도 20세기입니다. 1차대전에서 900만 명이 사망했고,
2차대전 기간의 사망자는 무려 5,646만 명이나 됩니다. 한국의
근현대사에도 유별한 20세기의 흔적이 새겨져 있죠. 식민지 팽
창 경쟁으로 벌어진 1차대전이 한반도에서는 식민화로 나타났습
니다. 1930년대의 파시즘 광풍을 한반도는 천황제 파시즘으로 겪
었고, 일본의 군국주의적 팽창에 따라 수많은 한국인이 전쟁에
동원됐습니다.

  폴라니는 이런 "가장 별스럽고 끔찍한" 시대를 살았습니다.
두 차례의 세계대전과 냉전체제를 모두 겪은 폴라니는 자신의
삶의 경험으로부터 20세기의 의미를 묻는 질문을 던집니다. 그
질문에 대한 폴라니의 답이 적혀 있는 책이 《거대한 전환》입니

다. 그러니 본격적으로 《거대한 전환》의 내용으로 들어가기 전에 그가 살아낸 20세기를 그의 전기를 통해 살펴보는 것이 필요합니다.

폴라니가 살았던 시대는 크게 세 시대로 구별됩니다. 첫번째는 부다페스트 시대입니다. 폴라니는 오스트리아-헝가리 이중제국 시대의 부다페스트에서 성장기를 보냈습니다. 오스트리아-헝가리 이중제국에는 두 개의 수도가 있었는데요, 그중 하나가 빈이고 다른 하나가 부다페스트입니다. 부다페스트는 폴라니가 성장한 도시입니다. 폴라니가 태어난 무렵의 부다페스트는 유럽 안에서 일종의 산업화로 인한 사회 변혁이 어느 지역보다 먼저 등장한 도시였습니다. 당시 부다페스트는 인구 30만 명에 달하는 대도시였는데요, 1900년경에는 60만 명까지 늘어나면서 유럽에서 여섯번째로 큰 메트로폴리스로 성장합니다.

부다페스트 대학 시절 폴라니는 후대에 사상사에서 중요한 역할을 하는 죄르지 루카치György Lukács, 카를 만하임Karl Manheim과 함께 '갈릴레이 서클'을 주도합니다. 루카치는 《역사와 계급의식》으로 잘 알려져 있고 사회주의 미학 이론에 있어서 빼놓을 수 없는 중요한 사상가이죠. 그리고 만하임은 세대 이론에 관해 지금도 교과서로 여겨지는 《이데올로기와 유토피아》를 집필한 사회학자입니다. 만하임은 지식인은 특정한 당에 소속되지 않고 자유롭게 부유하는 존재여야 한다는 유명한 지식인론을 주장하기도 했습니다.

급진적인 생각을 지닌 사람들이 모인 갈릴레이 서클은 민중계몽 운동에 주력했습니다. 아리스토텔레스가 시민 교양교육을 위해 아테네에 세웠던 학교 뤼케이온 기억하시죠? 갈릴레이 서클은 민중의 문화적 수준을 교육으로 향상시키기 위해 진보적인 사상을 보급하는 교육 조직을 만들었습니다. 폴라니가 갈릴레이 서클에서 경험한 민중교육은 후에 그가 영국으로 이주한 후에도 이어집니다.

두번째는 빈 시대입니다. 폴라니의 부다페스트 시절이 갈릴레이 서클과 연결된다면, 빈으로 이주한 폴라니는 그곳에서 전쟁을 겪습니다. 1차대전에 군인으로 참전했던 폴라니는 전쟁 이후 급진적인 빈의 분위기와 마주칩니다. 1918년 선거에서 승리한 사회민주주의 노동당이 1934년까지 집권하는데요, 이 시기를 흔히 '붉은 빈' 시절이라고 합니다. 이 붉은 빈 체제하에서 여러 사회 실험이 행해졌습니다. 집합주택을 지어서 노동자들의 주거 문제를 해결하는 것뿐만 아니라 여성을 가사노동으로부터 해방시키기 위해 각 가정의 부엌을 없애고 아파트에 공동 부엌을 설치하기도 합니다. 폴라니는 빈에서 그런 변화를 보았죠.

이 시기 빈에서는 프리드리히 하이에크Friedrich Hayek로 대표되는 경제적 자유주의자와, 오토 바우어Otto Bauer, 막스 아들러Max Adler로 구성된 오스트리아 마르크스주의자 사이에 시장경제 논쟁이 벌어집니다. 폴라니는 오스트리아 마르크스주의자의 편에서 시장경제는 경제적 자유주의자의 주장처럼 완벽하게 작동하는 시스템이 아니라는 생각을 하게 되었고, 빈 시절의 이러한 깨달음은 《거대한 전환》에도 반영되지요.

붉은 빈 시절이 끝나고 보수주의자들이 빈을 장악함에 따라 폴라니는 위험을 피해 그의 세번째 무대인 영국으로 이주합니다. 영국에 체류하면서 폴라니는 노동자 교육협회가 진행하는 성인 대상 교육의 강사를 했어요. 노동자들의 교양교육으로 밥벌이를 했던 거죠. 영국에서 노동자 교육을 하면서 영국 노동자계급의 모습들을 직접적으로 관찰하게 됐는데 폴라니는 충격을 받았습니다.

폴라니는 영국으로 가기 전 붉은 빈에서 건강한 노동자계급의 문화, 삶에 대한 매우 긍정적인 에너지를 가지고 있는 노동자 문화를 체험했습니다. 그는 사회가 합리적으로 개조될 수 있고, 노동자계급도 교육받을 수 있고, 기본적인 사회보장이 제공된다면 노동자들도 문화적으로 자신을 향상시킬 수 있는 의지를 지닐 수 있음을 확인했습니다. 하지만 영국의 노동자계급은 달랐습니다. 삶에 대한 의욕도 없었고, 스스로 교양에 대한 욕구가 없다고 할까요. 자기 자신을 개선하려는 의지가 도통 보이지 않았습니다. 폴라니는 영국 노동자들에게서 교양과 문화적 상승에 대한 욕구를 찾아볼 수 없는 이유를 찾고 싶었고, 이 질문은 《거대한 전환》을 관통합니다.

폴라니는 코즈모폴리턴이자 윤리적 사상가입니다

《거대한 전환》은 영국의 산업화와 그 결과를 분석한 책입니다. 폴라니는 국민-국가의 국민이라는 틀 속에 자신을 가둬두지 않고 인류 공통의 문제에 천착합니다. 폴라니는 국가주의자가 아니라, 굳이 정의를 내리자면 세계시민의 관점에서 《거대한 전환》을 쓴 것이죠. 사태를 인류의 관점과 세계사의 관점으로 보는 태도를 우리는 이 책에서 배울 수 있습니다. 그는 국적을 막론하고 보통 사람이 겪어야 했던 20세기의 세계사적 공통 처지에 관심을 기울입니다.

　폴라니는 경제학자라고만 볼 수 없는 사상가입니다. 저는 굳이 분류하자면 폭넓은 의미에서 사회과학자라고 부르고 싶어요. 폴라니에 따르면 사회는 변화하는데요, 변화의 방향은 인간 외부의 어떤 초자연적 법칙에 의해 정해지는 게 아닙니다. 변화의 방향을 결정하는 것은 인간이지요. 인간의 선택이 사회 변화의 특정한 방향을 만든다는 겁니다. 그래서 사회과학이 필요합니다. 우리가 어떤 결정을 내리고 그 결정이 어떻게 누적되느냐에 따라 사회의 변화는 이쪽으로 갈 수도 있고 저쪽으로 갈 수도 있습니다. 그렇다면 기왕 모두를 위해 좋은 결과를 낳을 수 있는 방향으로 결정을 내리도록 사람들을 설득하는 것이 사회과학의 임무입니다. 폴라니가 볼 때 사회과학은 사회가 올바른 방향을 향하도록 도와야 합니다. 사회과학은 아리스토텔레스 방식으로 말하자면, 모든 사람에게 좋은 삶이 실현될 가능성을 높이는 방향으로 결정이 내려지도록 개입해야 합니다.

　이런 사회과학의 임무를 염두에 두면서 폴라니는 우리의 공통 과거로 눈을 돌립니다. 땅이 없는 우리가 어떻게 만들어졌는지 그 여정을 탐색하는 것이죠. 우리는 지금 각자도생의 원칙에 따라 살고 있습니다. 나의 불행은 내가 해결해야 할 문제입니다. 남이 안 도와주죠. 다른 사람에게 나의 불행을 해결해달라고 요청할 수도 없어요. 공동체 감각의 '우리'는 사라졌습니다. 오직 '개인'의 집합체인 '우리'만 남아 있지요. 폴라니는 '개인'만 남기 이전의 '우리-공동체'가 있던 시절로 눈을 돌려 그것이 어떻게 사라졌는지를 살펴봅니다. 다시 말해 '우리-공동체'를 해체시킨 인간의 선택을 탐색합니다. 그렇지만 폴라니는 향수 어린 시선으로 그때가 참 좋았다고 한탄하지 않습니다. 과거를 찬양하기 위해서가 아니라 미래를 꿈꾸기 위해 '우리-공동체'가 사라져가는 과정을 돌아봅니다. 그래야 '개인'의 집합체에 불과한 현대의 '우리'가 가진 공통 문제를 해결할 수 있는 미래의 방향이 보이게 될 테니까요.

사탄의 맷돌이 돌아가자
우리가 사라집니다

'우리-공동체'가 사라지는 '거대한 전환'은 산업혁명이 처음 시작된 영국에서 먼저 일어납니다. 시장사회가 제일 먼저 출현한 곳도 영국이었기에 시장사회를 정당화하는 담론과 시장사회를 작동시키기 위한 각종 법률 또한 영국에서 먼저 나타납니다. 그래서 폴라니의 분석대상은 영국일 수밖에 없습니다.

영국에서 전개된 '거대한 전환'이 빚어낸 참극에 대한 은유가 '사탄의 맷돌'입니다. 윌리엄 블레이크William Blake의 서사시 〈밀턴Milton〉의 서문인 '아득한 옛날 저들의 발길은And did those feet in ancient times'에 등장하는 표현입니다. 같이 읽어볼까요?

아득한 옛날 저들의 발길은 / 잉글랜드의 푸른 산 위를 거닐고 / 신의 성스러운 양이 / 기쁨의 풀밭 위에 보였네. / 구름 낀 산 위로 / 성스러운 얼굴도 빛났을까? / 여기 이 어두운 사탄의 맷돌 사이 / 예루살렘이 세워졌을까?

사탄의 맷돌이 돌아가면 '거대한 전환'이 일어납니다. 사탄의 맷돌은 거대한 전환 이전과 이후를 구별하는 은유입니다. 맷돌이 돌아가기 전 "아득한 옛날"에는 인간은 공동체를 형성해 살고 있었습니다. 맷돌이 돌아가자 공동체가 맷돌에 갈려 산산이 부서집니다. "아득한 옛날"의 좋았던 점들은 사라집니다. 그래서 그 맷돌은 사탄이 돌리는 것처럼 보입니다. 인간의 공동체는 사탄의 맷돌에 갈려 자신의 운명을 홀로 책임져야 하는 개인이라는 가루가 됩니다. 사탄의 맷돌은 인간의 운명일까요? 그렇지 않습니다. 사탄의 맷돌은 인간의 어떤 선택에 의해 돌아가기 시작했습니다.

사탄의 맷돌이 돌아가게 한 인간의 선택을 추적하던 폴라니는 엔클로저enclosure, 즉 '울타리 치기'와 만납니다. 땅은 언제부터 배타적인 사적 소유의 대상이었을까요? 지구에 호모 사피엔스가 등장한 그 시점에도 토지는 사적 소유의 대상이었을까요? 그럴 리 없습니다. 토지가 완벽하게 지금처럼 전적으로 사적 소유의 대상으로 변한 것은 시장체제가 작동한 후, 즉 사탄의 맷돌이 돌아간 이후입니다. 그전에도 물론 사적 소유인 땅도 있었지만, 그에 못지않게 누구의 소유가 아닌 땅도 많았지요. 특정 개인의 소유가 아닌 땅은 인간 공동체의 것입니다. 그것을 공유지 commons라 합니다.

바다는 누구의 것도 아니잖아요. 어촌 마을 앞바다는 어촌 마을 사람들 모두의 것이죠. 그 마을의 주민이라면 모두의 소유인 바다에서 고기도 잡고 양식도 할 수 있는 권리가 관습적으로 부여됩니다. 한 지역의 주민이 된다는 것은 공유지를 이용할 수 있는 권리를 갖고 있다는 것과 동일한 뜻입니다. 육지에도 누구의 소유도 아니고 그 지역에 사는 사람, 그 지역에서 태어난 사람이라면 누구나 사용할 수 있는 땅인 공유지가 있었지요. 마을의 뒷산과 들판처럼요.

영국에서 산업혁명에 의해 방적기와 방직기가 발명되면서 양모산업이 발전합니다. 양모산업이 발전하니까 양모의 원자재인 양털의 수요가 늘어나고, 더 많은 양털을 양모산업 지역인 플랑드르에 공급하면 돈을 벌 수 있겠다고 생각한 부자들은 양을 기를 수 있는 땅을 찾다가 공유지에 눈독을 들입니다. 부자는 공유지에 말뚝을 박고 울타리를 쳐서 공유지를 잠식해들어가 사유화합니다. 이것이 '울타리 치기'입니다.

'울타리 치기'가 확대되면서 공유지에 의존해 삶을 유지하던 사람들은 어떻게 됐을까요? 손바닥만큼의 땅도 소유하지 못한, 재산 없는 사람의 지위로 전락합니다. 한 마을의 주민이라는 자격은 공유지 사용을 전제로 하는데, 그 공유지가 사라지면 재산이 없는 사람은 굶어죽을 지경으로 내몰려 결국 부랑자가 됩니다. 사탄의 맷돌이 활발하게 돌아갈수록 재산이 전혀 없는 빈털터리가 된 개인이 늘어납니다.

그런데 왜 사탄의 맷돌은 계속 돌아갔을까요? 사탄의 맷돌을 멈추기는커녕 날개를 달아주는 법령이 의회에서 통과되었기 때문입니다. '울타리 치기'는 합법화되었습니다. 보통 사람이 현재의 위치에 놓이게 된 건 산업 발전의 필연적인 법칙에 의한 결과가 아니라 '울타리 치기'라는 폭력적 행동을 방관하고 심지어 합법화해준 선택이 빚은 결과인 것이죠.

시장경제 시스템의 등장은 사탄의 맷돌을 더 세차게 돌게 한 원인입니다. 산업혁명이 일어나면서 경제의 중심이 농업에서 산업으로 바뀌었죠. 농업은 자연의 이치와 결부되어 있기 때문에 아무리 인간이 욕심을 내도 농업을 통해서 생산물을 증대시키는 데에는 한계가 있을 수밖에 없잖아요. 근데 산업은 그 한계에서 벗어납니다. 쉬지 않고 기계를 돌리면 그 시간만큼 생산물을 늘릴 수 있습니다. 공장은 곳곳에 흩어져 있는 게 아니라 산업화가 일어난 맨체스터 같은 몇몇 도시에 있습니다. 거대한 공장이 생겼는데 그 공장을 돌리려면 노동하는 사람이 필요합니다. 맨체스터에서 태어난 사람만으로는 맨체스터에 있는 공장을 운영하는 데 필요한 노동력을 채울 수 없지요. 다른 고장 사람이 맨체스터로 이주를 해야 맨체스터의 큰 공장을 움직일 수가 있습니다. 자신이 태어난 지역의 땅과 자신의 삶이 강하게 결합되어 있어서 고향을 떠날 필요성을 전혀 느끼지 못한 채 살던 사람들을 이주하도록 해야 합니다.

사탄의 맷돌이 돌아가기 전에 우리가 주목해서 봐야 할 몇 가지 영국법이 있는데요, 1601년의 구빈법 그리고 1662년에 제정된 정주법입니다. 구빈법은 단어 그대로 가난한 사람이 굶어죽지 않도록 돕는 법입니다. 정주법의 핵심은 거주·이전의 자유를 부여하지 않는 겁니다. 토착민은 태어난 곳에 살면서 태어난 곳에 있는 공동체의 보호를 받으면서 살아야 하지 태어난 땅을 떠나 낯선 곳을 떠돌아서는 안 된다는 것이 정주법을 구성하는 철학입니다.

구빈법은 현대적인 사회보장제도를 연상시키고 정주법은 자유를 제한하는 법처럼 보이지만, 정주법과 구빈법이 동시에 작동하는 17세기 영국 사회의 맥락은 지금과 다릅니다. 사탄의 맷돌이 돌아가기 이전의 영국은 기독교 윤리가 사회를 지배하는 기독교 국가입니다. 기독교가 개인의 신앙이 아니라 공동체의 원칙, 즉 공동체의 윤리입니다. 기독교가 공동체의 윤리로 작동하면 어떻게 될까요? 내 이웃의 가난을 도외시하면 안 되죠. 내가 살고 있는 마을에 누군가가 굶주리고 있다면 내 이웃의 굶주림이잖아요. 가난한 사람을 돕는 것은 기독교 신자의 의무입니다. 교구에 속한 가난한 사람은 교회가 의무적으로 돌봐야 합니다. 기독교적인 온정적 가부장제가 작동하는 것이죠. 부자도 가난한 사람도 같은 교구에 속해 있기에 부자는 교구의 가부장으로서 자신이 속한 교구의 가난한 사람에 대해 사회적인 책임과 의무를 지녀야 합니다.

구빈법을 보완하기 위해 정주법이 필요했습니다. 교구마다 경제력이 차이가 있을 수도 있잖아요. 부자가 많은 교구가 있을 수도 있고 산출량이 많은 교구가 있을 수도 있어요. 만약 정주법이 없으면 어떤 일이 벌어질까요? 교구를 마음대로 옮겨갈 수 있으니 잘사는 교구로 사람이 몰리고 잘살지 못하는 교구는 텅 비겠지요. 이런 극단적인 이동이 생기지 않고 각 교구에서 전통적인 공동체 윤리로서의 기독교와 온정적 가부장제를 결합시켜 빈곤의 문제를 돌보도록 한 법적 장치가 정주법입니다.

사탄의 맷돌이 돌아가기 시작하자 구빈법과 정주법이 결합한 사회적 맥락도 가루가 됩니다. 산업 부르주아는 정주법 폐지를 원했습니다. 정주법은 노동자 확보에 걸림돌이 되는 법이니까요. 태어난 교구와 상관없이 노동력이 상품화돼서 자유롭게 이동할 수 있어야 필요한 만큼의 노동력을 확보할 수 있습니다.

이주의 자유는 이중적인 의미를 지닙니다. 이주는 개인의 자유를 확대하는 것이라고 볼 수도 있지만 또 다른 측면에서는 전통적인 공동체의 보호로부터 벗어남을 의미합니다. 산업혁명이 점점 진행되고 산업 시스템이 자리를 잡게 되면서 상품이 아니었던 것들이 상품화되기 시작합니다. 땅도 사고팔 수 있는 상품이 됩니다. 인간의 노동력도 자유롭게 이동할 수 있는 상품의 성격을 지니게 됩니다. 이로써 토지의 상품화, 인간 노동의 상품화에 바탕을 둔 시장경제 시스템이 등장할 수 있는 배경이 완성됩니다.

경쟁적 노동시장이 등장하면서
공동체는 무의미해집니다

정주법의 폐지와 더불어 1795년의 스피넘랜드Speenhamland법과 1834년의 개정 구빈법도 시장체제 완성을 위한 발걸음을 재촉합니다. 스피넘랜드법을 먼저 볼게요. 스피넘랜드는 영국의 작은 마을입니다. 만약 스피넘랜드의 어떤 주민이 삶을 사는 데 필요한 수준의 임금을 받지 못한다면 그 부족한 만큼을 공공의 기금으로 보조를 해준다는 것이 스피넘랜드법의 주내용입니다. 스피넘랜드의 판사는 가난한 사람을 교구가 도와야 한다는 법을 만듭니다. 당시 시골지주와 교구 성직자가 지배하던 영국의 농촌에서 체제 안정을 위해 공동체 윤리로서의 기독교 사상과 온정적 가부장제 방식에 입각해 만들어진 법이죠.

스피넘랜드법은 빈민 구호 지방세에 기반한 공적부조를 받을 수 있는 사람의 범위를 넓혀놨습니다. 일자리가 없는 사람뿐만 아니라 일하는데도 수입이 적은 사람도 구호의 대상으로 정했습니다. 그런데 스피넘랜드법은 의도하지 않은 결과를 낳았습니다. 일해도 그만, 일 안 해도 공적부조를 받으면 그만이라는 생각이 퍼지면서 노동의욕 저하를 가져온 것이지요. 교구의 노동자들은 수치를 모르는 사람, 부끄러움도 모르는 사람, 나아지려는 의지가 없는 사람, 우리가 《새로운 학문》에서 살펴보았던 코나투스가 없는 사람으로 변했습니다.

스피넘랜드법의 의도하지 않았던 이 한계가 무제한적 자유경쟁을 신념으로 삼고 있는 시장자유주의자의 표적이 됩니다. 온정주의적으로 빈민을 보호해주니 윤리의 전방위적 타락이 일어났다는 겁니다. 그러니 낡은 구빈법을 바꾸어야 한다는 주장이 힘을 얻기 시작합니다.

사탄의 맷돌이 다시 강력하게 돌아갑니다. 19세기의 사상 지형에서 정치적 자유를 둘러싼, 즉 프랑스 혁명을 둘러싼 논쟁이 한 축이라면 또 다른 축은 구빈법을 둘러싼 논쟁입니다. 19세기의 가장 중요한 사상가 볼테르, 디드로, 루소가 프랑스 혁명이라는 정치혁명과 연결되어 있는 사상가라면, 구빈법 논쟁에 참여하는 사람은 제러미 벤담Jeremy Bentham과 보수주의의 원류라고 흔히 일컬어지는 에드먼드 버크Edmund Burke, 《인구론》의 토머스 로버트 맬서스Thomas Robert Malthus, 노동가치설을 주장한 데이비드 리카도David Ricardo, 공상적 사회주의자 로버트 오언Robert Owen, 사회진화론을 주장한 허버트 스펜서Herbert Spencer 등입니다.

'경제'라는 뜻으로 현재 사용되는 '이코노미economy'의 본래 개념은 '살림살이'입니다. 구빈법 논쟁을 거치면서 시장체제의 확장을 요구하는 사회적 분위기가 등장하자 살림살이의 이코노미는 시장자유주의자의 관점에서는 한계가 있는 용어로 이해됩니다. 그래서 그 전통적인 개념과 구별하기 위해, 거시적 경제구조를 지칭하는 정치경제학political economy이라는 개념이 등장합니다. 우리는 경제와 윤리를 상호 분리해서 이해하지만 애덤 스미스 이전까지만 하더라도 경제 문제와 윤리 문제가 별개로 취급되지 않았습니다. 경제는 곧 살림살이니 인간의 문제이고, 인간의 문제이니 당연히 '어떻게 살 것인가'라는 윤리 문제와 결부될 수밖에 없었죠. 정치경제학이라는 용어는 경제와 윤리를 분리시키려는 의도를 담고 출현했습니다. 경제는 이윤을 남기려는 인간의 활동인데, 이윤 앞에 윤리의 잣대를 들이대지 말라는 시대적 요청이 담긴 용어인 셈이지요.

정치경제학이라는 개념의 등장과 확산은 시대적 윤리의 변화와 맞물리는데요, 그 변화를 상징하는 인물 중 한 명이 조지프 타운젠드Joseph Townsend입니다. 타운젠드는 1786년 〈구빈법에 관한 논문〉에서 대담하고 생경한 주장을 펼칩니다. 그는 가난한 사람을 도와야 한다는 윤리의 문제를 약육강식이라는 틀로 바꾸어놓았습니다. 그는 자신의 주장을 펼치기 위해 가상의 무인도로 우리를 데려갑니다. 어느 무인도에 염소를 풀어놓았는데 염소의 개체 수가 너무 늘어났습니다. 이 문제를 해결할 수 있는 가장 좋은 방법이 무엇인지 타운젠드는 해법을 제시하지요. 염소가 너무 늘어서 문제라면 개를 풀어놓아 개가 염소를 잡아먹게 하면 파괴된 균형이 회복될 수 있다는 것입니다. 타운젠드의 만능해법은 무한경쟁을 통한 균형 유지입니다. 이 해법이 인간 사회에도 적용될 수 있다고 타운젠드는 주장합니다. 가난한 사람을 돕는다는 윤리적 개입 없이 자유경쟁이라는 시장경제의 원리에 맡겨두면 무인도의 염소와 개 사이의 불균형이 스스로 조정된 것처럼 언젠가는 시장의 자기 조정에 의해서 균형을 되찾는다는 것이죠. 이 논리가 확대되면 자유시장에서 벌어지는 가난과 같은 불합리한 사태에 대한 윤리적 개입은 불필요한 것처럼 보입니다. 경쟁에서 도태된 노동자에게 필요한 건 온정이 아니라 더 강력하게 그들을 시장경제 법칙 속으로 밀어넣어 시장경제가 요구하는 경쟁력을 갖추게 하는 것이죠.

맬서스도 타운젠드를 거들었습니다. 빈곤 문제는 사회적 개입이나 온정주의적인 방식으로 개입하지 말고 인구법칙처럼 자유방임에 의해 내버려두어야 한다는 것이지요. 타운젠드의 주장에 맬서스는 과학의 언어를 입혀 '적자생존'이라는 개념을 만들어냈습니다. 타운젠드는 생존하려면 적자適者가 되라고 요구합니다. 경쟁력이 있는 사람은 시장에서 생존할 것이고, 도태된 사람은 경쟁력이 없다는 뜻이니 그런 사람에게까지 윤리적 책임을 질 필요가 없다는군요. 타운젠드의 대범한 주장과 과학의 용어로 무장한 맬서스의 사고방식이 19세기에 사탄의 맷돌이 계속 돌아가도록 만든 사회적인 분위기였습니다. 19세기에 벌어진 '거대한 전환'의 결과로 우리는 시장형 인간으로 탈바꿈했습니다.

'거대한 전환' 이전 사람은 공동체 속에 살고 있었습니다. 경제라는 단어가 살림살이를 의미했기에 삶과 경제(살림살이)는 분리될 수 없었습니다. 그런데 사탄의 맷돌이 돌고 난 후 경제는 사람의 삶과 분리된 거대한 시장체제를 지칭하는 개념으로 바뀝니다. 더 나아가 경제는 사람의 집합체인 사회의 외부에 있는 자율적인 시스템으로 해석되기에 이릅니다. 그렇게 윤리적 문제로부터 해방된 경제가 사회를 집어 삼킵니다. 사회는 적자생존이라는 경제의 원리에 의해 재규정됩니다. 이렇게 되면 윤리는 경제를 귀찮게 만드는 쓸데없는 주장이라고 격하됩니다. 경제에 도움이 되는지 여부가 진리의 판단기준이 됩니다. 이렇게 현재 우리가 살고 있는 시장중심적인 체제가 완성됩니다.

시장체제가 형성이 되면서 기독교는 공동체 윤리가 아니라 개인의 신앙 문제로 축소됩니다. 기독교인이 가난한 내 이웃을 돌보지 않는 문제는 기독교인으로서의 자격 박탈 조건이 아닌 게 되는 거예요. 무시무시한 변화죠. 기독교 윤리가 적자생존이라는 탈윤리적 담론에 의해 대체되는 것이지요. 그럼으로써 가난으로부터의 전통적인 보호막은 사라집니다. 온정적 가부장제는 낡은 것으로 취급되고 공동체 윤리로서의 기독교 윤리도 더 이상 작동하지 않으니 사람은 자조自助의 원리에 따라 생존해야 하는 개인이 되는 것이죠.

시장경제 체제는
결국 두 차례의 세계대전을 불러일으킵니다

사탄의 맷돌이 작동하면서 만들어진 고전적 자본주의는 세 가지 핵심교리를 떠받듭니다. 첫째, 노동의 가격은 노동시장에서 결정되어야 한다. 둘째, 화폐 창출은 자동적 메커니즘에 복속돼야 한다. 즉 통화의 가치를 국가가 보유한 금의 양과 연동시키는 금본위제입니다. 셋째, 재화는 국가 사이에 편파적 차별 없이 자유롭게 움직여야 한다. 즉 자유무역의 원리입니다. 19세기의 자유시장경제주의자는 세 가지 기본적 원칙이 충돌 없이 작동할 수 있다고 주장했습니다. 하지만 이 주장대로 움직여지지 않음은 두 차례 세계대전이 증명했습니다.

국가간 경계는 무의미하다는 시장 유토피아주의자의 주장은 희망사항이었을 뿐 현실에서 실현되는 것은 사실상 불가능했습니다. 20세기에 접어들어 확대된 국민−국가의 출현 때문입니다. 국가 사이의 경계는 점점 더 분명해지고 국가 간 이동은 여러 장벽에 부딪힙니다. 각 국민−국가에는 중앙은행이 있고 중앙은행은 국민−국가 내에서만 통용되는 화폐를 발행합니다.

보통선거권의 확산도 시장 유토피아주의자의 주장대로 시장경제가 움직이지 않음을 이해하는 데 중요합니다. 1848년 프랑스에서 세계 최초로 보통선거가 시작된 이후 1885년 선거법 개정으로 영국에서는 노동자에게도 보통선거권이 부여되면서 투표권을 지닌 노동자의 선택이 정치에 영향을 주기 시작하지요. 노동자가 국민−국가의 유권자 중에서 가장 많은 수를 차지하니까, 정부는 국내 정치질서 안정이라는 새로운 도전에 직면하게 되죠. 실업이나 인플레이션이 발생하게 되면 보통선거권을 갖게 된 노동자들이 집권 정당에게 그 책임을 물어 표를 주지 않습니다. 국가 권력은 국가 단위의 경쟁력 유지를 위해 노동자계급의 정치적인 불만이 등장하지 않도록 관리하는 각종 정책을 도입합니다. 시장 유토피아주의자의 기대에 어긋나는 거죠.

1873년에 시작되어 1896년까지 이어진 대불황을 사례로 자세히 살펴보겠습니다. 시장 유토피아주의자의 주장을 따른다면, 시장의 위기 역시 시장의 자율적 조정 메커니즘에 의해 해결될 것이기에 국가는 개입하지 말아야 합니다. 하지만 각 국가는 정반대의 선택을 했지요. 대불황이 닥치자 그로 인해 피해를 입은 노동자계급의 정치적 불만이 커졌고, 국가는 이를 무시할 수 없는 상황에 처합니다. 경제 위기가 정치 위기를 낳자 정치 위기를 타개하기 위해 금본위제 체제로부터 탈퇴를 선언하는 국가가 등장하기 시작합니다. 영국은 1931년에, 이탈리아와 미국은 1933년에, 프랑스는 1936년에 탈퇴합니다. 금본위제라는 시장체제를 지키는 것보다 환율 관리라는 자국의 이익을 우선시하는 국민-국가간 경쟁은 급기야 군사적 충돌을 빚을 정도로 강해집니다. 그 결과 오스트리아와 독일, 터키가 한편, 영국과 프랑스가 또 다른 한편이 된 제1차 세계대전이 벌어집니다. 오스트리아와 독일과 터키가 영국과 프랑스 연합군에 패배했습니다. 패전의 대가로 오스트리아-헝가리 제국과 오스만 터키 제국이 해체됐고 독일은 엄청난 배상금을 물어야만 했습니다. 그사이에 러시아에서는 사회주의 혁명까지 일어났습니다.

1929년 미국 월스트리트에서 시작된 대공황은 1차대전 이후의 질서를 새로운 모순으로 몰아넣습니다. 유럽으로 전파된 대공황 때문에 독일은 전후 배상금 문제를 지불하는 데 문제가 생깁니다. 독일로부터 받은 배상금으로 전후 복구를 하려던 전승국 영국과 프랑스의 계획에도 차질을 빚습니다. 곤궁에 몰린 독일에서 등장한 파시즘이 1차대전의 패전국에서 전방위적으로 퍼져나갑니다. 각국은 각자도생의 길을 선택합니다. 결국 최종 해결은 전쟁이었습니다. 1차대전이 끝난 지 얼마 되지 않아서 2차대전이 일어날 수밖에 없었던 것도 시장경제 체제의 한계입니다.

두번째의 거대한 전환을 폴라니는 꿈꿉니다

《거대한 전환》을 쓰고 난 이후 폴라니는 시장경제 체제의 한계와 시장형 인간의 피폐함을 규명하고 그것으로부터 탈피할 수 있는 대안을 모색하는데요, 그는 이 작업을 위해 아리스토텔레스와 막스 베버를 읽습니다. 폴라니는 막스 베버로부터 실체적 경제와 형식적 경제를 구별하는 아이디어를 적극 수용합니다. 형식적 경제란 목적을 달성하기 위한 수단을 합리적으로 선택하고 배치하는, 통상 시장적 합리성이라 부르는 활동이 벌어지는 영역입니다. 반면, 실체적 경제는 인간의 삶을 영위하는 데 필요한 여러 욕구를 충족하는 것입니다. 실체적 경제는 인간의 살림살이라는 뜻을 지닌 고대의 경제 개념에 가까운 것이죠. 막스 베버가 이 개념을 강조한 이유는 경제를 윤리의 영역으로부터 분리시키려 했던 19세기의 시장경제주의자와 달리 둘을 분리시키지 않고 교차시켜 거대한 전환이 일어난 현대 사회를 넘어서기 위함이었습니다. 《거대한 전환》에서 비판의 대상이 되는 현대가 어떻게 만들어졌는지를 분석했다면, 폴라니의 후반부 작업은 시장중심 체제를 벗어난 미래에 대한 구상이었는데요, 막스 베버의 실체적 경제라는 개념은 그에게 많은 자극을 주었습니다.

형식적 경제와 달리 실체적 경제의 핵심은 가치윤리의 적극적 개입입니다. 경제 문제에 개입해서 형식적 경제의 일방독주를 제어해야 하는 가치윤리의 종류는 상당히 많습니다. 베버는 윤리적 가치 평가, 정치적 가치 평가, 공리주의적 가치 평가, 쾌락주의적 가치 평가, 신분적 혹은 평등주의적 가치 평가를 예로 들었는데요, 현대적으로 해석한다면 우리는 베버가 제시했던 이런 가치뿐만 아니라 성평등 지향 가치, 생태적 가치, 지속가능성이라는 가치, 상생이라는 가치를 추가할 수도 있겠지요.

베버의 이런 경제관은 아리스토텔레스를 연상시키기도 해요. 폴라니의 후반부 작업을 가장 잘 표현해주는 것이 《인간의 살림살이》라는 제목의 유작입니다. 책 제목에서도 알 수 있는 것처럼 폴라니는 시장 중심적 경제 개념의 문제점과 역사적 한계를 규명하기 위해 실체적 비시장경제(살림살이 경제)로 재개념화할 필요성을 역설합니다. 그리고 시장경제의 한계를 넘어설 수 있는 가능성을 고대 아테네의 살림살이라는 의미의 본원적 경제 개념에서 찾지요. 고대 아테네에서 교역·시장·화폐는 돈벌이의 수단으로 이해되지 않고 우애와 호혜성 그리고 좋은 삶이라는 사회 전체의 목적을 위해 기능해야 하는 것으로 받아들여졌습니다. 아테네는 '거대한 전환' 이후 시장형 인간으로 살고 있는 현대를 강력히 비판하는 모델이 되는 것이죠.

시장 유토피아주의자들은 인간은 이윤 동기로만 움직인다고 이해합니다. 그 주장을 그대로 수용한 시장형 인간은 자신이 그렇다고 이해합니다. 폴라니는 다른 주장을 해요. 인간은 놀랄 정도로 혼합된 동기로 움직이는 존재라는 것이죠. 이윤 동기는 인간의 행위를 규정하는 동기 중 하나에 불과할 뿐, 사람에겐 "자신과 다른 사람들에 대한 의무라는 동기도 있으며, 심지어는 은근히 자신의 노동 그 자체를 즐기는 동기"(《칼 폴라니, 새로운 문명을 말하다》, 58쪽)도 있습니다. 인간을 이렇게 납작하게 이해하는 사람, 인간의 이해가 시장경제 체제에 의해 주조된 인간형의 범위를 넘어서지 못하는 사람은 사회적 책임이라는 관념이 없는 사람입니다.

시장경제 체제라는 틀만으로 세상사를 보면 어떻게 될까요? 폴라니에 따르면, 인간과 인간의 구체적 관계는 시야에서 사라지고 상품과 화폐를 매개로 이뤄지는 교환관계의 측면만 부각됩니다. 상품을 구입하는 사람에겐 저렴한 가격이 구매 여부를 결정하는 중요 요인입니다. 그 사람이 알뜰한 소비를 하겠다고 상품에서 오로지 가격만 고려하면, 저렴한 가격으로 상품을 공급하기 위해 저임금과 장시간 노동을 강요받는 생산자의 모습이 지워집니다. 그 상품이 어떻게 생산되는지를 묻지 않고, 그 상품을 생산하는 사람이 어떤 조건에서 노동하는지도 궁금해하지 않으면서 오로지 가격만 생각하는 소비자는 저임금 장시간 노동이라는 체제가 지속되는 데 아무런 책임이 없는 것일까요?

이 대목에서 카를 야스퍼스Karl Jaspers가 이야기한 인간의 네 가지 죄라는 관점이 생각납니다. 야스퍼스는 2차대전 이후 나치 즘에 대해 물을 수 있는 죄를 네 가지로 분류합니다. 첫번째 종류는 객관적으로 증명 가능한 법률 위반 행위인 범죄입니다. 형벌은 범죄를 지은 사람에게 책임을 묻는 형식이지요. 나치즘의 죄가 범죄 차원의 죄에만 국한된다면, 죄를 물을 수 있는 사람은 전범에 한정될 것입니다. 전범으로 분류되지 않는 모든 독일 국민은 면죄부를 부여받을 수 있을까요? 야스퍼스는 그렇게 생각하지 않습니다. 범죄 행위의 당사자가 아니기에 형벌로부터 자유롭다 하더라도 완전히 죄와의 연관성에서 벗어난 것도 아니기 때문입니다. 그래서 야스퍼스는 죄의 두번째 형태에 대해 언급합니다. 만약 나치 독일이라는 국가가 범죄를 저질렀다면 범죄의 직접 행위자가 아니라도 범죄를 저지른 국가의 국민은 국가의 범죄에 연루되어 있습니다. 독일 국민은 포괄적 책임으로부터 자유롭지 않은 것이지요. 그러므로 국가의 범죄에 연루되어 있는 한 모든 국민은 국가가 저지른 범죄가 저질러지기 이전으로 상황을 되돌려놓아야 하는 원상회복이라는 책임을 피할 수 없습니다.

인간에겐 세번째 도덕적 죄도 있습니다. 도덕적 죄의 심판은 양심입니다. 양심에 어긋나는 행위가 있었다면 명령에 따른 것이라 해도 그 죄를 피할 수 없습니다. 그 죄를 지은 사람은 속죄와 쇄신이라는 요청을 외면할 수 없습니다. 네번째 형이상학적 죄는 폴라니의 마지막 작업을 연상시킵니다. 야스퍼스는 우리가 무엇인가를 할 수 있었는데 하지 않아서 어떤 일이 발생했다면 발생한 그 일에 대해 형이상학적 죄가 있다는 거예요. 나치가 범죄를 저지르는 것을 막을 수 있었음에도 나치를 막는 행위를 하지 않아 나치가 범죄를 저지를 수 있었다면, 그 행위 하지 않은 사람은 형이상학적인 죄를 범한 것입니다.

우리가 시장경제 체제를 만들지는 않았습니다. 그렇기에 시장경제 체제에 죄를 묻는다면 우리는 직접적인 죄를 저질렀다고 할 수 없겠지요. 그렇다고 우리는 아무런 책임을 지지 않아도 되는 것일까요? 소비자의 입장에서는 물건을 무조건 싸게 살 수 있으면 그것으로 충분하다 생각할 수도 있습니다. 그런데 만약 우리가 소비자로서 물건을 싸게 살 수 있었던 이유가 노동의 대가를 제대로 지급받지 못한 저임금 노동자의 희생이라면 어떻게 될까요? 야스퍼스의 말을 들어보시지요. "내가 범죄를 방지하기 위해 할 수 있는 바를 행하지 않았다면, 나도 그 범죄에 대해 공동의 책임을 진다. 내가 타인의 살해를 막기 위해 생명을 바치지 않고 수수방관하였다면, 나는 법적·정치적·도덕적 죄 개념으로는 적절하게 파악할 수 없는 방식으로 유죄임을 느낀다."(《죄의 문제》, 87쪽) 최종 소비자로서 우리는 직접적인 죄가 없으니 떳떳하다고 주장한다면, 인간의 상호연관성에 대한 감각이 없는 것입니다. 시장경제 체제는 그 속에 살고 있는 시장형 인간을 점점 더 윤리적으로 무감각해지게 만듭니다. 야스퍼스는 형이상학적인 죄에서 벗어나기 위해서는 '전환'이 필요하다고 주장합니다.

우리에겐 또 다른 두번째 '거대한 전환'이 필요합니다. 첫번째 거대한 전환이 우리를 탈윤리적인 시장경제 체제로 이끌었다면,

시장경제 체제가 빚어낸 야만적 파국 앞에서 우리는 윤리적인 '대전환'을 상상해야겠지요. 폴라니는 비시장적 관계를 확장하는 것, 그래서 고대적 의미의 살림살이를 확장해나갈 수 있는 것 그리고 공동책임 감각을 회복한 공동체에 희망을 걸고 있습니다. 단박에 두번째 '거대한 전환'이 이뤄지지는 않겠지요. 그럼에도 불구하고 우리가 두번째 '거대한 전환'을 기대하는 선택을 지속적으로 해나가고 그 선택이 누적된다면 언젠가는 이루어지지 않겠습니까? 폴라니는 그 선택을 우리에게 숙제로 남겨주었네요.

인용 문헌

카를 야스퍼스, 《죄의 문제―시민의 정치적 책임》, 이재승 옮김, 엘피, 2014.
칼 폴라니, 《칼 폴라니, 새로운 문명을 말하다》, 홍기빈 옮김, 착한책가게, 2015.

7

우리가 가야 할
교양 넘치는 나라가 있습니다

레이먼드 윌리엄스Raymond Williams,
《기나긴 혁명*The Long Revolution*》, 1961년

레이먼드 윌리엄스, 《기나긴 혁명》,
성은애 옮김, 문학동네, 2021

사는 동안 몇 권의 책을 읽어낼 수 있을까요? 평생 쉬지 않고
책만 읽어도 다 읽는 게 불가능할 정도로 많은 책이 이미 세상에
있습니다. 읽지 못한 책도 산더미인데, 신간까지 빠른 속도로 산
더미의 높이를 보태고 있으니 때로 조급해집니다. 그렇지만 저는
현실적인 이유로 다독왕이 되겠다는 꿈은 예전에 포기했습니다.
책 많이 읽었다는 다독가의 자랑을 듣고도 평정심을 잃지 않습
니다. 제 목표는 다독이 아니라 반복해서 읽을 만큼 좋은 책, 즉
제 사유의 능력을 발전시키는 데 기여하는 결정적인 책, 띄엄띄
엄 아는 사람이 아니라 진정한 친구를 닮은 책을 만나는 것이기
때문입니다.

　여러분과 함께 읽을 레이먼드 윌리엄스의 《기나긴 혁명》은 제
가 준거로 삼는 책 중의 하나입니다. 휘리릭 읽고 잊어버릴 책이
아니라 오래된 친구처럼 종종 만나고 싶은 책입니다. 이 친구의

조언을 듣고 싶으면 책장에서 꺼내 반복해서 읽습니다. 같은 책을 여러 번 읽으면 시간 낭비라고 생각하실 수도 있겠지만, 동일한 책을 반복해서 읽을 때 비로소 얻을 수 있는 장점부터 말씀드릴까 합니다. 책은 작가의 번뜩이는 순발력으로 쓰이지 않습니다. 긴 호흡으로 생각에 생각이 더해진 결과가 모여 책으로 빚어집니다. 책 속에서 끊임없이 이어지는 문장은 사유의 나이테와도 같지요. 저는 책을 읽을 때 그 결과가 만들어진 과정, 즉 사유의 흔적에 주목합니다. 동일한 책을 처음 읽을 때는 책에 담긴 정보를 쫓아가기 급급하지만, 같은 책을 반복해서 읽다보면 자연스레 작가의 사유 과정에 눈을 뜨게 되지요. 영화를 처음 볼 때 스토리 라인에 집중해서 보았기에 알아채지 못했던 미장센과 편집의 기법이 두번째 감상에서 눈에 들어오는 것처럼, 반복 독서를 하면 낯선 타인이었던 작가와 어느 사이 거리감이 좁혀지고 독자는 작가의 편에 서게 됩니다. 저는 이 과정을 감정이입에 빗대어 사유이입思惟移入이라 하고 싶습니다.

함께 생각하기의 첫걸음은
작가의 삶의 여정을 이해하는 것입니다

'함께 생각하기'라는 관점에서 윌리엄스의 《기나긴 혁명》을 함께 읽어볼게요. 사유이입의 첫 단계는 작가가 살았던 시대의 특성을 파악하는 것입니다. 사상가는 실험실이 아니라 구체적인 현장에서 성찰합니다. 사상가도 우리처럼 시대를 살아내죠. 시대가 그에게 던지는 질문에 대한 느릿한 답은 그 시대를 살아내며 성찰한 사상가의 저작 속에 녹아들어갑니다. 사상가의 저작은 그가 마신 그 시대의 공기에서 느낀 상쾌함과 불쾌함이 글로 표현된 것이죠.

책 앞부분에 작가들은 자신의 저작을 완성하는 데 특별한 기여를 한 사람에게 감사를 표시하기 위해 글을 씁니다. 본문 내용을 빨리 읽고 싶어서 앞부분에 있는 감사의 글이나 헌사를 지나치기 쉽지만 거기에는 사유이입으로 들어가는 비밀 통로가 숨어 있습니다. 1973년에 그가 쓴 《시골과 도시》의 헌사로 눈을 돌려볼까요? "제임스 버드, 매리 앤 루이스, 조셉 윌리엄스, 마가렛 윌리엄스. 시골 노동자들이셨던 제 조부모님들께 바칩니다."(《시골과 도시》, 5쪽) 이 헌사는 우리를 윌리엄스가 호흡했던 시대로 데려가는 초대장입니다. 학자들이 헌사에서 자신의 사상에 영향을 준 이전의 사상가나 헌신적인 뒷받침을 해준 가족에게 감사함을 표시하는 것은 흔하지만 평범한 사람에게 헌사를 바치는 경우는 드뭅니다. 그런데 윌리엄스는 평범한 시골 노동자였던 자신의 조부모에게 헌사를 바쳤습니다. 윌리엄스가 그들에게 《시골과 도시》를 헌정한다는 것은 한편으로 노동자라는 자신의 계급적 뿌리를 중요하게 여길 뿐만 아니라 출신 계급에 대해 자긍심을 느낀다는 뜻이 담겨 있다고 봐야겠지요.

20세기 이전에 인문사회과학 분야의 사상가는 대부분 지배 계급 출신이었습니다. 경제적인 여유가 뒷받침되지 않으면 철학과 문학에 평생 매진할 수 없었죠. 물론 안경 렌즈를 다듬는 노동을 하면서 철학을 한 스피노자Spinoza 같은 예외적인 경우도 있지만, 자연인 루트비히 비트겐슈타인Ludwig Wittgenstein이 철학자 비트겐슈타인이 될 수 있었던 요인 중 그의 출신 계급은 무시할 수 없습니다. 그의 아버지는 당시 오스트리아-헝가리 제국에서 손꼽히는 부자 중의 부자였거든요. 오랜 기간 교육은 노동으로 생계를 유지할 필요가 없는 특권계층의 전유물이었습니다.

20세기에 접어들면서 오래된 관행에 변화가 생깁니다. 교육이 인류 역사상 처음으로 지배계급의 특권적 기회에서 벗어나 대중으로까지 확대되기 시작합니다. 그 결과 20세기의 문필가 중 엘리트 집안 출신이 아닌 노동자계급, 글쓰기 세계와는 동떨어진 계급적 배경에서 태어났으나 공교육의 혜택으로 그 자녀가 지식인으로 변모하는 사례가 등장하죠. 이런 지식인 중 자신의 출신 계급을 부끄러워하기는커녕 지금까지 기록되지 않았던, 잠바티스타 비코가 중요하게 여겼던 민중의 생생한 삶을 기록하는 사상가가 등장하는데 윌리엄스가 그러한 전형 중 하나입니다.

윌리엄스는 1921년에 웨일스 철도 노동자 집안에서 태어나서 1988년에 세상을 떠났습니다. 영국에서 초등교육 의무화는 1876년과 1880년에 걸쳐 이뤄집니다. 1900년에 이르면 영국의 초등교육 의무화 연령은 14세까지 늘어납니다. 만약 윌리엄스가 이런 변화가 등장하기 이전에 태어났다면 윌리엄스는 우리가 아는 윌리엄스가 될 수 있었을까요? 그는 분명하게 말합니다. "19세기의 성취는 분명히 초등, 중등, 대학 교육의 중대한 재조직"(《기나긴 혁명》, 188쪽)이라고요.

영국에서 글 쓰는 사람의 계급적 배경을 분석한 《기나긴 혁명》에 수록된 한 글에서 윌리엄스는 영국 작가를 출신 계급의 관점에서 살펴보고 있는데요, 그가 1470년에서 1920년에 태어난 영국 작가 350명을 분석해보니 그들의 프로필은 대략 귀족, 젠트리 계층 출신이라는 점, 유산 혹은 자기 자산을 상당수 가지고 있어서 글쓰기로 생계 유지를 할 필요가 없었다는 점, 출신 학교로는 옥스퍼드와 케임브리지 출신이라는 공통점이 발견되었습니다. 노동자계급 출신으로 1939년에 국가 장학금을 받으며 케임브리지 대학에 진학했고, 옥스퍼드 대학을 거쳐 1961년에 케임브리지 대학 교수가 된 윌리엄스의 생애경력은 20세기 이전에는 생각도 할 수 없었던 특이한 사례인 것이지요.

윌리엄스는 단기간의 변화가 아니라
장기간에 걸친 변화에 주목합니다

책의 배경을 파악했으니 그다음으로 책 제목을 해석해볼까요? 《기나긴 혁명》은 형용모순처럼 들리기도 해요. 통상 우리는 혁명이라는 단어에서 신분제 철폐와 시민공화국을 지향했던 1789년의 프랑스 대혁명이나 사회주의로의 이행을 꾀한 1917년의 러시아 혁명 같은 급격한 정치 변화를 떠올리니까요. 혁명은 짧은 시간에 급격하게 일어나는 사회 변동이라고 이해하는 한

'혁명'이라는 명사와 '기나긴'이라는 형용사의 결합은 어색해 보입니다. 이 두 단어의 어색한 조합에는 윌리엄스만의 혁명 개념 해석이 숨어 있습니다.

윌리엄스는 단기간에 일어나는 정치권력 교체라는 한정적인 의미로만 혁명을 이해하지 않습니다. 물론 정치권력 교체는 혁명이라는 과정을 구성하는 중요요소이지만 그것만으로 혁명을 설명할 수 없다는 것이죠. 《시골과 도시》의 헌사에서 엿볼 수 있었듯 그는 자신의 출신 계급인 민중의 관점에서 어떤 변화가 실제로 급진적인지를 평가합니다. 정치권력의 교체는 지배세력의 교체를 의미할 뿐, 지배세력의 교체가 이루어졌다고 해도 민중의 삶이 항상 혁명적으로 변하지는 않으니까요. 민중적 삶의 극적인 변화를 진정한 의미의 혁명이라 이해한다면 혁명적 변화는 정치권력 교체 같은 단기간의 급속한 변화가 아니라 긴 호흡으로 장기간에 걸친 변화를 조망해야 비로소 눈에 들어옵니다. 민중의 관점에서 혁명은 기나긴 과정일 수밖에 없는 것이죠. '기나긴 혁명'은 이런 독특한 관점을 표현하는 제목입니다.

윌리엄스에게 혁명은 민중의 삶에서 실질적인 변화가 완수되는 과정입니다. 정치혁명에 의해 노동자계급이 투표권을 얻었다고 해서 민주주의 혁명이 일어났다고 볼 수 없습니다. 형식적 의미가 아니라 본원적 의미의 민주주의 개념이 실현되어야 비로소 민주주의 혁명이 일어났다고 말할 수 있겠지요. 민주주의 democracy의 본래 뜻은 민중demo에 의한 지배cracy입니다. 그런 의미에서 평가하자면 영국에서는 보통선거권 실현으로 형식적 민주주의는 이루어졌지만, 본원적 민주주의 혁명에 도달하려면 아직도 갈 길이 먼 '기나긴' 과정이 필요합니다.

혁명을 산업의 관점에서 이해해볼까요? 증기기관과 방적기의 발명은 산업혁명의 중요한 출발점이지만, 산업혁명은 제임스 와트가 증기기관을 개량한 1769년에 시작되었을 뿐 완수되지 않은 기나긴 변화입니다. 산업은 기나긴 과정을 겪으며 변하고 있지요. 인간이 자연을 변형시키는 형식과 방법이 19세기에는 증기화, 전기화와 기계화였다면 우리가 현재 겪는 산업혁명은 자동화, 디지털화 그리고 AI화로 이뤄지고 있습니다. 산업혁명도 이런 관점에서 보자면 19세기에 완수된, 이미 역사의 한 페이지를 장식하고 있는 과거의 혁명이 아니라 지금도 이뤄지고 있고 아직도 머나먼 여정이 남아 있는 '기나긴' 과정입니다.

마지막으로 문화의 관점에서 혁명을 이해해봅니다. 문화혁명이라는 표현은 중국 공산당에 의한 문화혁명을 연상시키니 구별하기 위해 '문화의 혁명'이라고 표현하겠습니다. 아주 오랜 기간 문화는 지배계급에 의해서만 향유되는 특권 현상과도 같았는데요. "글을 읽는 능력이나 다른 발달된 커뮤니케이션의 기술과 더불어 배움의 적극적인 과정을 제한된 집단이 아닌 전 민중에게 확대하려는 열망이 민주주의 성장이나 과학적 산업의 발흥에 못지않게 중요"(《기나긴 혁명》, 14쪽)함을 확신한 윌리엄스는 앞서 살펴보았던 것처럼 글을 읽고 쓰는 능력, 즉 문해력이 소수의 특권층으로부터 민중에게까지 확대되어가는 '기나긴' 과정에 주목합니다.

20세기에 공교육이 생기면서 교육이 보편화되고 의무교육이라는 개념이 생기면서 20세기 이전에는 제한된 집단만이 가지고 있었던 문해력이 확대되기 시작했지만 아직도 충분히 변했다고는 할 수 없습니다. 우리가 살고 있는 시대에도 배움과 문해력의 배양에 있어서 부모의 계급적 배경이 여전히 중요한 역할을 하고 있으니까요. 문해력이 특수 계층의 현상이 아니라 모든 민중에게 확장되는 목적지까지는 아직 '기나긴' 과정이 남아 있지요. 공교육의 확대라는 20세기 문화의 혁명은 시작된 것일 뿐, 아직도 갈 길이 멀기만 합니다.

정치·산업·문화의 혁명을 염두에 두면 윌리엄스의 《기나긴 혁명》은 형용모순이기는커녕 적절하기 그지없는 표현입니다. 제목까지 이해하고 나니 윌리엄스와 훨씬 더 가까워진 느낌인데요. 이 친근감을 간직하고 그와 함께 생각하기를 이어나가보죠.

우리는 구성원인가요, 신민인가요, 망명자인가요, 아니면 부랑자인가요

어떤 관점에서 보느냐에 따라서 동일한 사물도 달라 보이고 관점이 바뀌면 보이지 않았던 사실이 보이기도 하지요. 그래서 인문사회과학은 끊임없이 글 쓴 사람이 세상을 바라보는 위치, 즉 관점을 캐물어야 합니다. 객관적이고 중립적인 관점이란 존재할 수 없습니다. 작가와 함께 생각하려면 독자 또한 작가의 관점으로 이동해야 합니다. 윌리엄스는 엘리트가 아니라 노동자계급의 관점에서 세상을 봅니다. 《마르크스주의와 문학》의 서문에 윌리엄스는 자신의 관점을 명시적으로 밝혔습니다. 그 부분을 같이 읽어볼까요? "내가 영국 마르크스주의의 지배적인 경향으로부터 진정으로 배우고 공유했던 것은 내가 지금도 여전히 존경심을 가지고 급진적 민중주의라고 부르는 것이었다. 그 지배적 경향이란 (…) 능동적인 문학을 우리와 같은 대다수 민중의 삶과 연결시키는 데 더 관심을 쏟는 능동적이고 참여적이고 민중적인 경향이었다."(《마르크스주의와 문학》, 15쪽) 기나긴 혁명은 민중의 편에 서서 세상을 볼 때 비로소 보이는 목적지입니다.

윌리엄스를 따라 민중의 관점에서 세상을 바라볼까요? 잠깐! 민중은 동일한 속성과 지향을 지닌 집단일까요? 노동자계급은 무조건 혁명적이라는 기계적 마르크스주의의 해석과는 달리 윌리엄스는 기성의 사회질서에 대한 태도의 차이라는 관점에서 좀더 섬세한 인간 유형 분류를 제시합니다. 개인이 사회에 대해 갖고 있는 태도를 기준으로 윌리엄스는 인간을 구성원member, 신민subject 혹은 하인servant, 반역자rebel, 망명자exile, 부랑자vagrant 유형으로 구별합니다. 구성원은 자신이 살고 있는 사회와 자신을 긍정적으로 동일시하는 인간 유형입니다. 그들은 사회의 지배적 가치를 의심하지 않습니다. 구성원에게 '사회는 자신의 공동체'이며 사회의 목적과 자신의 목적은 다르지 않다고 여깁니다. 즉 사회의 발전이 개인의 발전이라고 간주하기에 자신이 한 사회의 구성원이라는 사실에서 자부심까지 느끼지요.

이와 달리 지배적인 사회질서로부터 만족감은 못 느끼지만, 먹고살기 위해서 사회가 그에게 지정한 위치를 수용할 수밖에 없는 처지의 유형이 신민입니다. 신민은 "개인적으로는 수용하지 않는 권위에 복종하고, 개인적 의미가 전혀 없는 사회적 기능을 수행하며, 심지어 그의 실질적 욕망과는 아무 상관이 없는 방식으로 느끼고 생각"(《기나긴 혁명》, 127쪽)하기에 자부심은커녕 종종 심각한 정서적 장애를 겪을 수도 있습니다. 그들에게 사회는 강요되는 기존제도이어서 사회에 대해 구성원의 태도를 지닐 수 없지만 사회에 대한 복종을 통해서만 먹고 자고 거처를 구할 수 있기에 그의 자긍심은 심한 손상을 겪겠지요.

반역자는 구성원이 수용하는 사회질서, 그리고 신민이 어쩔 수 없이 받아들이는 지배적인 사회질서에 순응하지 않고 부당함을 문제 삼고 지배적 질서에 도전하는 사람입니다. 구성원이 자부심을 느끼는 지배적 질서가 반역자에게는 독재이기에 반역자는 그것을 다른 질서로 대체하려 합니다. 망명자는 마음에 들지 않는 지배질서를 피해 다른 곳으로 옮겨가는 유형입니다. 구성원으로 살 수도 없고, 강요된 신민의 위치는 거부하고, 반역자가 되기는 버거우면 다른 사회를 찾아 떠나는 것이죠. 반면, 부랑자는 세계는 그 존재 자체가 문제적이라며 사회로부터 등지고 깊은 회의와 절망감에 빠져 있는 유형입니다. 그들에게 사회는 자신을 '방해'하는 존재에 불과합니다.

사회는 이 모든 유형의 사람이 뒤섞여 있고 서로 영향을 주고받는 공간이지요. 우리 모두는 사회라는 공동의 우산 아래에 있는데요, 어떤 사람은 구성원이고 어떤 사람은 신민입니다. 반역자는 이 공동의 우산이 맘에 들지 않는다며 보다 많은 사람이 우산의 혜택을 누릴 수 있도록 높고 넓은 우산으로 교체하자고 주장하고 있습니다. 어떤 사람은 이 우산은 내 스타일이 아니니 다른 우산 속으로 망명자가 되어 옮겨가고요, 어떤 사람은 만족감을 주는 우산이 세상에 없으니 차라리 우산 없는 세상에서 살겠다고 우산 밖에서 비를 맞고 있는 부랑자의 모습으로 살아갑니다.

사회는 '기나긴' 과정을 통해 서서히 변합니다. '기나긴' 변화의 과정이 향하는 방향은 무엇에 의해 결정될까요? 사회라는 우산 속에 어떤 유형의 사람이 더 많은지에 따라, 다수를 차지하는 유형의 사람들이 지지하는 방향으로 사회는 서서히 움직입니다. 구성원이 대다수면 사회는 변하지 않습니다. 신민이 많으면 사회에 대한 불만은 한가득이지만 긍정적인 변화는 도통 생기지 않는, 미래 없는 사회가 될 것입니다. 반역자가 늘어나면 사회는 그들이 제시하는 새로운 우산을 향해 힘차게 움직이겠지요. 망명자가 늘어나면 그 사회는 텅 빈 공간이 될 것이고요, 부랑자가 늘어나면 사회는 허무주의에 의해 지배되는 염세적인 공간이 될 것입니다.

윌리엄스는 어떤 인간 유형에 유대감을 느낄까요? 당연히 그는 반역자의 관점에서 세상을 봅니다. 사실 인문사회과학에 관심 있는 사람은 본능적으로 윌리엄스처럼 구성원이나 신민보다 반역자로서의 자기 인식이 강하지 않을까요? 어찌 보면 반역자라는 자기 인식이 인문사회과학을 할 수 있도록 만드는 강한 에너지 원천이 아닌가 싶기도 하고요.

문화는 사람들이
당대에 대해 품는 감정입니다

세상을 살면서 사람은 누구나 사회에 반응할 수밖에 없는데 그 반응은 감정으로 드러납니다. 구성원으로 살든 반역자로 살든, 사람은 자신이 살아내야 하는 시대의 분위기를 감지합니다. 뿌듯함으로 표현되느냐, 증오와 저주의 감정으로 표현되느냐의 차이는 있지만 사람은 누구나 사회에 대해 감정을 품으며, 그 감정은 우리가 살아내야 하는 세상에 대한 태도에 영향을 주지요.

일시적이고 우연한 감정이 아니라 일정한 패턴을 지닌 구조화된 감정을 윌리엄스는 '감정구조structure of feeling'라고 명명하고, 문화를 감정구조의 복합체라고 정의 내립니다. 감정구조는 사람이 세상을 해석하는 관점이자 틀입니다. 감정구조는 익숙한 개념인 이데올로기나 세계관과 얼핏 비슷해 보여요. 그런데 굳이 윌리엄스가 잘 알려진 개념 대신 신조어인 감정구조를 선택한 이유는 무엇일까요?

이데올로기나 세계관은 이미 형성된 단단한 틀을 연상시킵니다. 윌리엄스는 단단한 틀의 개념으로는 기나긴 혁명의 과정을 조망하기에는 부적합하다고 생각했습니다. 보다 탄력적이고 정형화되지 않은 개념으로 기나긴 혁명을 살펴보는 게 필요하다고 믿은 그는 "여전히 과정 속에 놓여 있는 하나의 사회적 체험"(《마르크스주의와 문학》, 213쪽)을 담아내기 위해 감정구조라는 개념을 만들어냈습니다. 감정구조는 "하나의 문화적 가설"(《마르크스주의와 문학》, 213쪽)입니다. 그가 '구조'라는 개념을 감정과 결합시켜 문화를 해석하려고 한 이유는 "견고하고 분명"(《기나긴 혁명》, 80쪽)한 감정의 상태를 표현하기 위해서입니다. 우리는 보통 감정은 일시적이고 유동적이어서 한 시대의 특징을 파악하는 데 적절하지 않다고 여기지만, 윌리엄스는 생생한 "사회적 체험"(감정)은 파악하기 힘든 부분에서 작동하고 있다 하더라도 "견고하고 분명"(구조)한 성격을 지니고 있기에 감정구조는 한 시대의 문화라고 생각한 것이지요.

문화는 기나긴 혁명 속에 놓여 있는 하나의 과정입니다. 문화의 혁명이라는 기나긴 과정을 보다 일상적인 언어로 표현하면 "시대가 달라졌다"가 아닐까 해요. '기나긴 혁명'의 최종목표는 지금까지 알려진 세계와는 다른 세계에 도달하는 것일 텐데요, 달라진 시대, 새로운 세계는 어떻게 만들어지는 것일까요?

사회에는 특정 시기마다 강요되고 있는 지배적인 사회적 성격이 있습니다. 그 시대가 강요하는 분위기, 대부분의 사람이 상식으로 받아들이는 시대 고유의 분위기가 있습니다. 그러한 시대적 분위기를 윌리엄스는 '지배적인 것the dominant' 혹은 '유력한 것the effective'이라 명명합니다. 구성원은 '지배적인 것'에서 편안함을 느끼고 신민은 '지배적인 것'이 마음에 들지 않아도 어쩔 수 없이 수용합니다. 한 시대의 '지배적인 것'이 무엇인지에 따라 시대의 성격이 달라집니다. 이런 맥락에서 보자면 "시대가 달라졌다"는 명제는 '지배적인 것'이 바뀌었다는 뜻이기도 합니다. 과거에는 현재와 다른 '지배적인 것'에 의해 시대의 특징이 규정되었을 것입니다. 예전의 '지배적인 것'이 현재의 '지배적인 것'으로 교체되면 시대가 바뀌는 것이고, 과거의 '지배적인 것'은 '구시대적인 것the archaic'이나 전통이라는 이름으로 명맥을 유지하는 '잔여적인 것the residual'이 됩니다. 당대의 '지배적인 것'에서 불만족을 느끼는 사람은 부랑자가 되거나 망명자가 되거나 반역자가 될 텐데, 반역자는 현재의 '지배적인 것'을 다른 것으로 교체하려는 노력을 경주합니다. 반역자가 지지하는 그것을 윌리엄스는 '부상하는 것the emergent'이라 합니다. '부상하는 것'은 "새로운 의미체계, 가치관, 관행, 그리고 새로운 관계"(《마르크스주의와 문학》, 199쪽)를 의미합니다. "한 국면을 넘어서려는 하나의 움직임, 즉 끊임없이 되풀이되고 항상 반복 가능한 움직임"(《마르크스주의와 문학》, 201쪽)인 부상의 과정을 통해 시대는 마침내 변합니다. 기나긴 혁명은 이 부상의 과정이 펼쳐지는 긴 여정인 것이죠.

'부상하는 것'이 현실화되려면 설득이 필요합니다. 저절로 '부상하는 것'이 현재의 '지배적인 것'을 대체하지 않습니다. '지배적인 것'에 사람들이 강력하게 부정적으로 반응하면 '부상하는 것'은 급부상할 수도 있고 '지배적인 것'에 대한 불만을 속으로만 삼킨다면 '부상하는 것'은 수면 아래에만 머물러 있을 것입니다. 기나긴 혁명이 과연 도래할지 여부는 이러한 역학관계의 변화에 의해 결정됩니다. 변화가 필요하다고 대다수의 사람이 믿어야 변화가 일어납니다. 변화를 포기하면 변화는 생기지 않습니다. 그래서 변화를 꾀하는 '부상하는 것'을 지지하는 반역자는 변화를 포기한 사람을 설득해야 되겠죠. 반역자는 세상은 절대 안 변하는 게 아니라 우리가 어떤 선택을 하는지에 따라 변할 수도 있고, 당신이 세상에 대해 불만을 품고 있다면 불만을 표현해야 한다고 말해야 할 것입니다. 망명한다고 문제는 해결되지 않기에 우리가 살고 있는 지금 여기의 사회가 긍정적인 방향으로 움직일 수 있도록 무엇이든 해야 한다고 말이지요. 부랑자처럼 세상을 냉소적으로 보지 말고 함께 힘을 합쳐 기나긴 혁명이 이뤄지도록 하고자 하는 윌리엄스의 관심은 자연스레 오랜 기간 신민으로 살아왔기에 대안적 세계를 상상하지 못했던 평범한 사람들이 교육을 통해 변화할 수 있는 가능성을 향합니다.

당대에 대해 품는 감정은
교육에 의해 유도됩니다

각 시대에는 그 시대의 지배적인 사회적 성격이 있습니다. 각자는 지배적인 문화적 패턴에 고유한 방식으로 반응하죠. '지배적인 것'에 누구나 다 동일하게 반응하는 건 아니니까요. 누군가는 구성원이 되고 누구는 신민이 되고 누구는 반역자가 되고 누구는 망명자가 되고 누구는 부랑자가 되는데, 왜 사람들은 이렇게 여러 유형으로 나뉘게 되는 걸까요? 윌리엄스의 생각은 자연스레 교육과 미디어의 사회적 효과에 주목하게 됩니다. 윌리엄스가 평생 교육과 미디어 분석을 놓치지 않은 것도 이런 이유 때문입니다.

교육부터 생각해볼게요. 윌리엄스는 교육을 동일한 목적을 지닌 하나의 과정으로 여기지 않고, 교육의 목표와 교육으로 인한 효과의 차이에 주목하면서 교육을 세 가지로 구별합니다. 첫번째가 사회교육입니다. 사회교육은 한 집단에 소속된 사람들을 그 집단에 지배적인 사회적 성격이나 문화적 패턴을 따르도록 훈련시키는 것을 목표로 삼아요. 현존 질서에 의문을 제기하지 않고 권위를 인정하면서 충실하게 따라가는 사람을 양성하는 것이 사회교육의 목표입니다. 사회교육을 충실하게 받으면 그 사람은 '지배적인 것'을 의심하지 않는 구성원이나 신민 유형으로 편입될 가능성이 매우 높겠지요. 두번째가 직업교육이고 세번째가 교양교육education for culture입니다. 직업교육은 직업에 요구되는 소양을 습득하는 과정, 즉 매우 실용적인 교육입니다. 교양교육은 직업교육과 달리 무엇을 위한 수단으로서의 교육이 아니라 그 자체가 목적인 교육입니다.

교양교육은 논쟁적입니다. 교양교육엔 엘리트주의 전통의 흔적이 있기 때문입니다. 한국 대학을 비판할 때 대학의 본래 목적은 교양교육이어야 하는데 직업교육화되었다는 점이 종종 지적됩니다. 왜 그렇게 되었을까요? 여러 이유가 있지만 대학생을 구성하고 있는 계층 특유의 사회적 요구 때문일 것입니다. 중산층은 대학교육을 받고 난 이후에 먹고살기 위해 취업해야 합니다. 그 때문에 대학에서 취업 준비는 중산층 출신이 대다수를 차지하고 있는 상황에서 무시할 수 없는 요구가 됩니다. 만약 어떤 대학이 있는데, 그 대학을 다니는 학생이 건물주의 자녀와 재벌가의 자녀로만 구성되었다면 그 대학의 교육 중점은 지금 한국의 대학처럼 취업 준비일까요?

윌리엄스가 이 문제를 어떻게 풀어가는지 살펴보겠습니다. 그는 영국 교육의 기나긴 역사를 분석합니다. 교육받는 사람이 소수였던 시대 그리고 교육기관이 성당과 수도원에 부속된 학교였던 시절이 있었습니다. 그때 설치된 학교가 문법학교grammar school인데요, 라틴어를 가르치는 학교였어요. 성경이 지역언어로 번역되기 이전 오직 라틴어로 기록되어 있던 시대여서 성경을 읽으려면 라틴어 교육은 필수적이었죠. 수도원과 성당에 학교가 설치되었던 이유도 세속적인 학문 탐구를 위해서가 아니라 성경을 읽을 수 있는 능력을 습득시키기 위해 라틴어 문법을 가르치는 것이었어요. 그래서 학교 이름이 문법학교였던 것입니다. 영국에서는 중등학교를 지칭하는 단어로 여전히 사용되고 있죠.

영국 최초의 대학은 13세기 때 설립된 옥스퍼드 대학입니다. 옥스퍼드 대학은 사회교육, 직업교육, 교양교육 중 어느 교육을 지향했을까요? 당연히 직업교육은 아닙니다. 보통 사람의 자녀, 즉 민중의 자녀는 교육받지 않던 시절입니다. 옥스퍼드 입학생은 출신 계급으로 보자면 지배계급 출신입니다. 그들은 직업을 갖지 않고도 세상을 살 수 있으므로 옥스퍼드는 교양교육을 지향했습니다. 평생을 취업 안 하고 사는 엘리트계급 출신만 대학에 모여 있다면 교양교육이 실질적으로 가능해요. 그래서 옥스퍼드는 처음부터 교양교육에 전념할 수 있었던 거죠. 엘리트계급 출신은 교양교육의 세례를 받고 무장한 문명적이고 세련된 사람이 됩니다. 반면 교양교육의 근처에도 가지 못하고 기껏해야 신민이 되는 사회교육과 직업교육만 받은 사람은 엘리트와 달리 야만적으로만 보입니다. 교양교육이 엘리트만을 위한 교육이 됨에 따라 "고등교육은 실질적으로 독점 상태여서 새로운 노동계급을 배제했고 모든 사람에 대한 교육이라는 이상은 편협한 '도덕적 구제'의 한계를 제외하고는 원칙적으로 반대"(《기나긴 혁명》, 184쪽)되기에 이르렀습니다.

19세기에 들어서면서 기나긴 변화를 향한 중요한 전조가 나타납니다. 산업사회가 요구하는 노동규율을 노동자가 습득하도록 하려면 도덕교육이 필요한데 도덕교육의 주요 텍스트는 성경입니다. 노동자계급은 글을 배우지 못해서 성경을 읽지 못합니다. 노동자들도 최소한 성경을 읽을 정도로 문해력 교육을 받아야 한다는 분위기가 형성되면서 그때까지 교육에서 완벽하게 배제되었던 '보통 사람'을 위한 학교가 설립되기 시작합니다. 엘리트 양성을 목표로 하는 문법학교나 대학교와 다른 일요학교 Sunday school, 산업학교, 평일학교가 그러한 사례입니다. 통계에 따르면 1816년에는 교육 대상 아동 인구 150만 명 중 학교에 다니는 사람은 불과 87만 명이었는데요, 1835년에는 대폭 늘어나 175만 명 중 140만 명이 학교교육 안으로 편입됩니다. 20세기적인 환경이 이렇게 차츰차츰 만들어지기 시작하는 겁니다.

교육받는 사람이 양적으로 늘어나면서 교육 목적에 대한 논쟁도 벌어집니다. 크게 두 가지 파로 나눠졌어요. 교육은 소수의 사람에게게만 돌아가는 혜택이 아니라 만인에게 돌아가는 것이어야 한다고 주장하는 교육 보편론자가 한편에, 교육에 대한 전통적 엘리트주의 관점을 지닌 사람이 그 반대편에 자리 잡습니다. 교육 보편론자는 교육의 목적에 대한 해석의 차이에 의해 두 집단으로 분리됩니다. 교육의 혜택은 확대되어야 하지만 교육의 목표는 어디까지나 "사회적 성격—규칙적 습관, 자기절제, 복종, 훈련받은 노력"(《기나긴 혁명》, 189쪽) 함양에 국한되어야 한다는 진영과, 보통 사람이 자기 생활을 해석하고 자기의 인생을 선택하고 결정할 수 있는 능력을 배양하기 위해 엘리트들만 누렸던 교양교육의 혜택을 대다수의 사람이 누려야 한다는 진영이 대립하게 된 것이죠. 전자가 모든 사람을 신민으로 만드는 목표를 지향한다면, 윌리엄스는 당연히 후자의 편에 서서 교육이 '기나긴 혁명'에 기여할 수 있어야 한다는 입장을 취했지요.

교양교육은
모든 사람의 권리가 되어야 합니다

20세기에 접어들면서 교육의 기회가 사회 전 계층까지 확대되는 일부 성과는 있었지만 윌리엄스의 관점에서 기나긴 혁명에 교육이 기여하기 위해서는 갈 길이 멀기만 합니다. 교육받은 노동자 계급이 오랜 기간에 걸쳐 서서히 늘어났지만 만약 교육의 내용이 '신민' 양성을 위한 사회교육에 국한된다면, 기나긴 혁명을 구성하는 정치혁명, 즉 민중이 자기 결정권을 지니는 역량을 획득할 수 있는 교양교육은 충분히 이뤄지지 않았다는 뜻이 되니까요.

양적으로 교육의 기회가 확대되었다는 것만으로는 충분하지 않습니다. 교육이 도달해야 하는 최종 목표는 신민이 될 수밖에 없었던 평범한 사람들이 무기력의 상태에서 벗어나는 것입니다. 윌리엄스는 지치지 않고 교양교육의 혜택이 엘리트의 범위를 넘어서 사회적으로 확산되기를 기대하고, 노동자가 받는 교육이 신민 교육, 산업적 요구에만 충실한 기능적 교육에 그치지 않기를 원합니다.

그리고 윌리엄스는 "교육을 받는 모든 정상적 아동의 최소한의 목표"(《기나긴 혁명》, 203쪽)를 담은 커리큘럼도 고민하지요. 커리큘럼은 다섯 가지의 방향을 추구합니다. 첫번째 방향은 영어와 수학의 기본 언어에 대한 광범위한 연습, 즉 문해력과 수리력입니다. 두번째 방향은 우리와 환경에 대한 일반적 지식인데요, 생물학, 심리학, 사회사, 법과 정치 제도, 사회학, 경제학, 실제 산업과 교역을 포함한 지리학, 물리학과 화학이 여기에 속합니다. 세번째는 역사, 문학, 시각예술, 음악, 연극, 조경과 건축에 대한 비평, 보통 예술교육이라고 부르는 방향입니다. 네번째는 사회적인 능력과 관련된 교육이에요. 회의와 협상을 할 수 있는 능력, 민주적 조직에서 리더를 선출하고 운영하는 일을 포함한 민주적 과정에 대한 폭 넓은 실습 그리고 라디오와 텔레비전 프로그램 및 정보, 의견, 영향력의 원천을 이용하는 방법에 대한 폭넓은 실천, 그러니까 사회생활 능력 배양에 관련된 교육입니다. 다섯번째는 자신이 속한 문화가 아닌 다른 문화를 이해할 수 있는 능력입니다. 니은서점 생각학교에서 읽을 책들을 선정할 때 윌리엄스의 커리큘럼 기본 방향으로부터 영향을 받았다는 말씀도 드려야겠습니다.

이런 내용을 담은 교양교육이 모든 사람을 위한 기본교육이 되고 "모든 사람이 일정한 형태의 평생교육을 받을 수 있어야 하고, 모든 직장에서 이러한 제도를 제공하는 조건"(《기나긴 혁명》, 204쪽)이 충족될 때 기나긴 혁명은 비로소 완수될 수 있을 것입니다. 윌리엄스의 커리큘럼은 너무 이상적이기만 하다고요? 이러한 회의에 대해 윌리엄스가 이렇게 말합니다.

내가 제안한 내용들이 유토피아적이라고 생각될지도 모르지만 사실은 그 반대. 그것은 우리 사회의 진정한 본성을 파악하느냐, 아니면 도전 받지도 않고 변하지도 않을 힘들에 의해 고착된 소수의 지배계급과 중간의 전문가계급, 그리고 다수의 노동계급에 기초한 사회적·교육적 패턴을 계속 유지할 것이냐의 문제. 세습되는 형태의 특권과 장벽은 어떤 식으로든 사라질 것이다. 문제는 그것을 시장의 자유로운 활동으로 대체할 것이냐, 아니면 교육받은 민주주의와 공통의 문화 가치를 표현하고 창조할 수 있도록 고안된 공교육으로 대체할 것이냐 하는 것이다.

– 《기나긴 혁명》, 205쪽.

꿈처럼 들리지만 달콤하고 행복한 상상 아닌가요? 윌리엄스가 상상하는 기나긴 혁명을 방해하는 두 가지가 있습니다. 하나는 이윤 추구만을 최고의 목적으로 삼는 시장주의이고, 또 다른 방해물은 관료적 통제입니다. 《기나긴 혁명》의 마지막 부분인 1960년대의 영국 사회에 대한 성찰은 기나긴 혁명을 방해하는 당대의 요인 분석에 할애됩니다. 그는 이렇게 말합니다. "우리는 투기꾼과 관료 사이에서 선택해야 하는 처지로 전락한 것 같다. 우리는 투기꾼을 좋아하지 않지만, 그렇다고 관료가 딱히 더 매력적이지도 않다. 이런 상황에서 에너지는 소진되고 희망은 약해지며 현재 투기꾼과 관료 사이에 이루어진 타협은 도전받지 않은 채로 남는 것이다."(《기나긴 혁명》, 428쪽)

윌리엄스와 함께 2020년대의 한국 사회를 생각해볼까요

그런데 1960년대 영국에 대한 비평을 읽다보면 자꾸 2020년대의 한국이 연상됩니다. 특히 시장주의에 대한 분석과 비판은 그가 2020년대의 한국 사회에 대해 언급하는 게 아닐까 싶을 정도로 현재성이 있습니다. 함께 읽어볼 다음 구절에서 '현대 영국'을 '현대 한국'으로 바꾸어도 이상하지 않을 정도이지요. "현대 영국에서는 모든 결말 중 최악의 상태, 즉 이윤이 지배적인 정책 기준이 되고, 이러한 점을 강조하는 가운데 생산자들이 고용인으로 변해가는 상황이 정상인 것으로 되어가는 징조들이 나타나고 있다."(《기나긴 혁명》, 429쪽) 윌리엄스는 시장주의가 지배하면서 구성원, 신민, 반역자, 망명자, 부랑자 유형 이외에 새로 등장한 '소비자'라는 인간 유형에 대해 언급합니다. 기존의 인간 유형이 직간접적으로 전체로서의 사회에 반응하는 집합체의 일원이었다면, 새로운 소비자 유형의 인간은 이와 달리 철저하게 개인화되었습니다.

소비는 매우 개인주의적이고 개별적 과정이에요. 사람들이 소비자의 관점에서만 세상을 보게 되면, 사회의 공동 영역은 시야에서 사라집니다. 소비자는 자신이 있는 곳은 공동 영역이 존재하는 사회가 아니라 시장이라고 생각합니다. 기존의 인간 유형이 사라지고 오로지 시장 속 소비자만 남은 사회에서 윤리적 감각 역시 변화합니다. 공동의 미래를 위해 좋은 것보다는 시장에서 반응이 좋은 것이 윤리적인 것으로 받아들여지는 변화를 윌리엄스는 '판매 윤리'라는 개념으로 표현합니다.

판매 윤리는 공공선이라는, 집합체 모두에게 이익이 되는 가치보다는 얼마나 잘 팔리는가, 그리하여 상업적 이윤을 획득하는데 도움이 되는가를 기준으로 가치 평가를 합니다. "팔리는 것은 통하는 것이고, 어떤 것을 파는 것은 곧 그것의 가치를 확인하는 것"(《기나긴 혁명》, 381쪽)이기에 시장에서의 성공 여부는 그 자체로 정당화됩니다. 비윤리적인지 혹은 포퓰리즘 방식에 의해 작동되는지는 문제 될 게 없습니다. 성공과 윤리적 평가는 일치할 필요가 없다는 매우 마케팅적인 사고방식에 의해 지배되는 것이지요. 시장에서 반응이 좋으면 결과적으로 무엇인가 좋은 점이 있었으니 그렇다고 여기는 겁니다. 성공하면 윤리적 평가의 압박으로부터도 자유로워집니다.

문화가 기나긴 혁명을 지향하기는커녕 투기꾼들에 의해 놀아 나는 현실을 비판하는 윌리엄스의 다음 구절에선 비장함이 느껴 집니다. "문화제도 대부분이 사회의 건강과 성장에는 관심이 없 고 그저 [대중의] 부족한 경험을 이용하여 신속하게 이윤을 챙기 는 데에만 관심이 있는 투기꾼들의 손안에 있다는 중대한 사실 을 정면으로 돌파해야 된다."(《기나긴 혁명》, 427쪽) 그렇습니다. 윌 리엄스의 힘은 다소 묵시론적으로도 읽히는, 당대에 대한 철저 한 비판이 아니라, 그럼에도 불구하고 희망 찾기를 포기하지 않 는 그의 열정에서 전달됩니다.

공공자원을 분별 있게 사용해서 문화적 생산자가 자본의 힘 에 의해서 좌지우지되는 상황과 단절하고 공동 영역을 만들어내 어 돌파하는 것이 기나긴 혁명의 성패를 가늠합니다. 돌파구를 생생하게 상상하기 위해 출판이라는 영역으로 고민을 좁혀보겠 습니다. 출판에서 나타나는 시장주의적·마케팅주의적 태도를 윌 리엄스를 수량적 사고라고 표현합니다.

수량적 사고는 판매 윤리랑 연결되는 건데요, 잘 팔리는 책, 즉 베스트셀러는 잘팔렸다는 사실 그 자체로 긍정적으로 평가 받아야 한다는 것이죠. 기나긴 혁명을 지향하는 사람은 어떤 책 이 많이 팔렸다고 해서 그 자체로 그 책을 높이 평가하지는 않 습니다. 만약 그 책이 신민을 양성하고 '지배적인 것'을 일방적으 로 옹호하고 구성원이 지향하는 가치관을 포퓰리즘적으로 담아

냈기에 많이 팔렸다면 베스트셀러 현상은 문제적이라고 비판하죠. 반면 수량적 사고에 충실한 사람은 잘 팔리면 그것으로 충분하다며 현재의 상황에서 어떠한 불만족도 느끼지 못합니다. 수량적 사고는 책의 배급에 있어서 독립서점보다는 '체인식 서점'과 잘 결합합니다. 체인식 서점은 잘 팔리는 책을 팔아야 한다는 마케팅적 관점에 의해 운영됩니다. 기나긴 혁명에 책이 기여할 수 있는 방법을 추구하는 독립서점과는 다른 방향이지요.

> 괜찮은 서점이라 불릴 만한 것이 없는 도시가 수백 개나 된다는 것은 정말 수치스러운 일이다. 좋은 독립서점은 특히 소중한 역할을 한다. 그러나 그 지역에서 운이 좋지 않으면 파산하게 된다. 현존하는 체인식 서점은 책이나 정기간행물에 단순히 양적 기준만을 적용한다. 즉 어떤 숫자 이하가 되면 그들은 특정한 품목을 다룰 만한 가치가 없다고 여긴다.
> – 《기나긴 혁명》, 432쪽.

소비자가 지배적인 사회에서 '좋은 독립서점'은 소중한 역할을 함에도 불구하고 파산할 가능성이 높습니다. 소비자는 체인식 서점을 원하니까요. 체인식 서점에서는 안 팔리는 책은 다룰 만한 가치가 없다고 판단합니다. 만약 양적 기준만을 적용해 다룰 만한 가치가 없다고 판단된 책에 기나긴 혁명에 도움이 되는 내용이 담겨 있다면 어떻게 될까요? 기나긴 혁명의 길을 함께하자는 권유는 사회 속에서 갈 길을 잃어버릴 것입니다. 그렇게 되면 기나긴 혁명이 필요하다는 생각조차 이 사회에서 사라지겠지요.

윌리엄스는 시장주의적 지배 경향에 질식되거나 자포자기하지 않고 대안을 모색합니다. 그 고민의 방향으로 넌지시 공유지 모델을 제시합니다. "대안적 원칙을 규정하는 것이 시급한데, 생산자들이 그들의 작업 수단을 소유할 수 없다면, 공동체가 그것을 소유하고 생산자들에게 위탁하며, 이 위탁관계를 유지할 수 있는 행정기구가 세워지는 형태가 될 수밖에 없지 않을까 생각한다."(《기나긴 혁명》, 430쪽) 독립출판사와 독립서점이 살아남을 수 있는 모델은 단박에 구체화되지는 않겠지만 "공동체가 그것을 소유"한다는 '거대한 전환'을 통해, 사탄의 맷돌이 돌아가면서 사라진 '공유지'의 정신을 현대적으로 계승하자는 윌리엄스의 제안은 충분히 설득력 있습니다. 이 제안을 통해 《기나긴 혁명》의 윌리엄스는 《거대한 전환》의 폴라니와 만나는군요.

기나긴 혁명은 꿈꾸는 사람에 의해 이뤄질 거예요. 변화를 원하지 않는 사람은 변화를 원하는 사람을 몽상가라고 치부하지만 윌리엄스는 반문합니다.

점점 많은 사람이 새로운 접근법에 대해 설명하고 그것을 실질적인 것으로 만들고자 한다. 물론 그들은 주로 유토피아적이라거나 극단주의라는 식으로 몰아붙여진다. 그러나 돌이켜보면 그 당시의 여론과 반대였던 동시대 사람들을 격노케 했던 전반적인 순응에 도전했던 사람, 어쨌건 지금 우리와 함께 살고 있고 심지어 시대의 한계로 인해 길들여진 것처럼 보이는 그 사람들이 그 당시에는 어떻게 보였던가?

– 《기나긴 혁명》, 446쪽.

우리가 위대한 혁명가라 부르는 사람들은 당대에는 유토피아적 몽상가로 취급되었지만 그들은 결국은 기나긴 혁명을 향해 가는 우리의 발걸음에 기여를 했음을 우리는 알고 있습니다. 언제나 그러했듯 꿈은 꿈꾸는 자의 몫이죠. 윌리엄스는 함께 꿈꾸자고 말합니다.

인용 문헌
레이먼드 윌리엄스, 《마르크스주의와 문학》, 박만준 옮김, 지만지, 2009.
레이먼드 윌리엄스, 《시골과 도시》, 이현석 옮김, 나남출판, 2013.

8

설마 편견 없는 사람이
있을까요

고든 올포트Gordon Allport,
《편견*The Nature of Prejudice*》, 1954년

고든 올포트, 《편견—사회심리학으로 본
편견의 뿌리》, 석기용 옮김, 교양인, 2020.

지난 20세기에 벌어진 일 중 가장 끔찍한 사건을 말해달라고
하면 많은 사람이 나치의 유대인 학살, 즉 홀로코스트를 꼽습니
다. 나치의 잔혹한 행위 자체도 경악스럽지만, 적지 않은 사람이
죄책감 없이 나치에 동조했다는 사실은 우리를 재차 충격에 빠
뜨립니다. 나치 동조자들은 악마였기에 최소한의 죄의식조차 느
끼지 않았던 걸까요? 그들의 죄의식을 마비시키는 다른 기제가
있었던 것은 아닐까요? 조심스럽게 편견이라는 키워드를 꺼내봅
니다.

여러분은 자신이 편견이 강한 사람이라고 생각하시나요? "당
신은 편견이 있습니까?"라고 물어보면 대부분 없다고 대답할 겁
니다. 자신이 편견 덩어리라고 자인하는 사람이 어디 있겠습니
까. 그런데, 어찌 보면 세상에서 가장 위험한 사람은 편견이 없
다고 자신하는 사람일지도 모릅니다. 그런 사람일수록 강력하게

편견에 휩싸여 있는 사람일 가능성이 더 높습니다. 고정관념은 누구나의 머릿속에 있으니까요.

이 질문부터 시작하는 이유는 고든 올포트의 《편견》을 어떤 관점으로 읽을지 결정하기 위해서입니다. 두 가지 방법이 가능한 데요, 우선, 우리는 이 책을 편견의 포로가 된, 어떤 문제 있는 집단을 비판하기 위해 읽을 수 있습니다. 이 독해 방법은 나는 편견으로부터 자유로운데, 내가 비판하는 대상은 편견에 휩싸여 있고 그래서 저들의 편견을 비판할 수 있는 이론적 근거를 올포트의 《편견》에서 찾을 수 있다는 전제로부터 출발합니다. 올포트의 책을 이렇게 읽는 건 매우 위험한 방법일 수도 있습니다. 저는 이 책을 자신을 성찰하기 위해 읽어야 한다고 생각합니다. 나를 점검하기 위한 것이죠. 나에게 어떤 편견이 있는지 그 편견은 왜 생겼는지를 점검하는 자기 성찰적인 관점에서 읽는 겁니다. 우리는 이 관점을 유지하면서 《편견》을 읽어보겠습니다.

병렬독서는 힘이 셉니다

《편견》을 좀 더 잘 이해하기 위해 주제가 연관되어 있는 책을 동시에 교차적으로 읽어, 책 사이의 상호연관성을 통해 각각의 책에 대한 이해도를 높이는 '병렬독서'를 시도하려 합니다. 두 권의 책을 함께 읽을 텐데요, 첫번째 책은 《어느 독일인의 삶》입니다. 1942년부터 1945년 사이에 나치 제국선전부 장관으로 나치

이데올로기 선동에서 탁월한 능력을 보여준 악명 높은 파울 요제프 괴벨스의 비서로 일했던 브룬힐데 폼젤Brunhilde Pomsel은 102세가 되던 해 사회학자 토레 D. 한젠Thore D. Hansen과의 인터뷰에서 나치 협력자의 생각을 생생하게 털어놓았습니다. 피해자의 증언은 적지 않았지만 가해자나 협력자의 진술이 매우 드물었다는 점에서 브룬힐데 폼젤의 인터뷰는 편견이라는 주제를 더 잘 이해할 수 있도록 돕는 중요한 텍스트입니다. 두번째로 병렬독서할 책인 《그들은 자신들이 자유롭다고 생각했다》도 미국의 언론인 밀턴 마이어Milton Mayer가 나치 협력자를 인터뷰한 책입니다. 그는 서문에서 "나치즘이 단순히 무기력한 수백만 명 위에 군림하는 악마적인 소수의 독재"가 아니라 "대중운동이라는 사실을 난생처음 깨달았다"(《그들은 자신들이 자유롭다고 생각했다》, 10쪽)라고 고백합니다. 나치즘은 평범한 독일인의 강력한 편견을 기반으로 작동하는 대중운동이었다는 것이지요. 전범이 아닌 일반인의 인터뷰가 실린 두 권의 책을 《편견》과 병렬독서하면 우리는 편견의 일상성과 평범성을 실감할 수 있습니다.

목차는 책의 매우 중요한 구성요소이지요

사회과학 책의 목차는 그저 찾아보기용이 아닙니다. 목차 자체가 메시지이자 작가가 독자에게 알려주는 독서 팁입니다. 목차 읽기가 중요한 것은 작가가 책을 완성하기 위해 어떤 사유의 과정을 거쳐서 결론에 도달했는지 그 여정을 목차가 보여주고 있기 때문이지요. 우리는 윌리엄스의 《기나긴 혁명》을 읽으면서 '함께 생각하기'에 대해 이야기했는데요, '함께 생각하기'의 실마리도 목차에 있습니다.

두꺼운 사회과학 책을 읽으면서 문장 하나하나에 주목하다보면 이 문장이 어떤 맥락에서 있는지 오리무중인 경우가 생깁니다. 목차는 사회과학 책에서 길 잃은 사람이 목적지를 찾을 수 있게 돕는, 일종의 '글로 쓰인 지도'입니다. 우리는 책을 읽으면서 목차가 있는 페이지를 펼치고 중간 점검을 하다보면 무사히 완독이라는 최종 목적지에 도달할 수 있습니다.

잘 알고 있는 작가의 신간을 읽을 때 작가의 문체나 글을 풀어가는 방식을 이미 알고 있어서 생긴 친숙함은 독해를 돕습니다. 그런데 처음 읽는 작가의 책인 경우, 아직 서로 잘 알지 못하는 사람과 대화할 때 봉착하는 어려움에 처하기도 하죠. 아주 두꺼운 책이라면, 게다가 작가가 낯설다면 제일 먼저 할 일은 작가의 스타일을 익히는 것입니다.

《편견》처럼 두꺼운 책을 완독하려면 최소 한 달 정도의 시간은 걸릴 테니, 그동안 올포트와 '함께 생각하기'를 해야 합니다. 그러니 마음이 급할 필요는 없습니다. 처음엔 책 읽는 속도가 안 날 수밖에 없습니다. 그 작가가 글을 풀어가는 독특한 스타일에 익숙해지기 전에는 아무래도 진도가 더딥니다. 저는 처음 읽는 작가의 두꺼운 책 첫 챕터는 스캔한다는 생각으로 맘 편하게 읽습니다. 중간에 어떤 문장이나 개념, 논리적인 전개를 이해하지 못해도 무시하고 뛰어넘습니다. 지금 저는 처음 만난 이 작가와 '썸'을 타고 있는 거니까요. 한 챕터 정도 읽는 동안이면 그 사람의 스타일이 대략 파악되죠. 그러면 작가의 스타일을 의식하면서 다시 처음부터 주장을 하나하나 차근차근 읽어내려갑니다. 이런 독서방법을 《편견》 독해에 적용시켜보겠습니다.

《편견》은 한 에피소드로 시작됩니다. "로디지아에서 한 백인 트럭 운전수가 쉬고 있는 한 무리의 원주민을 지나치면서 중얼거렸다."(《편견》, 35쪽) 이게 첫 문장입니다. 백인 트럭 운전수는 원주민은 게으르다는 편견을 갖고 있는 사람입니다. 편견을 뒤집을 만큼 부지런히 일하는 원주민을 목격하고도 백인 트럭 운전수는 자신의 견해를 수정하지 않지요.

연이어 올포트는 다른 에피소드를 제시합니다. 폴란드인, 우크라이나인, 독일인이 서로에 대해 사용하는 혐오표현을 나열하더니, 중국인은 미국인을 악마로 생각한다는 사례를 제시한 후에 "세계 어느 지역도 집단 경멸의 태도에서 자유롭지 않다. 각자의 문화에 얽매여 있는 한 우리는 모두가 편견 덩어리에 불과하다"(《편견》, 37쪽)라는 이 책의 핵심 메시지를 전합니다. 독자는 다양한 사례를 읽으면서 자기도 모르게 세상에는 편견이 있는 사람이 참 많구나, 이런 생각을 자연스레 하게 됩니다. 알게 모르게 어느새 우리는 '올포트와 함께 생각'하고 있는 거죠. 이 책은 전체적으로 이런 스타일로 구성되어 있습니다.

올포트의 스타일을 스캔했으니 본격적으로 책 속으로 들어가
보시지요. 올포트가 편견을 정의 내리는 방식에서는 잠바티스타
비코의 《새로운 학문》을 통해 익힌 어원학이 생각납니다. 올포
트가 비코를 읽었는지 안 읽었는지는 모르겠습니다만, 비코가 발
전시키려고 했던 어원학적인 방법론의 계승자입니다.

영어 단어의 편견, 즉 '프레주디스prejudice'는 라틴어 명사 '프
라이유디키움praejudicium'으로부터 파생되어 의미가 더 확장되어
갑니다. 첫번째는 선례, 즉 이전의 결정과 경험에 근거해서 내리
는 판단을 의미합니다. 그리고 두번째로는 사실에 대한 합당한
검토나 숙고가 이루어지기 이전에 형성된 판단이라는 의미가 더
해집니다. 다시 말해, 미숙하거나 성급한 판단이라는 뜻이지요.
세번째로, 점점 뉘앙스가 풍부해지면서 편견에 좋고 싫음의 정서
적인 차원까지 덧붙여지게 되었습니다. 올포트는 편견의 한자를
분석하지는 않지만 그가 사용하는 방법으로 편견이라는 한국어
단어를 살펴보면, 편견은 치우쳐서 본다는 뜻을 지닌 일편지견—
扁之見의 줄임말입니다.

누구에게나 정체성은 복합적입니다. 다중 정체성이죠. 저를
예로 들어보겠습니다. 저는 남자이고요, 중년이고 서울에 살고
대학 교수이고 서점을 하는 자영업자입니다. 몇 가지만 나열했지
만 저를 구성하는 요소는 '그리고'라는 접속사를 통해 무한대로
언급될 수 있습니다. 만약 어떤 사람이 무한대로 연결되어 있는

정체성 구성 요소 중 하나만 골라내어 일반화해버린다면 그 사람은 저를 일편지견으로 파악하는 것이죠. 그게 편견입니다. 편견은 대상이 가지고 있는 다양한 측면 중 한 가지만을 본다는 뜻입니다. 편견을 이렇게 정의 내리면 누가 자신은 편견 없는 사람이라고 자신할 수 있겠습니까. 편견은 기괴한 모습이 아니라 어디에나 누구에게나 있는, 흔하고 일상적이고 평범한 형태로 나타납니다.

편견은 감정과 결합할 수 있습니다

편견을 정의 내렸으니 다음으로 편견의 위상학적 구조를 살펴보겠습니다. 병렬독서를 하고 있는 《그들은 자신들이 자유롭다고 생각했다》에 등장하는 인터뷰 사례를 살펴보겠습니다. 나치 협력자였던 독일인이 인터뷰에서 유대인은 장사를 할 때 이윤만 남기려는, 돈만 밝히는 존재이기에 유대인을 싫어한다고 말합니다. 인터뷰어가 그 독일인에게 돈을 남기려는 건 장사하는 사람이라면 다 같지 않냐고 조심스럽게 물었습니다. 이 추가 질문에 적절한 대꾸를 할 수 없었던 그 독일인은 말을 돌리죠. 독일인 중에도 돈만 밝히는 사람이 있지 않냐고 인터뷰어가 합리적인 반대 의견을 보여주었음에도 불구하고 이 사람은 유대인에 대한 판단을 바꾸지 않습니다.

이 사람은 왜 판단을 바꾸지 않을까요? 유대인에 대한 부정적인 생각이 유대인은 무조건 나쁘다는 믿음으로 굳어져 있기 때문입니다. 판단이 믿음으로 굳어버리면 합리적인 비판이 개입되어도 변하지 않습니다. 태도라면 다릅니다. 신념으로 굳지 않은 태도나 어떤 견해는 합리적인 비판이 가해지고 합리적인 비판을 수용할 경우 수정될 수도 있죠. 편견이 무서운 이유가 바로 이 때문이죠.

《그들은 자신들이 자유롭다고 생각했다》에 등장하는 평범한 독일인에겐 유대인에 대한 판단은 태도가 아니라 신념으로 굳어져 있습니다. 또한 올포트는 편견에는 판단적 요소와 감정적 상태가 혼재되어 있음을 지적합니다. 폼젤의 인터뷰에서 우리는 그 사례를 확인할 수 있습니다. 폼젤은 괴벨스의 총력적 연설을 들었을 때의 경험을 이렇게 말합니다.

> 내 평생 그런 일은 처음 경험했어요. (…) 연설 내용이 뭐였는지 기억도 나지 않았어요. 광란에 휩싸인 군중들만 충격적인 그림으로 남아 있었어요. 본인들도 왜 그렇게 미쳐 날뛰었는지 몰랐을 거예요. 그냥 자연스러운 현상이었어요. 군중은 그냥 분위기에 빨려 들어갔어요.
> – 《어느 독일인의 삶》, 136쪽.

사회 현상은 복잡하지요. 사회를 구성하고 있는 인간집단 역시 복합적 성격을 지닙니다. 복합적 성격을 파악하기 위해서는 꽤 많은 노력이 필요해요. 하지만 사람은 천천히 대상을 파악하기보다 가급적이면 재빨리 판단을 내리고 싶어합니다. 그래서 우리는 어떤 사람을 그 사람 자체로 보기보다 그 사람이 속한 집단의 속성으로부터 그 사람의 특성을 파악하려 하지요. 이것을 범주화라고 합니다. 사람들은 범주화 과정을 통해 대상의 특성을 오래 생각하지 않고 기존에 그 대상에 대해 갖고 있는 선판단·선인식·선입견을 통해 빠르게 확인합니다. 범주화는 일상에서 자주 벌어지는 정신작용이고, 범주화를 피해갈 수 있는 사람은 거의 없습니다.

범주화 자체는 불가피한 정신적 활동입니다. 범주화 자체를 제거할 수 없습니다. 그렇지만 범주화에 개입하는 성급함은 부지불식간에 편견을 낳을 수도 있습니다. 용인될 수 있는 범위를 넘어서서 일반화된 범주화를 '과잉 범주화'라 합니다. 과잉 범주화가 되면 위급한 상황이 발생합니다.

편견은 과잉 범주화를 먹고 자랍니다. '우리'라는 용어가 자연스럽게 받아들여지는 집단이 있습니다. 가족이 그렇고 친한 친구 사이도 그렇습니다. 조금 더 확대된다면 같은 학교 출신, 같은 지역 출신, 같은 국적, 같은 젠더, 같은 인종인 사람 사이에도 '우리'라는 표현은 어색하게 다가오지 않습니다. '우리'에 속한다고 느끼는 사람은 많은 경우 대상이나 상황을 판단할 때 사용하는 판단 기준reference을 공유합니다. '우리' 끼리 모이면 사람들은 편안함도 느끼지요. 그렇게 '내집단'이 형성됩니다. 내집단에 속하지 않은 집단, 공통의 판단 기준을 갖고 있지 않은 집단, 잘 알지 못하는 집단은 '외집단'으로 분류됩니다. 내집단이 '우리'라면 외집단은 '그들'입니다.

그 점과 관련해서 우리가 살펴봤던 윌리엄스가 사회를 구성하고 있는 행위자를 분류했던 것을 다시 끄집어내보겠습니다. 우리는 구성원, 신민 또는 하인, 반역자, 망명자, 부랑자라는 분류에 또 하나의 그룹을 추가해야 합니다. 배제되는 집단이죠. 내집단이 외집단과 사회적 거리를 두면서, 이 거리가 공고화되는 동시에 위계적 구조를 갖게 되면 내집단은 외집단을 배제되거나 배척되어야만 하는 집단으로 설정하게 됩니다.

그저 적대적인 말뿐이었던 편견도 내버려두면
홀로코스트와 같은 절멸 행위로까지 상승합니다

외집단을 배제하는 태도가 내집단 내에서 집합현상으로 나타나면, 내집단에 의한 외집단 배제는 단순히 부정적 태도에 그치지 않고 외집단에 대한 부정적 행위로까지 상승됩니다. 편견은 다양한 수준으로 드러납니다. 가장 낮은 단계는 말로 반감을 표현하는 것입니다. 그보다 더 강력하게 나타나는 행위는 회피입니다. 혐오 집단에 속한 사람과 교류를 피하고 그들을 이웃으로 받아들이지 않음으로써 혐오 집단에 '구성원' 지위를 부여하지 않는 것이지요.

그것보다 한 단계 더 나아간 편견 행위가 차별입니다. 특정 유형의 기회를 부여하지 않는 거죠. 한 단계 더 나아가면 물리적 공격, 즉 폭력이 행사되고, 거기서 한 단계 더 나아가면 가장 극악한 형태인 인종학살인 제노사이드, 즉 홀로코스트와 같은 사례까지 일어납니다.

처음부터 편견이 절멸 행위를 이끌어내지는 않습니다. 처음엔 복잡함에서 벗어나기 위해서 단순한 범주화가 이루어지고 그 다음 단계에서 과잉 범주화가 일어나 편견이 강화되면 내집단과 외집단 사이에 사회적 거리가 벌어지고, 사회적 거리가 강화되면 내집단은 외집단에 혐오 표현을 구사해도, 차별을 해도, 물리적 폭력을 행사해도 도덕적 죄의식 감각이 마비됩니다.

편견은 타인에 대한 부정적인 평가라고만 보통 이해하지만 올포트는 매우 성찰적이고 의미심장한 지적을 합니다. 편견은 동전의 양면처럼 증오-편견도 있지만 사랑-편견도 있습니다. 사랑-편견은 내집단에 속한 사람이 자신이 속한 내집단에 대해서 과잉으로 갖고 있는 감정의 긍정 상태입니다. 한마디로, 내집단을 과하게 사랑하는 겁니다. 사랑-편견과 증오-편견은 동전의 양면이어서 한 내집단이 사랑-편견이 강한 집단이면 외집단에 대해 강한 증오-편견을 갖게 될 가능성이 높습니다.

《어느 독일인의 삶》에 등장하는 사례를 살펴볼까요? 폼젤은 괴벨스의 비서가 되기 전에 방송국에서 일을 했습니다. 그때 같이 일하던 동료 중 하나가 강제수용소에 끌려갔습니다. 그 사람은 동료로부터 좋은 평가를 받는 사람이었어요.

당시 방송국에 율레 야에니슈라고 아주 괜찮은 사람이 하나 있었어요. 최초의 아나운서로서 아침 점심 저녁으로 뉴스를 진행했는데, 그 사람빼고는 방송국의 발전을 이야기할 수 없을 정도죠. 어쨌든 그런 사람이 갑자기 강제 수용소에 갔다는 거예요. 그때 사람들은 이렇게 수근거렸어요. '응 그 사람이 왜?' '호모래' '맙소사, 호모라니.' 당시에는 호모는 …… 정말 다들 몸서리를 쳤어요. 사람 취급을 안 했죠. 그런데 율레 야에니슈가 호모라니. 그렇게 친절하고 다정한 사람이 호모라니. 정말 충격이었죠. '친절하면 뭐해? 호모인데.' 그때 이미 우리는 생각이 상당히 경직되어 있었어요.

– 《어느 독일인의 삶》, 79-80쪽.

모두 율레 야에니슈를 좋은 사람이라고 생각했었습니다. 그는 동성애자라는 이유로 강제수용소에 끌려갔습니다. 동성애자로 과잉 범주화되는 순간 그의 다른 긍정적 요소는 사라지고 동성애인 외집단으로 분류됩니다. 그가 배제되고 배척되어야 하는 외집단으로 분류되면 그에게 일어난 불행한 일을 내집단 사람들은 문제시하지 않고 그냥 받아들이게 됩니다.

차이는 집단 간에만 있을까요,
집단 내의 차이는 없을까요

집단 간 차이는 존재할까요? 한국인과 일본인도 다르고요, 유대인과 독일인도 분명히 다른 면이 있습니다. 그런데 차이를 지각하는 것과 차이를 과잉 범주화하는 것과는 다릅니다. 보통

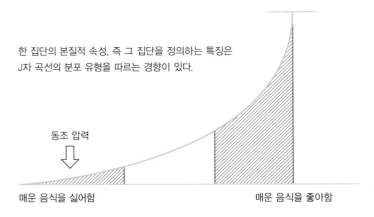

동조 행동의 J자 곡선 분포

한 집단의 본질적 속성, 즉 그 집단을 정의하는 특징은
J자 곡선의 분포 유형을 따르는 경향이 있다.

동조 압력

매운 음식을 싫어함   매운 음식을 좋아함

한 집단의 어떤 특성은 J자 곡선으로 분포되어 있습니다. 한국
인과 매운 음식을 좋아하는 것 사이의 관계를 예로 들어보겠습
니다. 매운 음식을 좋아하는 한국인이 많을 거예요. 매운 음식
을 좋아하고 잘 먹느냐 그리고 매운 음식을 싫어하고 못 먹느냐
라는 기준을 가지고 한국인을 늘어놓으면 J자 곡선처럼 분포될
것입니다. 어느 집단 내에서 속성의 분포가 J자 곡선을 그린다
고 해서, 모든 한국인이 매운 음식을 좋아한다고 결론 내릴 수
는 없습니다. 한국인이지만 매운 음식을 싫어하거나 전혀 못 먹
는 사람도 있죠. 매운 음식을 잘 먹는 사람을 다수자, 매운 음
식을 못 먹는 사람을 소수자라 합시다. 매운 음식을 잘 먹지 못
하는 소수자는 매운 음식을 잘 먹는 다수자로부터 동조 압력에
처합니다. 한국 사람이라면 당연하게 매운 음식을 좋아하고 잘
먹어야 한다고 J자 곡선의 오른쪽에 있는 다수자가 왼쪽에 있는

소수자에게 사회문화적 압력을 가하는 겁니다. 동조 압력이 강해지면 소수자는 매운 음식을 안 먹거나 싫어하거나 못 먹어도 티를 안 내려고 합니다. 이 과정이 지속되면 소수자는 동조 압력을 피해 숨어버려 비가시화됨으로써 아예 존재하지 않는 것처럼 과잉 범주화되겠지요.

개고기를 예로 들어볼게요. 모든 한국인은 개고기를 먹나요? 아니죠. 일부 한국인만 개고기를 먹습니다. 개고기 식용은 한국인의 집단 특성이 아니라 한국인 중 일부의 특성이며 아주 드문 특성입니다. 이 사실을 무시한 채, 한국인 중 드문 집단이 개고기를 먹는다는 사실을 과잉 범주화하여, 한국은 개고기를 먹는 야만적인 나라라고 비난한다면 그것은 한국에 대한 편견일 뿐입니다.

편견이 강한 사람은
언어 사용에서 티가 납니다

편견이 어떻게 재생산되는 것인가 하는 문제와 관련해서 강한 편견적 성향을 가지고 있는 집단을 조사해본 결과, 대체로 외집단에 대해서 꼬리표를 붙이는 언어적 표현을 잘 사용한다는 속성이 발견됐습니다. 편견이 강한 사람은 끊임없이 대상이 불분명한 외집단을 지칭하는 표현을 쉽게 만들어내고 자주 사용한다는 거예요. 또 하나의 특징은 '그들'이라는 추상적인 인칭대명사를 자주 사용합니다. '그들'에 대해서 알고 있는 내용은 과학적이고 합리적인 근거가 있다기보다 그냥 어디서 들었던 출처 불명의 루머인 경우가 많습니다. 풍문으로 들은 내용을 '그들'에 대한 사실이라고 믿는 것이지요. 이 사례를 같이 보실까요?

그거 아십니까, 교수님. 유대인은 비밀 성서를 갖고 있는데, 바로 탈무드라는 겁니다. 아마 당신께서는 이것도 전혀 들어보신 적이 없겠지만 그래도 사실이에요. 유대인이야 물론 아니라고 발뺌하죠. 당신도 유대인을 아무나 붙잡고 이걸 물어보신 다음에, 상대방이 그런 건 있지도 않다고 말할 때의 모습을 잘 살펴보세요. (…) 거기에 뭐라고 나와 있는가 하면 유대인더러 반드시 독일인 여성과 결혼해서, 독일 인종을 허약하게 만들라고 하는 겁니다.
– 《그들은 자신들이 자유롭다고 생각했다》, 195–196쪽.

그런 내용이 쓰여 있는 탈무드를 당신이 본 적 있냐고 인터뷰어가 물어봤더니 이 사람은 이렇게 대답합니다.

교수님, 저는 실물을 본 적이 있어요. 하지만 유대인들은 당신께 가짜를 보여줄 겁니다. 설령 당신이 그들을 잘 구워삶았다 하더라도 말이에요. 심지어 당신이 계신 대학에서도, 유대인에게서 돈을 받는 교수들이 나서 가지고는 그게 진짜라고 말할 겁니다.
– 《그들은 자신들이 자유롭다고 생각했다》, 197쪽.

그 사람이 그걸 믿고 있는 근거는 '그들'에 대해서 들었던 내 집단 내의 '풍문'입니다. 내집단에서 떠도는 이야기가 외집단에 강력한 꼬리표 붙이기의 유일한 근거였던 것이죠.

편견은 쉽게 판단을 내리려는 경향을 먹고 자라기에, 쉽게 판단을 내리게 하는 요인을 분석하는 게 필요합니다. 가장 쉬운 판단은 가시적 차이에만 주목하기입니다. 사람의 속성은 가시적 으로 드러나는 속성과 드러나지 않는 속성, 즉 내면의 속성이 있 어요. 가시적인 속성은 쉽고 빠르게 지각되지만 내면의 속성은 아무래도 알아채는 데 인내와 시간을 요구하죠.

가시적 차이는 판단력을 흐리게 합니다. 사람들은 이에 쉽게 현혹되지요. 올포트는 이렇게 말합니다. "사람들은 단편적인 가 시적 특징에 정신이 쏠려서 모든 것이 그와 관련된다고 생각한 다. (…) 이목을 끄는 어떤 특징을 선명하고 과장되게 부풀리고 그 특징을 눈으로 식별 가능한 범주에 최대한 동화시키려는 인 간의 일반적 경향성을 드러낸다."《편견》, 190쪽)

민족은 문화적 구성물이지만 인종은 유전자에 의한 구성물 입니다. 문화적 구성물인 민족 간에는 차이가 매우 뚜렷하게 나 타나지만, 인종적 변수로는 집단 간 차이를 설명할 수 없다는 것 이 학자들의 보편적 의견입니다.

그런데 민족 간 차이는 잘 안 보이지만 인종 간 차이는 쉽게 보이죠. 미국인이라는 민족 범주 안에는 인종을 기준으로 보면 아시아계도 있고 라틴계도 있고 백인도 있고 흑인도 있습니다. 서로 다른 인종이 모여 하나의 민족을 구성합니다. 민족으로서 미국인이 공유하고 있는 집단의 속성은 민족으로서의 한국인이 가지고 있는 집단의 속성과 분명히 다르겠지요. 집단 간의 차이란 사실은 민족 집단 간의 차이인데 인종 간의 차이라고 쉽게 생각해버립니다. 인종 간의 차이는 쉽게 과잉 범주화됩니다. 이게 가시성에 의한 편견이 확장되는 착시현상입니다.

젠더 역시 그런 면에서 인종만큼이나 가시적이죠. 여자와 남자는 보통 외모로 구별되니까요. 그래서 사람들은 한 사람의 특성이 지닌 다양함을 무시한 채 젠더 속성으로 쉽게 과잉 범주화합니다. 하지만 인간 사이의 차이를 설명할 때 젠더의 차이로 환원될 수 있는 것은 극히 일부분인데요, 가시적 차이에 현혹된 사람은 모든 차이가 젠더에서 기인한다고 쉽게 결론 내립니다. 《편견》의 다음 구절은 매우 시사적입니다.

> 인간 본성의 아주 작은 부분만 성에 따라 구별된다. 물론 유전자로 인해 남녀의 일차 성징과 이차 성징이 나타나지만 인간의 신체적·생리학적·심리적 특질 가운데 많은 부분이 성과 무관하다. 그런데도 대부분의 문화에서 여성과 남성의 위치는 과장된 방식으로 구분된다. 여성은 열등한 존재로 간주되며, 집에 갇히고, 남성과 다르게 옷을 입고, 남성이 누리는 많은 권리와 특권을 누리지 못한다.
>
> – 《편견》, 190쪽.

세대 역시 가시성에 의해 착각을 유도하는 변수 중 하나입니다. 아저씨는 이렇다는 과잉 범주화, 아줌마는 이렇다는 과잉 범주화, 요즘 애들은 이렇다는 과잉 범주화, 노인들은 이렇다는 과잉 범주화, 일상 생활에서 많이 듣는 말 아닌가요?

누구에게나 편견은 있지만 유독 정도가 심한 사람도 있습니다. 편견을 가질 수 있는 가능성은 누구에게나 있는데 왜 어떤 이는 편견이 재생산되는 것에 브레이크를 걸어서 관용적이고 개방적인 사람이 되고, 왜 어떤 이는 편견에 사로잡힌 사람이 되는 것일까요? 그 차이를 만드는 원인은 무엇인가 하는 질문으로 우리는 당연히 옮겨가야 합니다.

올포트는 폐쇄적 사고와 방향적 사고의 방식 차이를 원인으로 지적합니다. 방향적 사고는 사실 파악을 지향하는, 즉 사고의 방향이 있는 사고입니다. 나도 편견을 갖고 있을 가능성이 매우 높으니 자기 점검을 통해 편견으로부터 멀어진 곳에 도달하는 것이 목표입니다. 반면 어떤 사람은 폐쇄적 사고를 벗어나지 못하는데요, 폐쇄적 사고는 사실이 아니라 자기를 준거로 삼는 맴도는 사고죠. 폐쇄적 사고는 생각하는 것처럼 보이지만 늘 판단의 근거는 자신의 신념, 믿음뿐입니다. 폐쇄적 사고에는 어떤 방향도 보이지 않아요.

방향적 사고를 하는 사람은 항상 의심하고 회의하죠. 사유는 기본적으로 의심과 회의로부터 출발을 하고 끊임없이 의심과 회의를 잘하는 사람이 성숙된 사고를 할 수 있죠. 반면 폐쇄적 사고를 하는 사람은 자신이 믿는 것을 뒤집는 증거가 나와도 요지부동입니다. 왜냐하면 그는 자신의 편견을 믿음으로 간직하고 있기 때문입니다.

편견이 강한 사람은
섬세하게 말하지 않고 싸잡아 결론을 내립니다

대상을 파악할 때 그 대상을 범주화하는 것은 불가피하다고 말씀드렸죠. 문제가 되는 것은 범주화 그 자체가 아니라 과잉 범주화라는 점, 기억하고 계실 겁니다. 편견이 강한 사람에게 나타나는 또 다른 특징 중 하나를 범주화 방식에서 찾아볼 수 있습니다. 독점 범주와 분화 범주의 차이입니다. 독점 범주를 일상 언어로 표현하면 대상을 싸잡아 평가하는 태도죠. 여자라고 해서 동일한 속성이 있을 리 없고, 모든 남자가 갖고 있는 속성도 없습니다. 그렇지만 어떤 사람이 "남자는 다 그렇다" 내지는 "여자는 다 그렇다"라고 발언한다면 그는 남자와 여자를 독점 범주로 여기고 있는 것입니다. "노인네들이 다 그렇지 뭐." 이런 발언 속 노인은 독점 범주화되었습니다. 모든 노인에게 공통된 단 한 가지의 속성이 있다고 단정하는 거죠. 노인이라면 모두 고집이 세고, 남의 말 안 듣고, 이기적이고, 정치적으로 보수적일까요?

우리가 방향적 사고를 하면, 노인 집단 내부에도 다양한 분화가 있음을 확인합니다. 방향적 사고를 통해 내부의 분화를 알게 되면 우리는 '노인'이라는 단일 범주가 아니라 내부 분화를 표현할 수 있는 용어를 찾아내야겠지요. 다시 말해, 독점 범주 밑에 분화 범주를 만들어내야 합니다. 그러면 노인들이 한 가지로 파악되는 게 아니라 노인의 여러 가지 유형들이 만들어집니다. 방향적인 사고를 하는 사람은 독점 범주보다는 분화 범주를 다루는 데 탁월한 능력을 보여줍니다. 분화 범주가 많은 사람은 특정 집단에 대해 싸잡아 말하지 않죠. 정교한 사고를 하는 사람과 달리 무식한 사고를 하는 사람은 분화 범주에 대한 감각 없이 독점 범주만으로, 흑백논리에 따라 결론을 내립니다. "한국인들이 그렇지 뭐." "노동자들은 그렇다니까." "요즘 애들은 다 이상해." "아우, 다들 꼰대야." 이런 표현엔 오로지 독점 범주만 있습니다. 방향도 없습니다.

편견이 유독 강한 사람을 분석하면, 발견되는 하나의 공통점이 있는데요. 이들은 자신에게 발생한 좋지 않은 일의 원인을 자신에게서 찾지 않고 외부에서 찾으려고 한다는 점입니다. 속담으로 표현하자면 "종로에서 뺨 맞고 한강에서 눈 흘기는" 사고를 하는 것이지요. "종로에서 뺨"을 맞았으니 자신이 느끼는 억울함의 원인은 종로에 있습니다. 하지만 종로에서 억울함을 표현하지 않고 엉뚱한 한강에 가서 "눈 흘기는" 공격적 태도로 자신의 좌절감을 보상받으려 하는 것이지요. 그 사람은 자신에게 부정적 영향을 끼친 원인과 전면 대결하지 않습니다. 전면 대결할 자신이 없거나 그 원인이 무엇인지 모르는 사람에게는 자신의 부정적 감정을 '전이'할 대상이 필요합니다. 그래서 엉뚱한 곳에서 희생양을 찾아냅니다. 자신의 좌절을 희생양 탓으로 돌리고, 희생양을 공격하고 자신의 공격적 행동이 정당하다고 생각합니다.

편견의 재생산 메커니즘을 분석해보면, 편견의 선동가가 있고, 선동가가 주도적으로 발명해낸 편견을 추종하는 사람으로 나누어집니다. 좌절된 모든 사람이 편견의 생산자는 아닙니다.

편견은 편견의 재생산을 통해 자신의 사회적 입지를 다지려는 편견 선동가에 의해 의도적이고 조직적으로 만들어져 유포되기도 합니다. 나치를 예로 들어보죠. 편견의 선동자는 누구였을까요? 히틀러였죠. 그리고 괴벨스였습니다. 그들은 편견을 선동함으로써 구체적인 이득을 얻었습니다. 권력을 얻었고 권력을 유지했죠.

사회·정치적 변화로 자신의 영향력이 줄어든다고 느끼는 사람들의 집단 반발을 '백래시backlash'라고 하는데요, 여성주의에 대한 백래시 집단을 분석해보니 이들은 매우 강한 편견의 소유자임이 드러났습니다. "전국 샘플 중에서 5분의 1이나 차지하는 이 집단은 주로 소득 사다리에서 굴러떨어지고 있는(그래서 이에 대한 분노가 극에 달한), 중위 연령 33세의 결혼하지 않은 젊은 남성들이 대부분이었다. 이들은 베이비붐 세대의 가난한 남동생들로, 1980년대에 베이비붐 세대에 대한 미디어와 광고의 아부가 이어질 때도 별로 주목받지 못했던 집단이었다"《백래시》, 134쪽)라고 합니다. 올포트는 이렇게 표현합니다. "그들은 개인적 자원이나 재정 자원을 거의 비축하지 못했기 때문에 미래를 두려워하고 자신이 느끼는 불안정을 선동가들이 골라준 사악한 세력의 탓으로 기꺼이 돌린다."《편견》, 653~654쪽) 선동가는 추종자의 이런 좌절에서 오는 분노를 외집단에 투사하도록 유도하고 그것으로 경제적 이득을 얻습니다.

오늘날 편견이 재생산되는 핵심 메커니즘은 편견 선동으로 사회적·정치적 이득을 취하는 유튜브 채널입니다. 그들이 우리

시대의 편견의 선동가가 아닐까 싶습니다. 그들은 편견을 조장해 직접적인 이익을 얻습니다. 선동가를 추종하는 이른바 '팬'이 선동가에게 보내는 '슈퍼챗'을 통해서 막대한 돈을 벌죠. 올포트의 다음 구절은 마치 유튜브 현상을 설명하는 것처럼 읽힙니다. "많은 경우 민중 선동은 수지맞는 갈취 수단이다. 회비와 선물, 셔츠나 다른 상징물 구입 덕분에 선동 단체의 지도자들은 풍족하게 살 수 있다."(《편견》, 655쪽)

끼리끼리만의 의사소통은
편견을 눈덩이처럼 불어나게 합니다

의사소통이 내집단 내부에서 끼리끼리만 벌어지면 혹시 있을 수도 있는 외집단에 대한 편견은 제어되기는커녕 더욱 강화됩니다. "끼리끼리는 사이언스다"라는, 인터넷에서 떠도는 말은 비슷한 취향과 신념을 가진 사람들끼리 모여 친밀한 집단을 구성한다는 뜻인데, 편견의 재생산 메커니즘을 설명하는 생활 속 통찰이 아닌가 싶습니다. 도덕적 죄의식 없이 나치에 협력했던 사람들도 이 경우에 해당됩니다. 《그들은 자신들이 자유롭다고 생각했다》의 인터뷰어는 의사소통 부재를 발견했습니다. "내가 만난 열 명의 친구 가운데 교사를 제외한 아홉 명은 유대인과 전혀 교제하지 않았으며, 따라서 그들에게 무슨 일이 벌어지는지에 대해서도 관심이 없었다."(《그들은 자신들이 자유롭다고 생각했다》,

182쪽) 그들은 유대인과 실제 교류 경험이 전혀 없었던 사람들이에요. 오로지 이들은 외집단의 유대인에 대해서 풍문으로 들었던 이야기, 선동가의 주장을 그대로 믿은 사람들입니다. 그러니 유대인의 실상을 전혀 알지 못했고, 유대인과의 실제 교류를 통해서 자신들의 선입견이 정정될 수 있는 기회가 없었습니다.

> 내가 만난 열 명의 친구들 가운데 교사인 힐데브란트 씨를 제외하면, 어느 누구도 인구 2만 명에 불과한 소도시에서 유대인과 친밀하게 알고 지낸 적이 없었다. (…) 이후 여러 세대에 걸쳐서 이들은 소도시에서 함께 살아왔지만, 비록 아침저녁으로 "안녕하세요"라는 인사를 건네면서도, 이들 사이에는 눈에 보이지 않는 벽이 있었다.
> – 《그들은 자신들이 자유롭다고 생각했다》, 170쪽.

"끼리끼리는 사이언스다" 형식의 의사소통에 매몰되어 있던 것은 괴벨스의 비서 폼젤의 경우에도 그랬습니다. 내집단 내에서 히틀러는 위험한 사람이 아니라 오히려 영웅이었고, 히틀러의 위험을 지적하는 의견은 외집단의 왜곡으로 여겼기에 히틀러의 내집단에 있던 사람들은 사태를 정확하게 보지 못했습니다.

지금 입장에선 당연히 이런 의문이 들 수 있어요. 나치에 대항할 수는 없었느냐고요. 하지만 그건 불가능했어요. 목숨을 걸어야 했으니까요. 최악의 상황을 염두에 두지 않을 수가 없었어요. 그런 예도 충분했어요. 나치가 저지른 일들이 엄청난 범죄였다는 사실은 나중에 확실히 깨닫게 되었어요. 하지만 당시에는…… 그 당시에는…… 우린 모두 나치 선전에 완전히 속아 넘어갔고, 완전히 말려들어갔어요. 그건 당연히 어리석은 짓이었죠. 하지만 다른 정보나 접촉이 없는 상황에서는 어쩔 수 없는 측면도 있었어요. 당시에 외국의 누군가와 연락을 주고받으며 사는 사람이 얼마나 됐겠어요? 그런 사람은 거의 없었죠.

– 《어느 독일인의 삶》, 180-181쪽.

이런 일은 나치 시대에나 있었을까요? 아닙니다. 지금도 되풀이되고 있습니다. 의식적인 선택에 의해서 이뤄지기도 하지만, 동시에 우리도 모르는 사이 알고리즘에 의해서도 만들어지고 있습니다. 의식적으로 자신이 함께할 '끼리끼리'를 선택하면 알고리즘은 '끼리끼리'의 폐쇄적 사고에서 벗어나지 못할 수 있는 환경을 창출합니다. 페이스북에서 저와 친구 관계를 맺고 있는 사람들의 정치적 성향은 유사합니다. 제가 특정 정치적 성향의 사람을 거북하다는 이유로 친구 맺기를 꺼려했고, 저의 이런 태도가 알고리즘에 읽혀 저와 유사한 견해를 갖고 있는 사람의 글이 주로 제게 노출되게 했으니 저 또한 SNS에서는 여론의 흐름을 감지할 수 없습니다. 제 SNS는 '고인 물'이니까요.

어느새 우리는 디지털 기술로 쉽게 손에 넣을 수 있는 정보의 홍수 속에서 너무 복잡해진 세계를 파악하는 것을 더욱 힘들어합니다. 그럴수록 사람들은 좀 더 단순한 대답을 열망합니다. 주관적 진실을 위해 실체적 사실은 무시당하죠. 단순하게 말하는 편견의 선동가의 말에 사람들은 쉽게 귀를 엽니다. 그리고 그냥 믿습니다. 우리가 살고 있는 시대의 '진실'은 '사실'과 짝을 이루지 못하고 '사실' 여부와 상관없이 믿고 싶은 것, 주장되는 것, 내 편에서 맞는다고 하는 것만 믿는 시대를 살고 있습니다.

더욱더 적극적이고 의식적인 방향적 사고가 필요한 시대입니다. 혹시 나의 사고가 폐쇄적 사고의 틀을 벗어나지 못하고 있는 게 아닌지를 끊임없이 자기 점검하지 않는다면, 우리에게 있을지도 모르는 편견은 교정될 기회를 영영 잃어버리게 됩니다.

우리 시대가 요구하는 탁월성은 무엇인가요

만약 아리스토텔레스가 우리 시대의 이 광경을 목격했다면 어떤 생각을 했을까요? 우리 시대가 요구하는 탁월성은 과연 무엇일까요? 저는 폼젤의 자기 반성에서 실마리를 찾습니다. 폼젤은 '끼리끼리'의 의사소통망에 갇혀 있었기에 전혀 다른 생각을 할 수 없었다고 인정을 하면서도 자기 반성의 끈을 놓치지는 않습니다. 폼젤은 덧붙입니다. "물론 우리도 알려고 하지 않았어요."(《어느 독일인의 삶》, 143쪽) 알려고 하는 것. 어찌 보면 이것이 우리 시대에 요구되는 성격적 탁월성이 아닌가 싶습니다.

나치 지도부만 빼면 이 모든 것을 가능하게 한 것은 사람들의 무관심이었어요. 어떤 특정한 사람들이나 계층만의 무관심을 말하는 게 아니에요. 오늘날에도 늘 반복해서 볼 수 있는, 사람들의 일반적인 무관심을 말하는 거예요.

– 《어느 독일인의 삶》, 214쪽.

저는 폼젤의 이 마지막 문장을 읽으면서 소름이 돋았습니다. 바로 우리가 살고 있는 이 시대를 폼젤이 표현하고 있는 게 아닌가 싶었기 때문이죠. 일반적인 무관심. 이 무관심에서 벗어나는 사람만이 방향적 사고를 할 수 있고, 방향적 사고를 통해서 우리는 좀 더 관용적 인간이 될 수 있을 겁니다. 우리 시대를 지배하고 있는 일반적인 무관심에서 벗어날 수 있는 가능성은 어디서 찾을 수 있을까요? 교양이 만능은 아니겠으나, 최소한 교양은 편견을 점검할 수 있는 능력, 폐쇄적 사고가 아니라 편견에서 벗어나려는 방향적 사고 능력을 도울 수 있을 겁니다. 그래서 우리는 교양을 갖추고 싶어하는 것이고요.

인용 문헌
밀턴 마이어, 《그들은 자신들이 자유롭다고 생각했다》, 박중서 옮김, 갈라파고스, 2014.
브룬힐데 폼젤, 《어느 독일인의 삶》, 토레 D. 한젠 엮음, 박종대 옮김, 열린책들, 2018.
수전 팔루디, 《백래시—누가 페미니즘을 두려워하는가?》, 성원 옮김, 아르테, 2017.

9

흔해진 만큼 어려워진 게 사랑입니다

에바 일루즈Eva Illouz,
《사랑은 왜 아픈가Warum Liebe weh tut》, 2011년

에바 일루즈, 《사랑은 왜 아픈가—사랑의 사회학》, 김희상 옮김, 돌베개, 2013.

여러분은 왜 책을 읽으시나요? 전 제 한계를 넘어서기 위해 책을 읽습니다. 사람은 인생을 단 한 번 삽니다. 오래 살아봐야 100년, 한 세기 정도나 살 수 있을 것입니다. 인류 역사와 비교해보면 찰나에 불과한 시간이라 경험을 통해 세상을 알기에는 턱없이 부족합니다. 우리가 세상의 모든 일을 직접 경험할 수도 없지요. 직접 경험은 제한적입니다. 하지만 제가 겪지 못한 일을 겪은 사람이 자신의 체험을 책으로 쓴다면, 그리고 제가 그 책을 읽는다면, 저는 책을 통해 직접 경험의 한계를 벗어납니다. 책이 있기에 21세기를 살고 있는 우리도 다른 세기를 살았던 사람의 시간으로 이동할 수 있습니다. 책은 독자들로 하여금 시간과 직접 경험의 한계를 뛰어넘어 자아를 확장하게 해줍니다. 그래서 책 읽기는 언제나 흥미롭습니다.

사랑은 절실한 감정입니다. 사랑 때문에 죽을 수 있을 만큼 사랑의 열정에 휩싸였던 경험, 누구에게나 있을 겁니다. 우리가 나이를 먹어가면서 사랑이라는 감정에 무덤덤해지더라도, 사랑에 살고 사랑에 죽는 사랑의 열병과 아픔은 주인공을 바꿔가면서 계속되겠지요. 어떤 사람에게는 한때의 추억이고, 어떤 사람에게는 현재의 절실한 고민일 수 있는, 인간이 인간인 한 벗어날 수 없는 '고전적' 주제인 사랑에 관한 책을 한 권 읽어볼까 합니다.

세월 따라 사랑의 방식은 변합니다

대중가요의 가사는 때로 다소 통속적이어도 그 어떤 문학 작품보다 당대의 보편적 감정을 잘 표현합니다. 그런 의미에서 대중가요 가사는 비코식 '문헌학'을 위한 자료의 보고라 할 수도 있습니다. 트윈폴리오가 부른 〈웨딩케이크〉는 1970년대에 인기 있던 대중가요이지요. 이 노래를 모르시는 분을 위해 가사를 간단하게 설명해드릴게요. 신부는 잠을 이루지 못하고 있었는데 창문을 두드리는 소리가 나서 밖으로 나가보니 누군가 웨딩케이크를 몰래 두고 갔습니다. 홀로 남겨진 웨딩케이크를 바라보면서 신부는 슬픔에 잠깁니다. 뭔가 이상합니다. 웨딩케이크를 왜 몰래 두고 갔을까요? 결혼을 축하하는 선물이라면 결혼식을 앞둔 신부에게 당당하게 전달해야 했을 텐데요. 가사에 따르면 신부는 내일 결혼을 하는데 사랑하는 사람이 아니라 사랑하지 않는 사람, 원하지 않는 사람과 결혼을 합니다. 아, 그렇습니다. 내일의 결혼식을 앞둔 신부는 다른 사람을 사랑하고 있군요. 신부는 결혼으로 이어지지 못하는 슬픈 사랑의 비밀을 품고 있습니다. 그 신부를 사랑하는 사람이 내일이면 다른 사람과 결혼하는 연인을 위해 웨딩케이크를 몰래 남겨두고 갔던 것입니다. 슬픈 사랑 이야기입니다.

이 노래를 21세기에 태어난 사람에게 들려주고 감상을 물어보면, 대부분은 노래 가사를 이해할 수 없다고 말합니다. 왜 그럴까요? 예전 사람에게 〈웨딩케이크〉는 눈물짓게 만드는 노래인데 말이죠. 세월 따라 사랑의 방식이 변했기 때문이 아닐까요? 이 세상 모든 것은 변합니다. 인간이 사랑이라는 감정을 품는다는 사실 자체는 변화하지 않지만, 사랑에 대해 거는 기대, 사랑을 이뤄가는 절차는 시대의 변화에 따라 달라집니다. 자녀 세대의 사랑과 부모 세대의 사랑이 같을 수 없습니다. 이러한 변화를 에바 일루즈의 《사랑은 왜 아픈가》를 통해 살펴보겠습니다. 〈웨딩케이크〉라는 노래를 잘 알고 있는 세대라면 요즘 시대의 사랑법이라는 알지 못했던 세계로 들어가볼 수 있고, 요즘 시대 사람이라면 이전 세대의 사랑 풍습을 알 수 있을 것입니다.

앞에서 함께 읽었던 《기나긴 혁명》의 레이먼드 윌리엄스를 기억하시죠? 그는 자신이 살아내야 하는 시대에 대해 품는 감정은 개인적 현상이 아니라 동시대를 살아내는 사람에게서 나타나는 보편적 현상이라고 파악했고, 당대의 보편적 정서를 '감정구조'라고 정의 내렸습니다. 감정구조라는 표현을 직접 사용하지는 않지만 에바 일루즈 역시 윌리엄스처럼 사회학적으로 사유하는 작가이니 사랑을 사회적 환경이라는 맥락에서 분석합니다. 《거대한 전환》에서 칼 폴라니는 시장형 인간의 출현이라는, 경제 영역에서의 대전환을 다뤘다면 에바 일루즈는 그에 버금가는 감정 영역의 '거대한 전환'을 사랑에서 확인합니다.

일루즈에 따르면 사랑은 다음과 같은 관점으로 바라봐야 합니다. "사랑은 결코 사적이기만 한 게 아니다. 또 공적이라고만 할 수도 없다. 심리적인 동시에 사회적이며, 사적인 동시에 공적이고, 감정이자 곧 의례인 과정을 통해 현대인의 자아는 자신의 가치를 확인한다."(《사랑은 왜 아픈가》, 237쪽) 우리는 사랑이 사적인 개인 사이의 친밀한 감정이라고 여기지만 일루즈가 볼 때 사랑은 전적으로 사적인 현상이 아닙니다. 무엇을 사랑이라고 여기는지, 사랑에서 무엇을 기대하는지, 사랑에서 왜 실망하는지 등은 그 사람이 살아내고 있는 시대의 분위기(감정구조)로부터 영향을 받는다는 것이지요. 사랑이 사회적인 감정임을 파악하기 위한 제일 손쉬운 방법은 이전 시대 사랑의 특징을 살펴보고 현대의 해석과 비교해보는 것일 텐데요, 먼저 일루즈의 안내로 타임머신을 타고 예전 사람이 사랑이라 여겼던 감정의 세계로 떠나보겠습니다.

사랑은 고통스러울수록 고귀하다고
믿었던 시절이 있었습니다

결혼식 하객은 장례식 조문객과는 표정부터 다릅니다. 결혼은 축하할 만한 일임이 분명하니까요. 결혼은 사랑이 찬란한 결실을 맺는 절차입니다. 결혼식은 사랑을 사회가 인정해주는 의례이지요. 사랑이 결혼으로 귀결될 때 어울리는 음악이 크라이슬러Kreisler의 〈사랑의 기쁨Liebesfreud〉입니다. 모든 사랑이 기쁨으로 귀결되지는 않아요. 어떤 사랑은 비탄을 낳지요. 사랑이 결혼으로 이어지지 못한다면, 〈웨딩케이크〉의 주인공처럼 사랑하고 있음에도 불구하고 결혼식이 그들의 사랑을 증명하는 계기가 되지 못한다면 〈사랑의 기쁨〉 대신 〈사랑의 슬픔Liebesleid〉이 울려 퍼지겠지요.

현대인은 자신의 사랑이 〈사랑의 기쁨〉으로 끝나기를 기대합니다. 그런데요, 사랑이 결혼으로 결실을 맺지 않는 시절에는 사랑은 기쁨의 예견이 아닌 슬픔의 전주곡일 수도 있지요. 일루즈는 사랑을 귀족 모델, 낭만주의 모델 그리고 기독교 모델과 현대적 모델이라는 네 가지 문화 모델로 구별합니다. 현대적 모델과 달리 귀족 모델, 낭만주의 모델, 기독교 모델은 사랑의 기쁨이 아니라 아픔을 사랑 체험의 중심에 세웁니다. "사랑과 그 아픔은 사랑하는 사람은 물론이고 사랑받는 사람까지 기품氣品을 자랑"(《사랑은 왜 아픈가》, 247쪽)하게끔 만든다는 것인데요, 아픔을 중심으로 사랑을 이해하는 태도는 현대적 감각으로는 쉽게 이해

될 수 없지요.

사랑의 귀족 모델이 사랑의 기쁨이 아니라 슬픔을 전면에 내세우는 이유를 파악하려면 그것이 작동하던 시기의 사회적 배경을 알아야 합니다. 귀족 모델은 신분제도가 인간 사이의 감정의 자유로운 교류를 억제하던 사회적 환경 속에서 만들어진 사랑에 대한 이해 방식입니다. 서로를 마음에 두고 있어도 신분제라는 장벽에 부딪히면 그 사랑은 이뤄질 수 없습니다. 사랑은 개인의 자유로운 감정이지만 신분제도는 엄격한 사회질서이지요. 귀족과 귀족이 아닌 사람이 사랑에 빠질 경우, 신분제도라는 장벽에 의해 사랑으로 인한 고통이 생깁니다. 사랑 때문에 고통스러울 가능성이 많다보니 신분제 사회에서는 이루지 못한 사랑의 슬픔을 감내하고 승화시키는 능력이 귀하게 평가됩니다. 중세 프랑스 남부의 음유시인을 일컫는 트루바두르troubadour는 사랑의 고통에서 시적 영감을 얻었고, 이렇게 사랑의 고통을 노래했습니다. "나는 사랑의 아픔을 기꺼운 마음으로 받아들인다. 아픔이 나를 죽이려 한다는 것을 알지라도."(《사랑은 왜 아픈가》, 247쪽) 귀족 모델의 핵심은 사랑의 성취나 완성이 아니라 사랑의 아픔에 대한 품위 있는 대응입니다. 고통에 대한 품위 있는 대응이 귀족성의 측정기준이라고 생각했던 거죠.

낭만주의 모델 역시 귀족 모델 이상으로 사랑의 아픔을 찬양합니다. 사람은 사랑의 고통을 통해 성숙한다고 생각하는 겁니다. 낭만주의는 "고통을 오히려 달갑게 받아들이"는 "우울함"(《사랑은 왜 아픈가》, 249쪽), 즉 멜랑콜리mélancolie를 선호합니다. 사람은 멜랑콜리를 어떻게 관리하느냐에 따라 낭만적 영웅 주체가 될 수도 있습니다. 우리에게 너무나 잘 알려진 슈베르트의 연가곡집 〈겨울 나그네〉를 예로 들어볼게요. 빌헬름 뮐러Wilhelm Müller의 같은 제목 연작시 〈겨울 나그네〉에 슈베르트가 곡을 붙였는데요, 첫번째 곡의 제목은 〈밤인사Gute Nacht〉입니다. "잘 자요"라는 뜻인 "구테 나흐트Gute Nacht"는 이루지 못한 사랑을 비관하며 연인을 떠나는 남자가 여자에게 남몰래 보내는 작별 인사입니다. 남성 주체는 연인에게 작별 인사를 하고 사랑의 고통을 이기려고 겨울 나그네가 되어 방랑을 하지요. 〈겨울 나그네〉는 낭만적 남성 주체의 모습을 잘 보여줍니다.

종교적인 사랑 모델인 기독교 모델 역시 귀족 모델과 낭만주의 모델처럼 사랑의 고통에 주목합니다. 기독교 모델은 사랑으로 인한 "고통을 의미로 충만한 것, 긍정적이며 심지어 반드시 거쳐야만 하는 필수적 경험"(《사랑은 왜 아픈가》, 248쪽)으로 여깁니다. 고통의 경험은 "신의 구원을 표징"하는 것이며 신이 "구원을 위해 아픔의 과정을 겪게"(《사랑은 왜 아픈가》, 248쪽) 만든다는 것입니다. 사랑의 고통 역시 이 맥락에서 이해됩니다. 사랑의 고통은 보다 나은 단계로 오르기 위해 필수 불가결한 과정입니다.

현대적 모델은 지금까지 살펴본 귀족 모델, 낭만주의 모델, 기독교 모델과는 완전히 다릅니다. 기존의 모델이 사랑의 고통과 아픔을 그 자체로 귀하다고 찬양하고, 사랑의 고통을 높은 단계로 올라가기 위해 필수적으로 거쳐야 하는 과정으로 여긴다면 현대적 사랑에서 사랑의 이유는 고통이 아니라 기쁨입니다. 그러므로 사랑은 포기해야 하는 게 아니라 어떤 장벽을 뚫고서라도 쟁취해야 하는 것으로 바뀌죠. 그렇게 쟁취한 사랑으로 결국 희열을 맛봐야 하는 것이니까요. 사랑은 자아의 기쁨이자 완성이므로, 사랑을 아픔이 아니라 희열과 연결시키는 사유방식이 현대적 사랑 모델입니다. 그런 의미에서 현대적 사랑은 전통적 관념을 벗어던졌다는 의미에서 진보한 것처럼 보이지만, 희열을 지향하는 현대적 사랑은 또 다른 형태의 고통을 낳습니다. 에바 일루즈는 현대적 사랑으로 인해 배태되는 고통의 특유한 형태가 있다고 생각하는 거예요. 책 제목은 《사랑은 왜 아픈가》이지만 정확하게 표현하면 '현대인의 사랑은 왜 아픈가'일 것입니다.

이전 시대의 사랑 풍습을
빅토리아 시대의 연애와 결혼을 통해 살펴보겠습니다

현대적 사랑의 아픔이 만들어지는 이유를 분석하기 위해 일루즈는 빅토리아 시대의 연애 관행을 분석합니다. 그리고 사랑이 결혼으로 맺음되는 과정을 현대의 양태와 비교합니다. 일루즈는 당대의 로맨스 소설 속 에피소드를 텍스트로 삼습니다. 일루즈의 분석에 단골로 등장하는 로맨스 소설은 제인 오스틴Jane Austen의 《오만과 편견》입니다. 제인 오스틴의 소설은 빅토리아 시대의 연애 풍습을 살펴볼 수 있는 최적의 텍스트입니다. 《오만과 편견》의 시작 부분을 같이 읽어보시죠. "큰 재산을 가진 미혼 남자라면 마땅히 아내가 필요하다는 것은 누구나 인정하는 진리다. 그런 남자가 이웃에 처음 등장하게 되면, 그의 감정이나 생각은 알려진 바가 거의 없는데도, 인구 가족들의 마음속에 이 진리가 워낙 굳게 자리잡고 있어 그는 그들 딸들 중 누군가가 으레 취할 재산으로 여겨진다."(《오만과 편견》, 9쪽)

소설이 시작되는 첫 문단에 19세기 영국의 연애와 결혼에 대한 사회적 통념을 이해할 수 있는 실마리가 잘 드러나 있습니다. 첫째, 사랑의 최종 목표는 결혼입니다. 결혼을 전제로 하지 않은 연애는 권장되지 않습니다. 둘째, 결혼은 개인의 매력이 아닌 집안의 배경을 교환하는 과정입니다. 그래서 첫 줄부터 노골적으로 "큰 재산을 가진 미혼 남자"라는 표현이 등장하고 결혼의 당사자를 "그들 딸들 중 누군가가 으레 취할 재산으로 여겨진다"라고 한 거죠. 셋째, 결혼 그리고 결혼의 전 단계인 연애에는 당사자만의 사건이 아니라 가족이 개입하고 관여하는 '가족의 사건'입니다.

물론 분석의 대상이 되는 빅토리아 시대의 연애와 결혼 풍속은 상류층에 한정됩니다. 상류층의 딸은 일정한 나이가 되면 사교계에 데뷔합니다. 사교계 데뷔는 결혼 의사가 있으며 결혼 준비가 되어 있음을 공개적으로 선언하는 것이기에 매우 중요한 전환점이죠. 사교계의 꽃은 무도회입니다. 무도회는 결혼을 목표로 삼고 있는 미혼 남녀가 가까운 곳에서 서로를 응시할 수 있는 기회를 제공합니다. 새로운 남자가 나타나면 모든 여자가 그 남자를 훑으며 탐색합니다. 남자 주인공 다아시의 첫 등장 장면을 오스틴은 이렇게 묘사합니다. "그의 친구 다아시 씨는 멋지고 훤

칠한 체구에 잘생긴 용모와 고상한 매너로 무도회장 안 모든 사람들의 관심을 사로잡았다. 등장한 지 오 분도 채 안 돼 그의 연수입이 만 파운드가 넘는다는 소문이 사람들 사이에 퍼져나갔다."(《오만과 편견》, 18쪽) 남자는 여자에게 춤을 청하면서 호감을 자연스럽게 표현하고, 여자 또한 남자에게 호감이 있다면 춤을 추자는 제안을 수락합니다. 무도회에서 누가 누구에게 춤을 청했는지, 누가 누구의 청을 받아들였는지는 매우 중요해요. 무도회가 끝나고 엘리자베스의 엄마가 남편에게 이렇게 자랑합니다. "빙리 씨도 대단한 미인이라고 생각했는지 춤을 두 차례나 청했죠. 그게 무슨 뜻이겠어요? 여보, 빙리 씨가 정말 제인이랑 두 번이나 춤을 추었다니까요. 그가 두 번 춤을 청한 사람은 무도회장에서 오로지 우리 제인뿐이었다고요."(《오만과 편견》, 22쪽)

빅토리아 시대의 연애는 가족 모두의 일입니다. 연애에 당사자뿐만 아니라 가족 구성원, 특히 부모는 아주 적극적으로 개입합니다. 연애는 전적으로 프라이버시의 영역이 아니라 사회적 절차입니다. 최종적으로는 개인이 결정한다 해도 결혼이라는 단계로까지 가기 위해서는 '평판' 검증을 통과해야 합니다. 연애와 결혼은 사적인 결정이지만 평판은 공적 의견이지요. 평판이 결정적일 때도 있습니다. 그만큼 중요하기 때문에 구혼자는 자신의 평판을 섬세하게 관리해야 합니다. 연애는 가족의 명예와 연관되어 있습니다. 연애의 실패, 즉 연애가 시작되었으나 결혼으로 이어지지 못하면 그것은 개인의 좌절이라는 의미 이외에도 가족의 명예가 실추된 것으로 받아들여지죠.

빅토리아 시대의 연애는 종종 구애하는 남성의 진실성을 검증하고 그 신뢰도를 조사하는 과정을 포함한 사회적 게임입니다. 무도회에서 마음에 든 여자를 발견했다면 구혼자가 취하는 그 다음 단계는 그 여자의 집 방문입니다. 그걸 예의를 갖춰 인사차 방문하는 예방禮訪이라고 해요. 남자가 예방을 청했다면, 그 청의 수락 여부는 여자의 결정에 달려 있습니다. 여자가 거절하면 남자는 단념하고 돌아가야 합니다.

여자가 허락하면 구혼자는 그 집의 응접실로 갑니다. 응접실엔 당사자뿐만 아니라 어머니도 있고 여동생도 있습니다. 가족이 구혼자의 행동을 관찰하지요. 그 남자가 여자에게 구애할 때 취한 제스처, 사용하는 단어 등 예의범절을 구성하는 모든 요소가 여성 당사자 이외의 가족에 의해 평가됩니다. 연애에 성공하려면 예방이 이뤄져야 하고, 예방이 연애로 이어지려면 당대의 사회가 요구하는 예의범절을 잘 준수해서 자신이 믿음직하고 명예로운 남자임을 증명하는 것, 즉 평판 획득이 절대적입니다. 이 모든 허들을 넘어 연애가 시작되어도 연애의 장소는 여자의 집에 국한됩니다.

'데이트하다'를 영어로 '고 아웃go out'이라고 하지요. 밖으로 나간다는 뜻인데요, 즉 데이트는 당사자끼리 밖으로 나가서 그들만의 감정에 따라 결정한다는 것을 의미합니다. 빅토리아 시대의 연애는 여자의 집에서 가족이 보는 공간에서 이뤄집니다. 미래의 장모, 장인 이외에도 다른 가족 구성원도 보고 있으니까 남자는 섣불리 스킨십을 시도하는 비신사적인 수작을 부려서는 안

됩니다. 연애 과정에서 남자는 끊임없이 자신의 젠틀함과 신뢰를 증명해야 합니다. 배우자를 선택할 때 평판과 더불어 약속도 매우 중요합니다. 방문 연애를 하고 구혼을 해서 여자가 받아들였고 지참금까지 확인이 돼서 결혼까지 거의 다 갔는데 결혼을 깨는 행위, 즉 파혼을 해서는 안 됩니다. 파혼은 약속 위반이니까요. 결혼이라는 약속을 지키지 않는 사람은 신뢰할 수 없는 사람이며 반사회적이라는 평가를 받습니다.

배우자의 괜찮음을 평가할 수 있는 객관화된 평가기준이 있던 시대입니다. 남자는 자신의 젠틀함을 계속 증명해야 된다고 말씀드렸잖아요. 남자를 평가하는 사람들은 평가표를 들고 있는 심사위원처럼 예방을 원할 때 정중한 언어를 사용했는지, 무작정 자기의 감정을 호소하면서 들이밀지는 않았는지 여부를 체크합니다. 평가표에서 긍정적인 평가를 받은 항목이 많을수록 높은 점수를 받고, 높은 평가는 집안의 허락으로 이어지고, 마침내 결혼으로 이어집니다.

최종적으로 결혼이 이루어지기 위해서는 또 하나 중요한 조건이 있는데요, 여성의 지참금입니다. 현재의 관점에서 여성에게 지참금을 요구하는 것은 어이없는 행위입니다. 19세기 연애 방식에서 여성의 지참금은 그 사람의 계층성을 표현해줍니다. 지참금이 계층에 대한 객관적 증명입니다. 그래서 제인 오스틴의 소설에는 현대적 기준으로 보면 속물적으로 느낄 수 있을 정도로 주저함 없이, 마치 상품 가격을 매기는 것처럼 직설적으로 지참금에 대해 이야기하는 장면이 자주 나와요. 당시엔 사랑과 결혼이라는 건 계층 안에서 이루어지기에 지참금이 없는 여자는 아무리 예쁘고 매력적이어도 결혼으로 이어질 수 없습니다.

사랑이 행위로 표현되는 것이 연애이지요. 연애는 결혼을 전제로 한 관계입니다. 사랑은 연애와, 연애는 결혼과 밀접한 한 쌍을 이루고 있으며, 연애를 가능하게 한 사랑의 최종 목적지는 결혼입니다. 그래서 아주 예외적인 경우를 제외하고는 사랑으로 시작되어 결혼에 도달하는 것이 빅토리아 시대의 관행입니다.

현대의 사랑은
빅토리아 시대와 어떤 점에서 다를까요

사랑이 싹트려면 사람과 사람이 만나야 합니다. 사람과 사람이 만나는 가상의 공간을 비유적으로 운동장이라 해볼까요? 신분제 사회에서 이 운동장은 신분별로 분화되어 있습니다. 빅토리아 시대의 무도회장은 특정 신분만 입장할 수 있는 운동장이지요. 현대는 신분제 사회가 아닙니다. 현대적 연애는 모든 사람에게 접근이 허용된 운동장에서 시작됩니다. 물론 현대 사회에서도 극상층은 그들만의 숨겨진 운동장에서 연애를 하기에 공개된 운동장으로 나오지 않지만, 그들을 제외한 나머지 계층은 동일한 운동장에서 연애의 상대자를 만납니다. "서로 다른 혈통과 다양한 사회계층 출신의 남자와 여자가 아무런 규제를 받지 않는 자유로운 시장에서 서로 만나는 일"(《사랑은 왜 아픈가》, 466쪽)

은 이전 역사에서는 찾아볼 수 없었던 현대적 양상입니다. 19세기와는 비교될 수 없을 정도로 운동장에 있는 행위자의 수가 늘어납니다. 경쟁은 더 치열해졌습니다. 그 운동장은 어디에 있을까요? 빅토리아 시대의 무도회장은 물리적으로 확인 가능한 운동장이지만 현대의 운동장은 실체가 없습니다. 모든 장소가 연애가 가능한 운동장입니다.

빅토리아 시대의 연애는 시작부터 가족이 개입하지만, 현대적 사랑에서 연애에 가족이 개입하면 그건 아무리 가족이라 하더라도 '선을 넘은 것'으로 여겨집니다. 설사 부모라 하더라도 자식이 먼저 부모에게 연애 사실을 알리기 전에 캐묻기라도 하면 사생활 간섭으로 느껴질 만큼 현대의 사랑에서 연애는 철저하게 개인의 선택으로 바뀌었습니다. 소개팅 아시지요? 서로 알지 못하는 두 사람의 만남을 성사해주는 절차입니다. 소개팅을 주선하는 사람은 나름 객관적 시선에서 이 둘을 평가하고 둘이 어울릴 것이라 확신이 들어야 실행에 옮기지요. 소개팅만 해도 사회적 평판이 개입되어 있습니다. 요즘은 소개팅보다 데이팅 앱이나 SNS를 통한 만남이 더 많다고 합니다. 거기에는 평판 관리라는 사회적 규제가 개입할 수 없습니다. 모든 것이 개인의 선택입니다.

'이 사람이랑 데이트해도 될까?' '내가 계속 이 사람을 만나도 될까?'와 같은 질문에 대한 답은 당사자의 감정 방향이 어디를 향하는지에 따릅니다. 감정이 연애를 계속할 것인지를 결정짓는 유일한 요인이기에 그 감정은 절실하면서 동시에 진실해야 합니다. 감정에 진정성을 요구하게 되는 거죠. 하지만 그 감정의 실체는 여전히 오리무중입니다. '진실한 감정'을 확인할 객관적 지표가 없습니다. 그러다보니 사랑의 진정성을 요청받은 감정의 주체는 헷갈립니다. "이 감정이 진정한가?"라는 의심을 떨칠 수 없습니다.

사랑과 관련된 카운셀링이 늘어날 수밖에 없습니다. 《뉴욕타임스》에 〈모던 러브〉라는 주간 칼럼이 게재되는데, 연애와 감정, 배신과 폭로를 주제로 다양한 고민이 모이는 집결지입니다. 〈모던 러브〉에 실리는 질문과 답변을 관통하는 하나의 서사는 사랑의 진정성입니다. 현대적 사랑의 최대 고민은 "이게 진정 사랑인가?" "그 사람은 나를 진정 사랑하는가?" "나는 그 사람을 진정 사랑하는가?"에 관한 끝없는 회의임을 잘 보여줍니다. 한국의 각종 인터넷 커뮤니티에도 관계의 진정성에 대한 상담을 요청하는 글이 수없이 올라옵니다. 젊은 세대가 많이 사용하는 SNS인 인스타그램에 #연애상담이라는 해시태그로 검색을 해보시면 알 수 있습니다.

19세기의 빅토리아 시대 모델에선 평판이 매우 중요했다고 말씀드렸잖아요. 결혼이라는 약속을 깬 사람은 사회에서 추방되어야 할 비난의 대상이 됩니다. 반면 현대적 사랑 모델에서는 약속 지키기라는 사회적 규범의 힘이 약해집니다. 현대 연애시장에서 결정을 내리는 것은 호감이라는 주관적 감정입니다. 나는 상대방에게 호감을 느끼는데 상대방은 나에게 호감을 느끼지 않거나, 그 반대인 경우도 많습니다. 우리가 잘 알고 있는 것처럼 감정은 한결같지도 않습니다. 연애에서 변심은 이러저러한 이유로 수시로 일어나지요. 그러기에 변심은 19세기처럼 비난받아 마땅한 사회적 제재의 대상으로 여겨지지도 않습니다. 사랑이라는 감정이 식었다는 이유로 그 사람을 악마로 몰고 갈 수는 없다고 생각합니다. 변심해도 평판을 통한 사회적 처벌을 받지 않으니 사랑의 약속이 지켜지지 않는 것, 즉 이별은 쉽게 일어납니다. 현대인은 연애 과정에서 대체 몇 번이나 이별을 경험할까요? 이별은 고통을 일으킵니다. 이별이 흔해지면 사랑도 자주 아프겠지요.

현대적 사랑에선 섹스가
독립된 영역으로 자리잡습니다

빅토리아 시대의 모델에서 섹스는 결혼의 범주에 편입되어 있기에 섹스 자체가 별도로 의제화되지 않았지만, 현대적 사랑의 가장 큰 특징은 결혼으로부터 완벽하게 분리된 섹스이지요. 섹스는 기존의 도덕적 규범으로부터도 자율성을 얻었습니다. 더 이상 윤리적인 잣대로 성행위를 판단하지 않습니다. 섹스라는 단어는 1920년대까지만 하더라도 영어권에서조차 부정적인 뜻으로 쓰였다고 합니다. '섹시하다'라는 표현은 '색을 밝힌다' 그러니까 '점잖지 않다' 혹은 '음탕하다' 이런 뜻으로 사용되었는데, 1950년대부터는 긍정적인 평가로 그리고 사람들이 지향하는 상태를 표현하는 것으로 바뀝니다. 이러한 변화의 배경에는 현대적인 연애가 탈규범화되면서 등장한 섹슈얼리티에 대한 태도의 변화가 자리 잡고 있습니다.

지참금도 없고 좋은 집안 출신도 아닌 여성이라면 19세기에는 괜찮은 남자와 결혼할 수 없었습니다. 연애와 결혼이 계층 내 순환에 의해 이뤄지기 때문입니다. 반면, 연애시장이 매력을 둘러싼 자유시장 경제체제의 성격을 띠면서 계층적 구획이 사라지고 섹스에 관한 규범적 평가가 사라지자, 부유한 집안 출신도 아니고 교육도 받지 못한 남성/여성이 섹시함이라는 매력을 발산하면 사회적 지위가 있는 여성/남성과 결혼할 수 있는 가능성이 열립니다. 더 나아가 섹시함은 경쟁력이 되어 "매력적인 인물을 표현하는 일반적 특징"이자 "배우자 선택의 결정적 특징"(《사랑은 왜 아픈가》, 95쪽)으로까지 격상됩니다. 인류 역사상 한 번도 겪어보지 못한, 외적인 섹시함과 잘생김과 예쁨만으로 막대한 부와 사회적인 지위 상승의 가능성이 열린 특이한 시대가 등장했습니다. 연예인의 사회적 영향력 확대가 괜한 것은 아니지요.

1930년대 한국의 여성은 평균 18.12세에, 남성은 21.14세에 결혼을 했습니다. 그로부터 100여 년 후인 2022년 한국 여성의 평균 초혼 연령은 31.3세이고 남성은 33.7세에 달합니다. 법적 성인이 되고 난 이후 10년 넘도록 미혼상태라는 뜻이지요. 현대의 미혼상태는 금욕주의에 의해 지배받는 시기일까요? 그렇지 않습니다. 법적 성인으로 보내는 미혼기간은 성적 자유가 결혼이라는 영역 내에서 유지되지 않음을 뜻합니다. 성적 욕구 충족이 결혼이라는 사회적 약속과 결합되지 않은 채 용인되다보면, 그러한 목적에 맞는 기회를 제공하는 공간이 창출됩니다.

전 클럽과 데이트 앱에서 벌어지는 연애의 풍속에 매우 관심이 있지만, 제가 현대적 사랑의 현장을 탐구하겠다는 의지만으로는 클럽에 들어갈 수 있는 게 아니더라고요. 클럽마다 입장을 허가하는 까다로운 기준이 있다고 합니다. 그 기준에 미치지 못한다는 이유로 입장을 금지하는 걸 '입밴'이라고 합니다. 입장을 '밴ban'당했다는 뜻이라네요. 19세기의 구혼자는 예방 단계에서 거절을 당할 수도 있었다면 21세기엔 클럽에서 '입밴' 당할 수도 있습니다. 아무튼 저는 '입밴' 100퍼센트 보장입니다. 클럽은 저 같은 중년 남자를 위한 곳이 아니니까요.

《클럽 아레나》라는 책이 있어요. 지금은 사라졌지만 서울 강남에 있었던, 한때 이른바 '물' 좋기로 소문난 클럽에 대한 르포인데요, 이 책이 있어 다행히도 저로서는 갈 수 없는 나라인 클럽의 작동 방식을 추정할 수 있습니다. 클럽마다 조금 다르지만 보통 '입밴'의 기준이 여자는 나이와 외모라고 합니다. 남자는 외모가 떨어져도 경제력을 입증할 수 있으면 입장 가능하다고 합니다. 사회규범적으로 평가하면 클럽의 '입밴'은 문제가 될 수 있는 정책입니다. 철저한 외모지상주의에다가 시장만능주의 가치관을 반영하고 있으니까요. 이렇게 대놓고 외모로 잠정적 고객을 차별하는데도, 고객은 항의하기는커녕 '입밴' 당하지 않고 클럽의 출입문을 통과할 수 있는 자격을 획득한 것을 훈장처럼 여깁니다. 자신의 외모와 부가 평균 이상임을 인정받았다고 여기는 거죠. 클럽에 가는 사람은 '대놓고 외모지상주의'와 '부끄럼 없는 황금만능주의'를 수긍하는 사람인 셈입니다. 그곳의 규칙에 동의하고 그 규칙 내에서 자신이 승자가 될 수 있느냐 여부에만 촉각을 곤

두세우게 되니까요.

책 《클럽 아레나》의 도움으로 클럽으로 들어가보니, 클럽은 말 그대로 현대적 사랑의 핵심 구성요소가 어떠한 포장과 변명도 없이 적나라하게 펼쳐지는 공간입니다. 사회적 지위나 학벌, 사회적 평판, 개인의 인격적 됨됨이 등 19세기의 연애와 사랑을 규정했던 복합요인은 오로지 금전적 능력과 신체적 매력, 즉 섹시함이라는 두 가지 요소로 환원되는 곳이죠.

〈솔로지옥〉이라는 짝짓기 예능 프로그램은 현대적인 사랑의 맥락을 가장 잘 보여줍니다. 프로그램을 홍보하는 메인 포스터를 같이 볼까요? 신체적 매력이 최대한 잘 드러나도록 한 배려인 듯 출연자의 수영복 사진이 사용됩니다. 등장인물의 얼굴보다 몸을 부각시킨다는 점이 특이합니다. 사람의 인품을 짐작할 수 있는 게 얼굴의 분위기잖아요. 어느 정도의 나이가 되면 잘생기고 예쁜 걸 떠나 어떤 삶을 살아왔는지가 얼굴에 새겨진다고 흔히 말하는데, 이런 맥락에서 얼굴이 아니라 몸만을 강조하는 〈솔로지옥〉의 포스터는 매우 의미심장합니다. 공식 예고편 영상에선 이런 내레이션이 등장해요. 같이 들어볼까요?

여기 두 개의 섬이 있습니다. 서로의 직업과 나이도 모른 채 제한된 상황 속에서 본연의 매력에만 집중하는 곳. 이곳은 지옥도입니다. 지옥도를 탈출하면 천국도가 있습니다. 최고의 환경에서 환상적인 데이트를 즐기며 서로의 직업과 나이도 공개할 수 있습니다. 지금 매력적인 싱글 남녀가 지옥도에 도착했습니다.

싱글에게 데이트할 상대가 없는 상황은 지옥이나 마찬가지라고 하네요. 연애를 하지 않으면 문제 있는 사람으로 취급되는 분위기가 현대의 사랑을 휘감고 있지요. 연애하지 않음은 지옥이고 연애하고 있음은 천국입니다. 솔로는 무조건 이 지옥에서 탈출해야 합니다. 그러려면 상대에게 자신의 매력으로 어필해서 데이트를 해야만 합니다. 지옥도에서 출연자는 서로에 대해 아는 게 없습니다. 직업도 모릅니다. 나이도 모릅니다. 데이트 상대의 결정은 전적으로 외적인 매력에서 오는 호감 유무에 의해 결정됩니다.

〈솔로지옥〉은 솔로의 상태에서 벗어나는 것만 보여줍니다. 결혼을 최종 목표로 삼는 짝짓기 프로그램과는 다른 양상을 보여줍니다. 결혼이라는 최종 목표에 도달하려는 참가자들이 나오는 프로그램에서는 개인의 성격이나 거주지와 가족 상황 그리고 직업적 배경이 꽤나 중요합니다. 반면 전적으로 개인의 매력에 승부를 거는 세계인 〈솔로지옥〉은 이전 세대의 연애와 달라진 점을 보여주죠. 일루즈가 《사랑은 왜 아픈가》와 쌍을 이루는 책 《사랑은 왜 끝나나*Warum Liebe endet*》에서 분석한, 감정과 섹슈얼리티의 자유시장에 가깝습니다. 감정과 섹슈얼리티 시장은 "민족, 종교 또는 인종을 가리지 않고 모든 사회 계층의 구성원"에게 열려 있고, "이 시장 안에서는 사회적 강자와 사회적 약자가, 아름다운 사람과 매력 없는 사람이, 교양을 갖춘 사람과 배우지 못한 사람이, 부자와 가난한 자가 뒤섞"(《사랑은 왜 끝나나》, 266쪽)입니다.

지옥도에선 현대적 사랑의 작동방식에 의한 감정과 관계의 불평등이 숨김없이 드러납니다. 특정 개인에게 구애가 편중되는 일도 흔히 벌어지고, 호감의 엇갈림은 수시로 일어납니다. 천국도에 매번 가는 참가자가 있는가 하면 지옥도에만 머무르는 참가자도 생깁니다. 개인의 매력에만 집중해 데이트 상대를 고르다보니 천국도에서 각자의 사회적 배경이 밝혀질 때 고졸 학력의 남자와 최상위권 대학을 다니는 여자가 커플이 되었음이 드러나기도 합니다. 자상하고 동료를 잘 보살피고 공동체의 협동의식을 보여주는 사람은 지옥도에서 경쟁력이 없습니다. 무조건 신체적 매력이 뛰어난 사람이 절대 강자입니다. 그런데 사람마다 얼굴의 생김이나 체격은 불균등하기에 사랑이 흔해진 현대 사회에서 사랑의 기회는 불평등하게 배분됩니다. 현대의 연애는 하는 사람은 많이 하고, 하지 못하는 사람에겐 귀한 것이 되어버리죠. 사랑은 그래서 아프군요.

현대적 사랑은 역설을 낳습니다

현대적 사랑의 결과는 모두에게 동일한 효과를 발휘하지 않습니다. 모두가 연애를 하고 자유로운 섹스를 누리는 것은 아니지요. 개인의 신체적 매력이 연애의 조건이 되는 한, 유리한 조건을 타고난 사람과 그러지 못한 사람 사이에는 신분제 시대보다 더 큰 사랑의 기회의 차이가 생깁니다. 현대 사회에서 사랑은 흔하고 섹스는 손쉬운 것처럼 보이는데, 그 내막을 들여다보면 그 흔함과 쉬움은 어느 누구만의 것입니다. 그 자유를 누리는 사람보다 박탈된 사람이 더 많을 수도 있습니다. 사랑 때문에 아픈 사람 못지않게 사랑을 하지 못해 아픈 사람도 많은 것이죠.

연애가 자유로워졌기 때문에 사람들은 옛날처럼 제한된 범위 안에서 연애 대상자를 고르지 않습니다. 연애는 흔한 것이 되었고 모든 계층이 동일한 운동장에 있으니 선택할 수 있는 연애 상대자의 수도 늘어났습니다. 사랑에 대한 기대도 높아져서 연애라는 선택이 가져다줄 긍정적 효과의 최대치를 원합니다. 한마디로, 현대인은 연애에서도 자신의 선택 가능성과 선택 효능을 극대화하려고 합니다. 소비자의 태도가 연애에도 적용되는 것이지요.

요즘에는 연애 대상자를 선택하고도 그 선택을 영원한 약속이라 여기지 않고, 최종 결정을 유예하는 사람들이 있습니다. 옛날 사람들은 이해하기 쉽지 않은 이 새로운 연애 관계의 범주가 바로 '썸'입니다. 연애의 상대를 선택했지만 고객이 물건 구매 후 언제든 반품 가능성을 열어놓는 것처럼 연애라는 선택에도 반품 가능성을 열어놓는 사람은 썸과 연애를 철저하게 구별합니다. 썸은 썸이고 연애는 연애라는 거죠. 둘의 차이가 뭘까요? 썸은 약속이 부재하는 관계입니다. 지금 선택은 했지만 이 선택이 최종은 아니며, 최종 선택은 언제든 변할 수 있음을 전제로 합니다. 더 좋은 상대를 만날 수 있는 가능성이 모두에게 열려 있기에 언제든 각자 더 좋은 상대를 만나면 구매 상품을 반품하듯 서로 쿨하게 헤어지고 각자의 행복을 찾아가자는 암묵적 동의가 '썸'이라는 관계로 표현되는 거죠. 영어에도 유사한 표현이 있는데요, BTP, GTP라는 표현입니다. BTP(Boyfriendly Type Person)는 '남자친구 같은 사람'이고 GTP(Girlfriendly Type Person)는 '여자친구 같은 사람'의 약자입니다. "자아가 너무 많은 선택 가능성에 직면한 탓에 현재와 미래를 결합하는 꾸준한 노선을 고집할 수 없게 만드는 선택의 상황"(《사랑은 왜 아픈가》, 200쪽)에서 BTP와 GTP가 등장하게 됩니다. 성관계를 맺지만 연애 상대자, 즉 '애인'이 아닌 관계를 뜻하는 신조어인 '프렌즈 위드 베네핏friends with benefits'은 데이트와 섹스가 분리되는 현대의 경향을 표현하기 위해 만들어졌습니다.

사랑은 본래 약속이었습니다. 지키지 못한다 하더라도 영원한 사랑을 약속하려 하는 게 예전 사랑의 핵심이지요. 비틀스의 〈내가 예순네 살이 되었을 때When I'm Sixty-four〉라는 노래가 있습니다. 이런 가사인데요. "나이가 들어 머리도 빠진, 지금부터 수많은 해가 지난 후에도 당신은 여전히 발렌타인과 생일 때 축하 카드와 와인을 보낼까요? 3시 15분이 되도록 집에 들어오지 않으면 화가 나서 문을 잠글까요? 당신은 날 계속 필요로 할까요? 나를 먹여 살려줄까요? 내가 예순네 살이 되었는데도요." 현대적 사랑에서는 연애의 약속을 지키지 않는 것 자체가 예전처럼 비난의 대상이 되지 않습니다. 섹스도 언제고 변할 수 있는 감정에 기초해 결정하는 것이 되었으니 데이트하면서 성관계도 맺었지만 그다음 단계인 결혼까지 이어지지 않아도 비난할 수는 없다는 거죠. "서로 아무런 요구도 내세우지 말아야 한다"(《사랑은 왜 아픈가》, 264쪽)는 것이 새로운 연애의 규범으로 자리 잡습니다. 결혼을 전제하지 않은 섹스는 자유로움을 우리에게 가져다주었다고 볼 수도 있지만, 자유로운 섹스가 결혼으로 이어지기를 원하는 사람과 자유로운 섹스 그 자체에만 만족하는 사람이 파트너가 되면 서로의 마음은 엇박자를 냅니다. 엇박자는 당사자 중 누군가를 아프게 합니다.

자유로워진 현대의 연애와 섹스는 시장주의가 빚어낸 딜레마에 빠졌습니다

일루즈는 이 책은 "주로 여성의 관점에서 쓰였고, 상당 부분 여성의 딜레마"(《사랑은 왜 아픈가》, 460쪽)를 다루고 있다고 분명히 밝힙니다. "현대 이전의 남성과 여성은 적어도 감정적으로는 어깨를 나란히했다. 반면 (…) 결혼시장이 불러온 이런 탈규제화는 섹스 분야를 통제한다는 새로운 형태의 지배권을 남성이 잡도록 방조"(《사랑은 왜 아픈가》, 109-110쪽)합니다. 그렇다고 책임을 남자에게 다 돌려버릴 수 있을까요? 일루즈는 누가 주범인가를 남자와 여자라는 젠더 이분법으로 환원하지 않고 사랑이라는 감정의 '거대한 전환'을 빚은 시장주의의 전면화를 도마 위에 올려놓습니다.

인스타그램에서 해시태그로 #바디프로필을 검색해보실까요? 정말 수많은 사람의 섹시한 몸이 전시됩니다. 이들은 왜 자신의 몸을 전시할까요? 어떤 사람은 힘든 과정을 겪으면서 자신의 몸을 가꾸었습니다. 이 사람들은 바디 프로필 사진을 찍기 위한 몸을 만드는 과정에서 자신감을 얻었고 이 자신감은 전에 없었던 자신에 대한 긍정적 태도을 가져다주기도 합니다. 이들에게 바디 프로필 사진은 자신에게 수여하는 훈장이나 다를 바 없습니다. 하지만 어떤 사람은 경제적 보상을 기대하면서 자신의 몸을 SNS에 전시하기도 합니다. 자신의 계정에 구독자가 많아지면, 구독자의 수만큼 영향력을 행사할 수 있고, 그 영향력이 어떤 형태로든 시장적 환금성과 연결되기를 기대하는 것이지요. 전자는 이전 세대에겐 불가능했던 신체 활용의 자유로움을 만끽하지만, 후자는 자본을 축적하기 위한 수단으로 섹시함을 활용하려 합니다. 우리는 성에 대한 억압으로부터 탈출하는 방향과 성상품화가 가속되는 방향의 갈림길에 있습니다. 일루즈는 성상품화가 가속되는 방향을 바라보며 우려합니다.

본래 성혁명은 남녀평등의 실현이라는 목적과 결합되어 있었지요. 여성에 대한 전반적 억압이 지배되었던 시대에 성의 자유에 대한 요구는 여성의 사회적 지위를 향상시키는 목표와 충돌하지 않았습니다. 시장주의가 전면화되어 성까지도 시장주의의 논리로 포섭하면 이전에는 진보적이었던 성혁명의 요구조차도, 섹스조차도 자본화하는 시장주의로 빨려들어갑니다. 그래서 일루즈는 이렇게 제안합니다. "섹스자본의 축적이라는 모델을 시험대 위에 올려놓고 더 활짝 열어 철저히 파헤쳐야 한다. 현대의 남성성을 이끌어냈으며, 여성도 열광해 그대로 흉내냈던 바로 그 모델 말이다."(《사랑은 왜 아픈가》, 474쪽)

연애와 사랑의 개인화는 가족에게서 벗어나 개인의 자율성이 확대되는 과정으로서 긍정적 변화를 가져왔지만, 시장주의적 방식이 확산됨에 따라 원하지 않았던 딜레마에 처합니다. 개인의 자유의 확대, 여성을 둘러싼 억압으로부터 해방을 의미했던 성혁명은 섹슈얼리티 자체가 자본이 되는 시대를 열었고, 자본의 수단으로 전화된 섹슈얼리티는 새로운 시장을 개척합니다. 섹스를 자본화하는 모델이 문제 있다고, 전면적인 성 억압에 지배되었던 과거로 돌아가자고 주장할 수는 없습니다. 과거로의 회귀는 섹스자본 축적 모델의 문제점을 극복하는 해결책은 아니지요. 그렇다고 사랑과 섹스의 시장화를 어쩔 수 없다며 받아들일수도 없습니다. 비판은 딜레마에서 벗어나는 능력입니다. 비판은늘 그렇듯 손쉽게 과거의 덕목으로 돌아가자는 유혹에 굴복하지않습니다. 비판은 문제를 일으키는 현재를 넘어서 미래로 가려는시도입니다. 이전 세대의 부모는 사랑에 대한 억압 때문에 아팠는데 그들의 자녀 세대는 사랑의 시장화 때문에 아프다면, 비판은 사랑과 연애의 시장화가 쳐놓은 울타리에서 벗어나는 방법을모색해야 합니다. 사랑으로 인해 아프면 안 되니까요. 책을 덮으며 사랑의 자유화와 상품화라는, 서로 다투는 두 가지 힘을 제치고 등장해야 할 '제3의 힘'을 상상해봅니다.

인용·참고 문헌
에바 일루즈, 《사랑은 왜 끝나나》, 김희상 옮김, 돌베개, 2020.
유가효, 〈일제시대 결혼결정과정을 통해서 본 결혼문화의 변화〉《한국학논집》제36집, 2008.
제인 오스틴, 《오만과 편견》, 류경희 옮김, 문학동네, 2017.
최나욱, 《클럽 아레나》, 에이도스, 2019.

10

책이 부르는 마지막 노래를
들어보실래요

닐 포스트먼Neil Postman,
《죽도록 즐기기*Amusing Ourselves to Death*》, 1985년

닐 포스트먼, 《죽도록 즐기기》,
홍윤선 옮김, 굿인포메이션, 2020.

집 근처에 새로 문을 연 식당이 있습니다. 장사가 잘되던 가게도 어느 날 갑자기 문 닫는 일도 빈번한 요즘이니, 칼국숫집이 신장개업했다는 이유로 굳이 눈길을 줄 필요가 없겠다는 요량으로 무심코 지나치려는데 특이한 풍경이 눈을 끌었습니다. 입구에 늘어선 개업 축하 화환만큼이나 많은 사람이 줄을 서서 차례를 기다리고 있었기 때문이죠. 아무리 음식 맛이 좋아도 입소문이 나려면 시간이 걸릴 텐데, 저 집은 어떤 연유로 문 열자마자 저리도 많은 사람이 몰리는지 궁금해졌습니다. 성공한 바이럴 마케팅의 한 사례라고 해석하기엔 뭔가 아닌 듯싶었고, 주인장이 이러저러한 방법으로 사람들을 동원한 결과라고 추정하자니 억지스러웠습니다.

궁금증을 풀기 위해 인터넷 검색을 하고 나서 붐비는 까닭을 알게 되었는데, 사뭇 허탈했습니다. 그 집의 주인은 이미 알 만한 사람은 아는 '유명인'이었던 겁니다. 검색 덕택에 식당 주인의 재산, 그가 타는 자동차 모델, 그가 소유한 빌딩들, 그가 쓴 책까지도 알게 되었습니다. 그 집은 여느 식당이 아니라 '셀럽'이 운영하는 칼국숫집인지라 문을 연 첫날부터 문전성시였던 거죠. 유명하면 참 좋네요. 금수저를 입에 물고 태어나지 않아 상속받을 재산이 없는 우리가 인생역전을 꾀할 수 있는 유일한 방법은 유명해지는 것일지도 모르겠습니다. 그 식당 주인은 어떻게 유명해졌을까요? 그는 미디어를 잘 활용하는 사람이더군요. 유명인 현상의 배경에는 미디어가 있습니다.

미디어는 메타포입니다

미디어를 기준으로 인류 역사를 시기별로 나누어보면 크게 미디어가 없었던 시기와 미디어가 발생한 이후로 구분할 수 있습니다. 미디어는 인간이 만들어낸 인공물이니 이론적으로는 미디어가 없었던 시대가 있었을 겁니다. 미디어가 없는 상황에서 사람은 입말(구어)를 통해 상호 의사소통을 했지만, 월터 옹의《구술문화와 문자문화》에서 살펴보았듯이 사람의 '말'은 시간과 공간의 한계에 갇혀 있습니다. 그 한계를 극복하기 위해 말을 시각적으로 기록하여 저장하고 전파할 수 있는 미디어인 문자가 발명되었습니다. 수메르인의 쐐기문자 발명을 문자-미디어의 가장 오래된 역사라고 전제한다면, 그 역사는 기원전 3천 년까지 거슬러 올라가니 문자-미디어는 5천 년 동안이나 인간의 생각을 기록하고 저장하고 진파하는 미디어로 사용되어왔습니다. 인쇄술이라는 혁명적인 기술이 도입됨으로써 문자는 압도적인 영향력을 행사하는 미디어로 자리 잡습니다.

19세기에 접어들면서 문자-미디어와 경쟁하는 새로운 미디어가 앞다투어 출현합니다. 1831년에 루이 다게르Louis Daguerre가 다게르 타입 사진술을 발명한 이후 사진술은 급속한 발전을 거듭했고, 1877년에는 에디슨이 왁스 실린더를 사용한 납관식 축음기phonograph를 발명하여 소리를 그 자체로 녹음하는 것도 가능해졌습니다. 뤼미에르 형제가 1895년 시네마토그래프cinematograph로 최초의 영화를 촬영했지요. 영화와 녹음 기술이 결합하고, 무선 전신 기술과 영화가 결합하여 텔레비전이라는 미디어를 낳았습니다. 텔레비전은 19세기에 등장한 여러 미디어의 총합이라고 해도 무방합니다. 텔레비전은 새로운 시대를 창출했습니다.

닐 포스트먼은 텔레비전 시대의 문화풍경을 분석한 《죽도록 즐기기》를 1985년에 출간했습니다. 요즘의 학자가 인터넷이라는 미디어가 상용화된 이후 생긴 사회변화에 주목하지 않을 수 없는 것처럼 닐 포스트먼 시대의 학자에게 텔레비전이 초래한 사회변동 탐색은 피해갈 수 없는 과제였지요. 《죽도록 즐기기》와 밀접하게 연관된 책이 마셜 매클루언Marshall Mcluhan의 《미디어의 이해》입니다. 매클루언은 동일한 내용도 전달되는 미디어가 다르면 메시지의 뉘앙스도 달라짐을 "미디어는 메시지"라는 그 유명한 명제를 통해 표현합니다. 포스트먼은 매클루언의 명제를 수용하면서 한 발짝 더 나아가 "미디어는 메타포"라는 명제를 만들어냅니다.

메타포는 보통 은유라는 수사법을 가리키는 말이지만, 포스트먼은 메타포를 독특한 어법으로 사용하기 때문에 여기서도 불가피하게 은유 대신 메타포라는 단어를 그대로 사용하겠습니다. "내 마음은 호수다"는 널리 알려지고 자주 사용되는 은유(메타포)입니다. 포스트먼은 특정한 은유가 반복적으로 사용되어 하나의 관습이 되었을 때 발생하는 "암시의 힘"(《죽도록 즐기기》, 32쪽)에 주목합니다. "내 마음은 호수다"라는 은유가 너무나 반복적으로 사용된 나머지 사람들이 '마음'이라는 단어를 들으면 자동적으로 '호수'라는 단어를 연상하게 하는 것, 이게 포스트먼이 주목하는 암시의 힘입니다. 어떤 암시의 힘이 작동하는지 우리는 알아채지 못하더라도 그 힘이 강력하게 작동하면 우리의 사고방식과 방향에도 영향을 끼치게 됩니다. 암시의 힘은 무의식처럼 작동하고 있다는 것이지요. 포스트먼은 미디어가 시대의 문화적 무의식으로 작동하는 암시의 힘의 체계라고 생각합니다. 어떤 미디어를 사용하는지에 따라 그 미디어가 우리의 사고방식, 더 나아가 문화의 내용까지 좌지우지함을 포스트먼은 "미디어는 메타포"라는 명제 속에 담은 것이지요.

인쇄문화는 인류 전체 역사에서 오랫동안 지배적 미디어의 위치를 차지했습니다. 인간의 지식체계는 읽기와 쓰기 시스템 안으로 수용되었고 인간이 축적한 모든 지식은 읽기와 쓰기라는 과정을 통해 축적되고 후대에 전달되었습니다. 어떤 미디어가 주류의 지리를 차지하느냐에 따라 인식의 체계 또한 변화합니다. 인쇄문화가 지배적인 시대에는 그 시대 특유의 인식론 체계가 있습니다. 텔레비전은 또 다른 형태의 새로운 인식론 체계의 등장을 예고합니다. 이 점에 주목하여 포스트먼은 인쇄문화 이후 주류 미디어로 등장한 텔레비전이 "사람들의 지적 능력을 편중시키고, 지성과 지혜에 대한 특정한 정의를 선호하도록 하고, 특정한 종류의 내용만을 요구하도록 조장"(《죽도록 즐기기》, 53쪽)하는 경향을 분석하고자 합니다.

인쇄문화가 지배적이었던 텔레비전 시대 이전의 세계인
17세기의 뉴잉글랜드로 가보겠습니다

닐 포스트먼이 《죽도록 즐기기》를 출간한 1980년대를 텔레비전의 역사의 관점에서 살펴보면, 24시간 뮤직 비디오를 송출하는 오락 전문 상업방송 MTV가 1981년 8월 1일 뉴욕에서 방송을 시작한 후 영향력을 확대해나가던 시기입니다. MTV는 이른바 영상시대가 도래했음을 알리는 상징으로 해석되었는데요, 영상시대의 논리는 인쇄문화의 논리와 다를 뿐만 아니라 심지어 적대적이기까지 했지요. 포스트먼은 1980년대에 텔레비전을 바탕으로 만개한 '쇼 비즈니스' 시대의 문화문법과 인쇄문화의 문화문법을 비교합니다. 그 차이를 알려면 순서상으로 인쇄문화의 문화문법에 대한 이해가 필요합니다.

텔레비전이 없었기에 인쇄문화 고유의 논리가 지배적이었던 시기로 상상의 여행을 해보겠습니다. 포스트먼은 우리를 17세기의 미국 뉴잉글랜드 지역으로 안내합니다. 그 무렵 유럽에서 대서양을 건너겠다고 결심한 집단은 유럽 내에서 안정적인 사회적 지위를 확보하고 있지 않았습니다. 기근을 피해 떠나온 사람도 있었고 종교적 자유를 찾아온 집단도 있었지요. 미국으로 이주한 유럽인은 종교적인 측면에서 보면 가톨릭이 아니라 프로테스탄트가 압도적이었습니다. 종교개혁을 계기로 등장한 개신교, 즉 프로테스탄티즘protestantism은 성경 중심 해석이라는 점에서 구교인 가톨릭과 교리적 차이를 보여줍니다. 프로테스탄티즘은 신자가 성경 읽기를 통해 문자로 표현된 하느님의 말씀을 직접 접하는 것을 중요하게 여겼습니다. 그래서 프로테스탄트가 되려면 글을 읽을 수 있는 능력만큼은 반드시 필요했습니다. 이런 맥락에서 프로테스탄티즘의 확산과 인쇄문화의 확산은 상호 연동될수밖에 없었던 것입니다.

1620년 이후 뉴잉글랜드 지역에 정착한 이주민은 대부분 청교도였습니다. 당시 뉴잉글랜드 지역의 사회문화 분위기는 인쇄문화 의존적이었습니다. 17세기 뉴잉글랜드의 인쇄문화를 대표하는 인물이 미국인들이 가장 존경하는 인물 중 한 명으로 꼽는 벤저민 프랭클린Benjamin Franklin입니다. 그는 청교도이면서 동시에 자신이 창간한 〈필라델피아 가제트〉로 인쇄업자이자 출판업자로 성공을 거두어 아메리칸 드림의 상징적 인물이기도 하지요.

또한 그는 《가난한 리처드의 달력》이라는 초대형 베스트셀러의 작가이기도 했습니다. 포스트먼에 따르면 뉴잉글랜드에 정착한 이주민은 "집중력 있고 능숙한 독서가였고 이들의 종교적 정서, 정치적 사고 그리고 공공생활이 인쇄매체에 둘러싸여"(《죽도록 즐기기》, 59쪽) 있었습니다.

1640년부터 1700년 사이에 매사추세츠와 코네티컷 남성의 문자 해독률은 89-95퍼센트에 달했다고 합니다. 물론 남성에 국한되지만, 당시 뉴잉글랜드 지역의 인쇄문화 지배력을 반영하는 수치라 할 수 있습니다. 이주민들은 이민 초기부터 학교 설립을 중요하게 여겼다고 하네요. 1650년에 뉴잉글랜드의 거의 대부분 지역에 읽기 및 쓰기 학교 운영을 요구하는 법안까지 제정되었다고 합니다. 1636년에 미국 최초의 대학으로, 청교도 존 하버드의 성을 딴 하버드 대학이 개교한 것도 이런 사회문화적 배경이었기에 가능한 것이었죠. 미국 최초의 인쇄소는 1638년에 하버드 대학 부속기관으로 설립되었습니다. 브라운, 컬럼비아, 코넬, 다트머스, 예일, 프린스턴 등 이른바 아이비리그로 분류되는 미국 대학이 뉴잉글랜드 지역에 몰려 있는 것도 괜한 일이 아닙니다.

뉴잉글랜드 지역의 인쇄문화에 바탕을 둔 독특한 지성주의 문화가 있었음을 상징적으로 보여주는 또 다른 사례가 민주당 상원의원 링컨과 공화당 상원의원 더글러스가 노예제 폐지 여부를 두고 벌인 1858년의 토론입니다. 링컨은 노예제 폐지론자였고 더글러스는 노예제 폐지 반대 입장이었는데요, 더글러스가 먼저 무려 세 시간 동안 노예제 폐지 반대 입장에 대해 연설했다고 합니다. 세 시간을 연설한 더글러스도 놀랍지만 그 연설을 경청한 청중은 더 대단합니다. 현대인 중 세 시간 넘는 연설을 앉아서 듣는 인내심을 갖춘 사람이 몇 명이나 될까요? 더글러스의 연설이 끝나고 링컨이 연설할 차례가 되었을 때는 이미 오후 5시경이었습니다. 그대로 연설을 시작했다가는 저녁식사 시간을 놓치게 될 것을 염려한 링컨이 각자 흩어져 식사를 한 후에 토론을 계속하자고 제안했고 청중이 받아들였습니다. 저녁식사 후 재개된 토론은 네 시간 동안 진행되었다고 합니다. 그날의 토론은 총 일곱 시간 동안 진행되었던 것이죠.

텔레비전 시대를 살고 있는 현재의 우리는 상상 못 할 장시간의 토론입니다. 일곱 시간 동안 재미있는 드라마를 연속으로 보는 것도 힘든데, 정치 토론이라니요. 링컨이든 더글러스든 요즘 흔히 볼 수 있는 정치인의 모습과는 아주 다릅니다. 더글러스도 노예제 폐지 반대 이유를 세 시간 이상 논리적으로 이야기할 수 있을 정도로 지성적이었고, 링컨 또한 감정적 호소나 선동이 아니라 차분한 어조로 노예제 폐지의 당위성을 설득하는 연설을 했다고 합니다. 더글러스와 링컨이 특이한 인물이 었을까요? 아닙니다. 미국 건국 초기 정치인은 대부분 그런 유형이었고, 초창기 미국 대통령도 선동하는 정치인보다는 사색하는 지식인에 가까운 인물이었습니다. 당시의 미국 유권자가 그런 유형을 선호했다고 합니다. 자신의 주장을 조리 있게 설득하기 위해 장시간 연설을 할 수 있었던 정치인, 그리고 정치인의 토론을 일곱 시간이나 들어주는 청중 모두 수준 높았습니다.

닐 포스트먼은 미국 건국 초기에 독특한 지성적 분위기가 유지될 수 있었던 원인을 사회 저변에 깔려 있던 독서문화에서 찾습니다. 당시는 정치인도 독서인이었고 유권자도 독서인이었습니다. 지성적인 독자는 자신에게 영향을 끼치는 공적 인물이 자신 이상으로 지성적이기를 기대하죠. 그렇기에 정치인 역시 유권자의 요구에 맞춰 자신이 지성적임을 공공 장소에서 토론이나 정치 연설을 통해 증명해야 했습니다.

링컨 시대 때 사람들은 링컨의 얼굴을 몰랐다고 합니다. 링컨의 얼굴을 궁금해하지 않았대요. 대신 링컨이 쓴 책을 읽고 싶어 했습니다. 유권자가 누구를 지지할지를 결정할 때는 외모, 분위기나 언변이 아니라 그 사람의 사상과 비전이 중요했기 때문이지요. 인쇄문화가 지배적이었던 당시의 풍경은 닉슨과 케네디 사이의 대통령 후보자 토론이 1960년 텔레비전으로 중계되었을 때와 대조적이지요. 사람들은 케네디의 외모에 주목했습니다. 젊고 잘생긴 정치인의 얼굴을 텔레비전 카메라가 클로즈업해서 중계했으니까요. 케네디의 등장은 정치가 인쇄문화의 영향에서 벗어나 텔레비전의 영향권 안으로 편입되는 상징적 사건이었습니다. 케네디는 텔레비전이 있던 시대의 정치인이었기에 성공했습니다. 만약 케네디가 링컨 시대의 인물이었다면 어땠을까요?

사람들은 알게 모르게 지배적인 미디어에 내재된 속성으로부터 영향을 받습니다. 심지어 지배적인 미디어가 변하면 동일한 현상을 평가하는 기준까지 바뀝니다. 구술문화가 지배적인 시대에서는 폭넓게 활용 가능한 함축성 있는 말을 구사하는 능력,

즉 경구를 인용하는 솜씨의 소유자가 지성적이라고 여겨졌습니다. 《일리아스》를 쓴 호메로스는 구술문화가 지배적인 시대의 지성적 인물입니다. 호메로스의 서사시에는 수시로 관용구가 등장하는데요, 구술문화가 지배적인 시대에 호메로스 스타일로 말하기는 지성적인 태도로 받아들여졌습니다. 하지만 인쇄문화 이후 호메로스 스타일로 글을 쓰면 장황하고 허세가 강하다는 평가를 받지요. 지성을 판단하는 기준이 바뀌었기 때문입니다. 인쇄문화의 시대에 지성적이라는 평가를 받으려면 "중립적이고 객관적인 태도" "추상적인 세계를 다루는 능력"(《죽도록 즐기기》, 51쪽)을 증명해야 합니다. 텔레비전이 지배적인 시대에도 인쇄문화에서 지성적이라고 평가되는 "엄격하고 학구적이며 지적인 담론형식"(《죽도록 즐기기》, 96쪽)에 대한 존중은 유지될 수 있을까요?

엄격하고 지적인 인쇄문화의 담론형식이 밀려나기 시작합니다

인쇄문화 시대의 공적 인물은 "자신의 글을 통해 유명해졌지, 외모는 물론이고 연설능력"(《죽도록 즐기기》, 104쪽)은 그를 존경받고 영향력 있는 인물로 만들어준 요인이 아니었습니다. "진지하며 논리적으로 질서정연한 내용을 전달하는 공공담론 형식"(《죽도록 즐기기》, 89쪽)을 능숙하게 사용할 수 있는지 여부가 지성의 척도였고, 공적 인물은 지성의 크기에 따라 사회적 영향력을 행사했지요. 그러다 '쇼 비즈니스'의 논리와 결합한 텔레비전 시대의 풍경을 예견하는 듯한 변화가 일어납니다. 인쇄문화에서 존경의 대상이었던 지성이 과거의 위신을 잃어버리고, 조롱의 대상으로 전락하게 됩니다. 이 흐름을 반지성주의라고 하는데요, 반지성주의의 기원을 이해하기 위해서는 포스트먼도 길게 인용하는 리처드 호프스태터Richard Hofstadter의《미국의 반지성주의》를 함께 읽기를 추천합니다.

호프스태터는 미국의 반지성주의의 뿌리를 기독교의 변화에서부터 찾습니다. 미국 기독교 내의 반지성주의의 확산을 이해하려면 교파주의를 알아야 합니다. 자기가 태어난 교구에 있는 교회를 다니는 것이 전통입니다. 다닐 교회를 선택하는 게 아니라 태어난 지역에 따라 그 사람의 소속 교구가 결정되는 것이죠. 이러한 전통적 방법과는 달리 교파주의는 신자의 교회 선택을 허락합니다. 교파주의가 확산되면 교구의 중요성이 희박해지고, 각 교회는 신자 확보를 위해 무한 경쟁을 합니다. 선교는 경쟁하는 교회의 입장에서 매우 중요해집니다. 선교를 최전선에서 수행하는 전도사의 능력에 따라 교회의 신자 수가 좌지우지될 수 있기 때문이죠. 교회 안에서 전통적인 방식으로 지성에 호소하는 설교를 하는 목사와 달리 광야에 나가서 신자를 확보해야 하는 선교사에겐 '주목받는 것'이 필수입니다. 지성 유무와 상관없이 언변이 뛰어나거나 제스처가 요란하면 주목받기 쉽지요. 그렇게 설교하는 사람이 전도사로서 능력 있다고 평가받기 시작합니다.

교파주의와 함께 복음주의라는 흐름 역시 미국의 기독교 내부에서 지성적 분위기를 쇠퇴시킨 또 다른 배경입니다. 뉴잉글랜드 지역은 인쇄문화가 지배적이라고 말씀드렸지요. 성경 읽기는 신자의 핵심 신앙 활동으로 권장되었습니다만, 교파주의 이후 성경에 대한 지식이 아니라 '성령이 임했느냐' 여부를 중요하게 여기는 복음주의가 힘을 얻습니다. 신자를 확보하기 위해 서로 경쟁하는 교회는 차분한 성경 읽기에서 현란한 복음주의 방식의 적극적 도입으로 선교의 방향을 틉니다. 예전 뉴잉글랜드 문화에서는 과장된 목소리와 화려한 제스처로 설교하면 지성적이지 않다는 이유로 거부감을 불러일으켰는데, 복음주의적 태도가 받아들여지는 걸 넘어서서 신자들이 오히려 이런 분위기를 좋아하고 원하게 되다보니 "설교에는 학식이 필요없다면서, 자기들은 학식으로 설교하는 목사보다도 성령의 힘으로 설교를 더 잘할 수 있다고 항변"(《미국의 반지성주의》, 109쪽)하는 인기 있는 전도사가 신앙 생활을 이끄는 일이 벌어집니다. 한 구절을 옮겨보겠습니다. 요란한 제스처를 사용하는 선교사가 인기를 끄는 것을 무기력하게 바라보는 인쇄문화 전통의 성직자들의 심정을 이렇게 표현하는군요.

> 길버트 테넌트나 데이븐포트처럼 설교대를 두드리고 발을 동동 구르며 열변을 토하기까지 하는 이들을 상대로, 목사들은 마치 무대 위의 가무단 맨 앞줄에 선 젊은 여성에게 마음을 빼앗긴 남편을 보고 있는 늙은 아내와 같은 심정이었다.
>
> – 《미국의 반지성주의》, 105-106쪽.

차분하고 논리적이며 지성적인 목사의 입지가 줄어들고, 그 반대 성향의 인물이 기독교 내에서 영향력을 확보하면서 종교 내의 반지성주의는 급속도로 확산됩니다. 텔레비전은 반지성주의의 흐름을 제어할까요, 아니면 강화시킬까요?

레이건이 미국 대통령이 될 수 있었던 비결은 뭘까요

《죽도록 즐기기》의 첫 챕터에 포스트먼은 "이 글을 쓰고 있는 지금, 미합중국의 대통령은 전직 할리우드 영화배우 출신이다"(《죽도록 즐기기》, 17쪽)라고 썼는데, 그는 레이건의 대통령 당선은 링컨을 낳은 인쇄문화의 시대가 가고 텔레비전이 지배적인 문화배경이 되는 새로운 시대가 도래했음을 상징하는 사건이라고 감지했던 것이죠. 로널드 레이건Ronald Reagan, 미국의 40대 대통령입니다. 재선에 성공하여 1981년부터 1989년까지 대통령을 지냈으니 나름 성공한 대통령입니다. 영국의 총리 마거릿 대처와 더불어 1980년대 신자유주의 체제로의 전환을 이끈 대통령이기에 신자유주의 체제를 분석하는 책에 반드시 등장하는 인물입니다. 자신의 이름을 딴 '레이거니즘'이라는 단어를 역사에 남겼다는 의미에서 역사적 대통령이라 할 수도 있습니다. 특이하게도 레이건은 정치인이 아니라 영화배우로 사회 경력을 시작했습니다.

영화배우 출신이라는 점은 한 인물이 대통령이 되는 데 도움이 될 수도 있고 아닐 수도 있어요. 정치인에게 전문적 신뢰성을 요구하는 사회적 분위기라면 영화배우 출신은 약점입니다. 하지만 '유명함'을 능력과 동일시하는 사회적 분위기에선 되레 정치인으로의 성공적 변신을 돕는 자산입니다. 정치인 레이건은 전직 영화배우로 쌓은 명성의 덕을 보았습니다. 《죽도록 즐기기》의 앞부분엔 시대의 징후와 관련한 또 다른 중요한 언급이 있습니다. "미국에서는 하나님조차도 **남을 재미있게 해줄 수 있는 재능과 기질이 있는 사람**이라면, 목사이건 운동선수이건 기업가이건 정치인이건 교사이건 저널리스트이건 간에 상관없이 모두를 편애하는 듯하다."《죽도록 즐기기》, 20쪽, 강조는 인용자) 어느 시대에나 존경받는 사람과 인기 있는 사람이 있지만 그 존경과 인기의 원천은 시대에 따라 달라집니다. 포스트먼은 '오락적 재미amusement'가 가치 판단의 새로운 기준으로 부상한 시대의 논리에 주목합니다.

어느 시대에나 유명인은 있지만 사회의 성격에 따라 유명인의 자리를 차지하는 사람이 누구인지가 달라집니다. 포스트먼은 인쇄시대의 유명인이 아니라 '쇼 비즈니스' 시대의 유명인이 누구인지 살펴보고 흥미로운 사실을 발견합니다. 당대의 유명인이었던 목사, 운동선수, 기업가, 정치인, 교사, 저널리스트는 활동 분야가 완전히 달랐지만, 공통점이 있습니다. 그것은 다름 아닌 "남을 재미있게 해줄 수 있는 재능과 기질", 즉 오락적 기질과 예능적 능력입니다. 이 맥락에서 포스트먼은 시대의 징후를 예증하는 대표적인 인물을 언급합니다.

그중 한 명이 목사 빌리 그레이엄Billy Graham이고 또 다른 인물은 섹스 테라피스트 루스 웨스트하이머Ruth Westheimer입니다. 남침례교 목사였던 빌리 그레이엄만큼 유명한 목사는 미국 역사상 없었습니다. 그는 텔레비전이나 라디오 같은 당대의 지배적인 미디어를 자신의 유명함을 창출하는 수단으로 삼았습니다. 빌리 그레이엄이 텔레비전을 효과적으로 활용하려 하기도 했지만, 텔레비전 역시 빌리 그레이엄이 갖고 있는 능력을 무시하지 않았습니다. 미디어는 왜 빌리 그레이엄을 선호했을까요? 그의 설교에는 다른 목사의 설교와는 다른 점이 있었습니다. 보통 목사의 설교는 진지했습니다. 신앙 말씀을 제대로 전달하려면 그 형식 또한 엄숙해야 한다고 보통의 목사는 생각했으니까요. 빌리 그레이엄은 달랐습니다. 엄숙함이라는 형식을 고집하지 않았습니다. 그는 사람들의 흥미를 유발할 수 있다면 전통적인 성직자상과는 거리가 먼, 텔레비전의 시대에 적합한 말투를 구사했습니다. 또한 그는 관심을 끌기 위해 전통적으로 사용하지 않거나 꺼려지던 여러 장치를 적극적으로 활용했습니다. 운동선수, 연예인부터 정치인에 이르기까지 유명인의 간증을 전도 집회에 배치했고 성가대를 동원해 흥미를 더했지요. 빌리 그레이엄은 전통적 목사 이미지에서 벗어났다는 점에서 논란이었고 '반계몽주의적인 형태의 기독교 신앙'이라고 비판받기도 했지만, 그 비판의 목소리는 그의 유명함 앞에 굴복했습니다. 그레이엄의 생애 동안 미디어를 통해 그의 설교를 시청한 사람이 무려 22억 명에 달한다고 하니, 그레이엄은 가톨릭 교황에 버금가는 혹은 그 이상의 영향력을 행사했습니다.

빌리 그레이엄이 종교 영역에서 나타난 새로운 변화를 대표하는 인물이라면 루스 웨스트하이머는 오락적 요소와 교육이 결합한 새로운 양식을 보여주는 사례입니다. 루스 웨스트하이머는 성교육을 주제로 토크쇼를 진행하며 인기를 끌었습니다. 섹스 토크쇼를 진행하는 루스 웨스트하이머에게서 홀로코스트 생존자라는 불행한 과거의 흔적은 찾아볼 수 없습니다. 그는 익살스러웠고 명랑했죠. 1985년에 시작된 그의 텔레비전 쇼 〈루스 박사 쇼〉는 매주 200만 명 이상의 시청자를 텔레비전 앞으로 불러냈습니다. 그는 오락적 요소와 전문성이 상호 충돌하지 않는다고 여겼습니다. 민망할 수도 있는 섹스 관련 고민에 따뜻하고 유쾌한 충고를 즉흥적으로 해주는 능력은 타의 추종을 불허했습니다.

빌리 그레이엄과 루스 웨스트하이머는 각자 전문 분야는 다르지만 유명한 사람이라는 점, 심각하거나 심오한 내용을 흥미로운 형식으로, 필요하다면 기꺼이 오락적 형식을 마다하지 않고 가공할 수 있는 특출한 능력을 소유했다는 점에서 공통적입니다. 이들은 '재미있음'이 재능이 되고, 그 재능이 사회적으로 수용되어 유명함의 원천이 될 수 있는 텔레비전 시대가 도래했음을 알리는 상징적 인물입니다.

반지성주의의 원천은
실용주의와 경영자의 마음가짐입니다

다시 뉴잉글랜드로 눈을 돌려보지요. 인쇄문화의 전통이 확고했던 뉴잉글랜드 지역에서 기독교 내의 복음주의를 경유한 반지성주의의 흐름이 강해진 까닭은 무엇이었을까요? 그 핵심을 '실용성'에 대한 태도에서 찾아볼 수 있을 것입니다. 교파주의가 확산되면 각 교회는 신자 확보라는 절체절명의 요구에 놓이게 됩니다. 신자를 확보하기 위해서는 노력해야 합니다. 노력했다면 그 노력에 걸맞은 효과가 나타나야 합니다. 그게 효율성이지요. 효율성은 결과의 차이를 중요하게 여깁니다. 비록 지성적이지는 않지만 그 노력이 신자 수의 증가라는 결과를 가져다준다면 효율성의 관점에서는 과정에서의 비非지성은 문제 삼지 않지요.

"모로 가도 서울만 가면 그만이다"를 따르면 효율성이 있는 것이 쓸모 있는 것, 즉 실용적이라고 판단됩니다. 실용성을 우선시하는 마음가짐은 전형적인 경영자의 마음가짐입니다. 경영자는 이윤의 창출을 최우선 목표로 삼습니다. 그 목표를 달성하는 과정에서는 품위가 중요하지 않지요. 체면과 지성적인 품위를 중요하게 여겼던 뉴잉글랜드는 실용성 우선주의와 결합한 경영자의 마음가짐이 확산되어 사회적 힘을 얻으면서 초기의 인쇄문화 전통에서 멀어지게 되었습니다.

지성을 '실용성'을 기준으로 판단하면 어떤 일이 벌어질까요? 지성은 그 자체로 실용적이지도 비실용적이지도 않습니다. 지성은 그 자체로 초실용적이지요. 지성의 쓸모를 즉각적으로 증명하지 못하면 중요하지 않다고 판단하는 것이 반지성주의입니다. 반지성주의는 즉각적 실용성을 유일한 가치기준으로 삼는 사유방식에서 배양됩니다. 반지성주의는 무식해 보이는 말투로 등장하지 않습니다. 처음부터 지성을 조롱하는 모습을 취하지도 않습니다. 실용성이 유일하고 절대적인 가치기준으로 자리 잡고 점점 공고해지면 즉각적 쓸모를 입증하지 못하는 지성을 노골적으로 폄하하는 반지성주의가 득세하게 되는 거죠.

텔레비전은 당장 시청자를 텔레비전 앞에 머물도록 해야 살아남을 수 있습니다

포스트먼은 초중등학교 교사이기도 했습니다. 그는 교육자의 입장에서 즉각적인 쓸모를 증명하는 것만이 의미 있다고 여기는 반지성주의적 태도가 교육에 미치는 악영향을 우려합니다. 교육을 구성하는 커리큘럼에 실용성이라는 잣대를 들이대면 대부분의 교과목은 즉각적 쓸모를 증명하지 못합니다. "문학작품을 읽는 것이 토익TOEIC 점수에 **직접적인** 도움이 되나요?"라든가 "철학적 주제에 대해 토론을 하면 고소득 직업을 얻을 가능성이 **당장** 높아지나요?"와 같은 질문은 거친 단어를 사용하고 있지 않지만, 그 자체로 반지성주의적 질문이라 할 수 있습니다. 교육의 효과는 '당장' '직접적'으로 나타나는 것이 아님에도 불구하고 교육에 '당장' '직접적'인 효과가 보이지 않으니 필요 없다고 몰아붙인다면 그것이 전형적인 반지성주의적 태도입니다.

교육자의 입장에서 포스트먼은 반지성주의와 텔레비전이라는 미디어의 연관성을 조심스럽게 묻습니다. 텔레비전은 크게 공영방송과 상업방송으로 구별됩니다. 나라에 따라 조금씩 차이는 있습니다만, 미국은 특히 상업방송 형식으로 이루어지는 대표적인 나라입니다. 상업방송은 광고 판매로 수익을 올리는데, 방송되는 프로그램의 시청률에 따라 광고 금액이 달라지지요. 그날그날의 시청률이라는 즉각적이고 직접적인 효과를 끊임없이 증명해야만 많은 자본이 필요한 텔레비전 방송국이 운영될 수 있습니다. 이런 배경에서 보자면 텔레비전은 그 어떤 미디어보다즉각적인 쓸모를 중요하게 여길 수밖에 없습니다.

시청률을 확보하기 위해 텔레비전은 할 수 있는 모든 것을 합니다. 리모컨을 손에 쥐고 있는 시청자는 잠시도 가만있지 않는다는 것을 알고 있기에 텔레비전은 시청자를 자신의 프로그램을 떠나지 않도록 하려고 무엇을 다루든 오락적 형태로 만들려고 합니다. 텔레비전이라는 미디어에서 편집 기술이 발달한 이유도 이런 맥락에 놓여 있습니다. 궁금증을 유발하고 주목을 끌기위해 자극적 장면을 맛보기로 먼저 보여주기도 하고, 현란한 화면이나 각종 자막과 효과음으로 눈과 귀를 쉴 새 없이 공략합니다. 그렇게 한 프로그램의 시청률이 올라가면 동시에 방영되는다른 프로그램의 시청률은 낮아집니다. 텔레비전 방송국들은 시청률을 두고 제로섬 게임을 벌이고 있습니다.

텔레비전 방송국이 인쇄문화의 결정체인 인류의 고전, 예를 들어 단테의 《신곡》을 소개하는 프로그램을 만든다고 가정해보지요. 그 프로그램을 진행할 최적의 인물은 단테를 수십 년간 연구했고 전문가 집단으로부터 평판을 얻은 지식인 전문가입니다. 해당 분야의 전문가가 실력은 출중한데 만약 '재미있게' 말을 못 하는 사람이면 텔레비전 출연자로 적합하지 않습니다. 즉각적인 만족을 주지 못하면 시청률에 지장이 생기기 때문입니다. 텔레비전은 공부도 오락과 결합할 수 있음을 증명하기 위해 그 분야의 전문가가 아니라 텔레비전의 미디어적 요구를 잘 수행할 사람을 찾습니다. 전문가보다 얼굴이 빼어난 연예인, 과장된 수사법이 몸에 밴 유명인이 진행자로 제격입니다. 텔레비전은 수시로 출연자의 얼굴을 클로즈업해 시청자의 시선을 고정시켜야 하는 미디어이기에 실력은 출중한 전문가이지만 표정 변화 없이 강의를 하는 사람보다는, 체계적인 훈련을 쌓은 전문가 아니어도 카메라 앞에서 풍부한 표정 연기를 할 수 있는 사람을 선호하지요.

아, 이쯤에서 텔레비전 프로그램 중에서는 교육적 기능을 수행하는 교양 프로그램도 있지 않냐고 반문하는 분이 계실 텐데요, 포스트먼은 이 점에서도 완강한 입장을 취합니다. 텔레비전이 교육의 일부를 흡수할 수는 있어도 텔레비전이 교육을 대체할 수 없고, 아니 더 나아가 대체해서도 안 된다는 겁니다. 그는 책을 통한 배움과 대비하면서 "텔레비전식 배움"(《죽도록 즐기기》, 223쪽)의 한계를 지치지 않고 지적합니다. 마치 인쇄문화의 입장에 서서 일부러 악역을 도맡은 사람처럼요. 조금은 과장되었다고 느껴질 수도 있으나, 텔레비전의 사회적 영향력이 너무 큰 시대에 할 말은 해야겠다는 그의 결기가 배어난 것이라 이해하면서 포스트먼의 항변을 경청해보도록 하지요.

텔레비전 시청만으로는 도달할 수 없는 그 무엇이
독서에는 있습니다

포스트먼은 "텔레비전은 커리큘럼"이라는 명제를 제시합니다. "학생들을 가르치고, 훈련시키고, 영향을 주어 지성과 인격을 배양하기 위해 특별히 구성한 일종의 정보체계"(《죽도록 즐기기》, 225쪽)가 커리큘럼인데요, 텔레비전은 우리에게 문화적 무의식을 주입하는 커리큘럼입니다. 앞서 살펴본 것처럼 텔레비전은 즉각적 실용성을 입증하기 위한 수단으로 오락 형식을 적극적으로 수용합니다. 우리는 때로 엄격하게 구분해서 사용하지 않지만, 포스트먼은 흥미를 유발하는 것과 오락을 구별합니다. 교육의 배움은 흥미 유발을 목표로 삼는다면, 텔레비전은 교육의 요소를 품더라도 본질적으로 오락 지향성을 벗어나기 쉽지 않지요.

학습은 즉각적인 즐거움을 제공하지 않습니다. 학습으로 즐거움을 느낄 수도 있지만 그것은 지연된 즐거움입니다. 즉각적인 즐거움을 억제할 수 있는 사람만이 학습을 통해 언젠가 궁극적인 즐거움에 도달할 수 있으니까요. 그의 주장을 들어볼까요? "배움에는 단계가 있으며, 참을성과 상당한 노력이 따라야 하고,

개인적인 즐거움은 집단의 이익을 위해 당연히 제쳐두어야 하며, 젊은이가 분별력과 발상력, 그리고 통찰력을 갖춘 인물이 되기 위한 과정은 결코 쉽지 않고, 분투해야만 성취"《죽도록 즐기기》, 226쪽)할 수 있는 것입니다. 배움은 기나긴 과정입니다. 때로 지루한 순간을 불가피하게 겪기도 하죠. 어찌 보면 힘든 과정이 더 길지도 모르지만, 그 과정을 겪었기에 어느 순간 맞이하는 놀라운 깨딜음의 '노약'이 즐거움을 제공합니다. 지루한 과정을 겪었기에 얻을 수 있는 선물인 셈이지요.

텔레비전이 교육적 내용을 다룬다고 하더라도, 시청자는 당장의 즐거움이 지연되어야만 맛볼 수 있는 배움의 즐거움을 접할 수 없습니다. 텔레비전은 미디어의 속성상 시청자가 채널을 돌리지 않도록 하려면 즉각적 즐거움을 제공해야 합니다. 텔레비전이 "학습자의 성장이 아니라 만족을 지상목표"《죽도록 즐기기》, 227쪽)로 삼는 한 오락의 형식을 벗어나지 못하는 이유가 그 때문입니다.

포스트먼은 어떻게 배우느냐가 무엇을 배우느냐보다 더 중요하다고 강조합니다. 단테의 《신곡》에 대해 배우는 데 교육자는 지적 자극만을 주고 피교육자가 지루한 독서의 과정을 인내하며 스스로 원전을 읽어내는 경우와, 유명인이 재미있게 20분으로 요약해주는 텔레비전 프로그램을 시청하는 경우는 완전히 다른 효과를 낳는다는 것이지요. 텔레비전 프로그램은 시청자에게 호언장담합니다. 앞서서 우리 프로그램만 시청해도 《신곡》을 읽은 것이나 마찬가지라고요. 하지만 우리는 실제로 알고 있는 것과, 알고 있다고 착각하는 것을 구분해야 합니다. 알고 있다는 착각으로 배울 수 있는 것은 아무것도 없습니다.

배움의 궁극적 목적은 스스로 생각하고 판단하는 능력의 비약일 것입니다. 칸트는 〈계몽이란 무엇인가에 대한 답변〉에서 "계몽이란 인간이 스스로의 잘못으로 초래한 미성년 상태로부터 벗어나는 것"(《계몽이란 무엇인가》, 28쪽)이라 했는데 미성년 상태란 "다른 사람이 이끌어주지 않으면 자신의 지성을 사용할 수 없는 무능력 상태"(《계몽이란 무엇인가》, 28쪽)라고 정의했습니다. 교육의 목표는 무능력 상태에서 벗어나 자신의 지성을 사용할 수 있는 상태로 옮겨가는 것입니다. 타인에 의한 요약을 듣는 것만으로는 무능력 상태로 벗어나는 데 한계가 있을 수밖에 없지요. 《신곡》의 줄거리를 타인의 요약으로 아는 것과 《신곡》을 직접 읽어 지적인 '도약'을 맛보는 것 사이에는 상당한 차이가 있습니다. 제 강의 목표는 여러분이 포스트먼을 직접 읽어야겠다는 생각이 들도록 하는 것입니다. 만약 여러분이 제 강의로 인해 '포스트먼을 읽어야겠다'가 아니라 '책을 안 읽어도 되겠네'라고 생각하시면 제 강의는 실패한 거예요. 저는 여러분이 직접 고전을 독서해 달라고 설득하기 위해 강의를 하고 있습니다.

《죽도록 즐기기》의 서문에서 닐 포스트먼은 조지 오웰의 《1984년》 속 세계와 올더스 헉슬리의 《멋진 신세계》 속 세계를 이렇게 비교합니다. "오웰은 누군가 서적을 금지시킬까 두려워했다. 헉슬리는 굳이 서적을 금지할 만한 이유가 없어질까 두려워했다."(《죽도록 즐기기》, 10쪽) 포스트먼은 "이 책은 오웰이 아니라 헉슬리가 옳았을 가능성에 대한 내용"(《죽도록 즐기기》, 11쪽)이라고 했습니다. 포스트먼은 칸트가 말한 미성숙에서 벗어날 수 있는 가능성은 텔레비전보다는 오히려 독서에 있다고 믿습니다.

포스트먼과 앞서 헉슬리의 시대를 불길한 눈으로 바라본 소설가가 있습니다. 1953년 레이 브래드버리Ray Bradbury는 책이 죽은 시대, 텔레비전이 지배하는 시대에 대한 디스토피아적 시선이 담겨 있는 소설 《화씨Fahrenheit 451》을 발표했습니다. 다음 구절은 포스트먼을 연상시킵니다. 즉각적인 즐거움으로 가득 찬 헉슬리적 세계가 놓치고 있는 점에 대한 비평인 구절입니다.

> 경품 대회를 열어. 그래서 대중가요 가사나 수도 이름, 또는 아이오와에서 작년에 옥수수를 어떻게 재배했는지를 잘 외우는 사람한테 상을 주는 거야. 사람들한테 해석이 필요 없는 정보를 잔뜩 집어넣거나 속이 꽉 찼다고 느끼도록 '사실'들을 주입시켜야 돼. 새로 얻은 정보 때문에 '훌륭해졌다'고 느끼도록 말이야. 그러고 나면 사람들은 자기가 생각을 하고 있다고 느끼게 되고, 움직이지 않고도 운동감을 느끼게 될 테지. 그리고 행복해지는 거야. 그렇게 주입된 '사실'들은 절대 변하지 않으니까. 사람들을 얽어매려고 철학이니 사회학이니 하는 따위의 불안한 물건들을 주면 안 돼. 그런 것들은 우울한 생각만 낳을 뿐이야.
>
> – 《화씨 451》, 102–103쪽.

소설 속 세계는 책이 금지된 사회입니다. 이 사회엔 파이어맨 fireman, 즉 책을 불태우는 '방화수'라는 직업이 있습니다. 파이어맨은 책을 숨겨놓고 몰래 읽는 사람을 찾아내서 그들이 숨긴 책을 태웁니다. 사람들은 텔레비전만 보고 삽니다. 텔레비전을 곧이곧대로 믿습니다. 텔레비전은 진실의 기준입니다. 소설 앞부분에 이런 사회에 의문을 품고 있는 한 소녀가 등장하지요. 그 소녀는 텔레비전에만 빠져 있는 다른 사람과 뭔가 달랐어요. 그 소녀가 이렇게 이야기합니다.

> 세상이 참 이상하지 않아요? 사람들과 같이 있다는 건 물론 좋지요. 그렇지만 그저 떼거리로 모여 있기만 하면 뭐해요? 아무 말도 나누지 않고 그냥 모여 있기만 해도 사회적이라고 할 수 있어요? 텔레비전 수업 한 시간, 야구나 배구나 달리기 같은 체육 한 시간, 그리곤 멋대로 정리한 교과서를 일방적으로 주입시키는 역사 수업 한 시간, 그림 감상 한 시간, 그리고 또 운동 시간, 그런데 우리는 아무런 질문도 하지 않아요. 대개는 침묵한 채 고분고분 받아들이기만 해요. 이미 정해진 해답을 따라가기만 할 뿐이죠.
> — 《화씨 451》, 54-55쪽.

생각이 정지되어 있는 상태를 이 소녀는 우려하고 있는 것이지요. 《화씨 451》은 책의 편에서 이야기합니다. 포스트먼 역시 책의 편에서 텔레비전 시대를 비평합니다. 그의 최종적인 결론은 이렇습니다. "텔레비전은 쓰레기 같은 오락물을 방영할 때 가장 쓸모있게 기능한다. 반대로 심각한 담론 형식(뉴스, 정치, 과학, 교육, 교역, 종교)을 다룰 때는 최악으로 기능하여 이들 담론을 제멋

대로 오락 프로그램으로 변질시킨다."《죽도록 즐기기》, 243쪽) 그는
여전히 믿습니다. "심각한 담론 형식"을 담아내기에는 텔레비전이
아니라 책이 제격임을. 텔레비전은 인터넷의 등장 이후 쇠퇴하
긴 했지만 여전히 결코 무시할 수 없는 영향력을 가진 미디어입
니다. 우리에겐 어떤 해결책이 남아 있을까요? 유일한 해결책은
텔레비전이 할 수 없는 것을 아는 것, 그리고 텔레비전이 잘하
는 것이 유발하는 위험을 아는 것이겠지요. "매체의 위험성에 대
해서 제대로 알고 있다면 어떤 매체도 크게 위험스럽진 않기 때
문"《죽도록 즐기기》, 245쪽)입니다.

《화씨 451》의 다음 구절을 읽으면서 마무리해볼까 합니다. 책
이 여전히 필요한 이유, 텔레비전에는 없는 책에만 있는 진정한
힘에 대해 소설 속 등장인물인 파버 교수는 이렇게 주장합니다.

> 우선 첫 번째… 이런 책들은 좋은 '질'을 갖고 있기 때문이지. 그렇다면
> 질이라는 건 과연 무슨 뜻인가? 내게는 짜임새를 의미하오. 책은 아주
> 세밀하게 짜여진 것이오. (…) 이제 알겠소? 왜 책들이 증오와 공포의 대
> 상이 되어버렸는지? 책들은 있는 그대로의 삶의 모습을, 숨구멍을 통해
> 서 생생하게 보여지는 삶의 이야기들을 전해 준다오. 그런데 골치 아픈
> 걸 싫어하는 사람들은 그저 달덩이처럼 둥글고 반반하기만 한 밀랍 얼
> 굴을 바라는 거야. 숨구멍도 없고, 잔털도 없고, 표정도 없지. 꽃들이 빛
> 과 토양의 자양분을 흡수해서 살지 않고 다른 꽃에 기생해서만 살려고
> 하는 세상, 그게 바로 지금 우리가 사는 세상의 참 모습이오.
>
> – 《화씨 451》, 136–137쪽.

파버 교수는 이런 멋진 말까지 빠뜨리지 않는군요. "명심하라고! 분명한 자기 특성을 가진 소수 중의 소수, 정말 소수들은 언제나 신성불가침의 영역으로 남을 거야."《화씨 451》, 98쪽)

저는 "분명한 자기 특성을 가진 소수 중의 소수"가 되고 싶습니다. 여전히 책을 읽고, 책을 읽는 게 좋고, 책을 통해 인류가 지금까지 쌓아놓은 지식을 습득하고 싶습니다. 레이 브래드버리는 《화씨 451》에서 아무리 책 읽기가 조롱의 대상이 되는 시대라 하더라도 책 읽는 사람은 살아남을 것이라고 선언했죠. 인쇄문화의 관점에서 레이 브래드버리가 보여준 이 결기를 물려받아야겠다는 다짐을 《죽도록 즐기기》를 읽으며 다시 했습니다. 저는 인쇄문화의 세계가 좋습니다. 인쇄문화 특유의 논리와 지성과 몰입이 저를 행복하게 합니다. 책을 통해 알게 되는 몰랐던 세상이 흥미롭고 그 세상을 책을 통해 알도록 해주는, 글 쓰는 사람이 존경스럽습니다. 그래서 저는 계속 쓸 것이고 계속 읽을 깃입니다. 전 아는 듯한 느낌을 바라는 게 아니라 실제로 세상에 대해 알고 싶은데, 세상에 대해 알고 싶은 사람에게 가장 도움이 되는 미디어는 여전히 책이니까요. 책이 부르는 마지막 노래는 슬픈 노래가 아니라 패기 있는 행진곡이라 믿습니다.

인용 문헌

레이 브래드버리, 《화씨 451》, 박상준 옮김, 황금가지, 2009.
리처드 호프스태터, 《미국의 반지성주의》, 유강은 옮김, 교유서가, 2017.
임마누엘 칸트 외, 《계몽이란 무엇인가》, 임홍배 옮김, 도서출판 길, 2020.

11

시기와 질투라는 이 감정은
어디서 온 걸까요

르네 지라르René Girard,
《낭만적 거짓과 소설적 진실*Mensonge romantique
et vérité romanesque*》, 1961년

르네 지라르, 《낭만적 거짓과 소설적 진실》,
김치수·송의경 옮김, 한길사, 2001.

제가 책을 읽는 이유는 크게 나눠보면 두 가지예요. 우선 저는 공부가 직업인 사람이기에 직업 때문에 책을 읽습니다. 굳이 표현하자면 전공독서라 부를 수 있을 텐데요, 그 밖에 다른 분야의 책도 읽어요. 아주 많이 읽는다고 할 수는 없습니다만 소설도 읽습니다. 전 사회학 분야에서는 전문가이지만 문학 전문가는 아닙니다. 문학비평 관련 책이나 문학 작품은 어디까지나 비전문가의 관점에서 읽습니다. 저는 자신의 직업적 범주를 넘어선 다른 분야의 책을 읽는 것을 교양독서라고 부르고 싶습니다. 사람에겐 전공독서 이외에도 교양독서가 필요하다고 생각합니다. 평생 전공 분야의 독서만 한 사람은 어딘가 좀 팍팍하죠. 전공 공부를 너무 열심히 한 나머지 의도치 않게 '전문가 바보'가 되어버리는 어리석음을 범하지 않는 제일 좋은 방법은 전공 이외의 분야의 책을 읽는 것, 즉 교양독서를 병행하는 것이라 생각합니다.

《낭만적 거짓과 소설적 진실》을
교양독서로 읽어봅시다

지금 함께 책상 위에 펼쳐놓은 르네 지라르의 《낭만적 거짓
과 소설적 진실》은 전공 분야의 틀로 분류하자면 문학비평서입
니다. 그렇지만 사회학자인 제가 볼 때 르네 지라르를 그저 문학
비평가라고 부르면 왠지 그를 다 포용하지 못한다는 느낌이 들
정도로 《낭만적 거짓과 소설적 진실》은 사회학적 색채도 강합니
다. 제멋대로 추측해본다면 르네 지라르는 탄탄한 전공독서 이
외에도 교양독서가 바탕되어 있기에 이 책을 집필할 수 있었을
겁니다.

같은 언어로 글을 써도 사회과학적 글쓰기와 문학적 글쓰기
는 많은 점에서 다릅니다. 사회학적 글쓰기에서는 추상적인 개념
이 많이 사용되기에 사회학 전공책은 읽기에 살짝 뻑뻑합니다.
더 심각한 문제는 추상적인 개념으로 점철되어 있는 텍스트에서
는 학문과 삶의 구체적인 연관성이 잘 느껴지지 않는다는 점입니
다. 사회학은 사회를 연구하는 학문이고 사회는 사람으로 구성
되어 있는데 사회학 연구자가 사람의 마음속으로 들어가지 못하
고 바깥을 빙빙 돌며 헛도는 느낌을 받으면 사회학자로서 위기감
을 느낍니다. 그럴 때 전 소설을 읽습니다. 소설을 통해 사회학이
제대로 표현하지 못하는 사람의 마음에 관한 탐구를 배우고 익
히고 엿보고 따라하고 싶은 거죠. 제게 소설 읽기는 교양독서이
지만, 교양독서는 제 전공독서를 풍요롭게 해줍니다. 소설 읽기

는 그런 맥락에서 의미 있습니다.

우리는 과거로 돌아갈 수 없잖아요. 우리가 기억하는 과거도 있지만 기억하시 못하는 과거도 있습니다. 그런데 제 전공 분야인 현대 사회를 분석하려면, 사회의 맥락을 알아야 합니다. 사회 현상은 맥락 없이 만들어진 게 아니라 시간을 경과하며 형성된 것이기에 현재의 상황이 만들어진 역사적인 과정을 되살펴보는 건 사회학 연구에서 중요한 실마리가 됩니다. 우리가 직접 경험하지 못한 과거를 사회학 책을 통해 생생하게 머릿속에서 그려내기는 쉽지 않습니다. 사회학은 과거에 있었던 사실을 추상적인 개념으로 설명하기 때문이죠. 예를 들어서 한국의 1970년대를 사회학적으로 기술하면 '산업화와 도시화가 진행되면서 서구적 라이프 스타일이 보편화되기 시작한 시대'라고 기술할 수 있습니다. 틀린 말은 아니지만 그 시대의 정서를 상상하기에는 많이 부족하지요. 1970년대를 다루고 있는 소설을 읽으면 느낌이 다릅니다. 문학 작품 안에는 1970년대 서울에서 서구적인 라이프 스타일이 도입되기 시작했을 때 그 변화를 실제로 겪은 사람의 감수성이 잘 표현되어 있죠. 박완서의 《휘청거리는 오후》를 예로 들어보겠습니다.

서울에서도 입식 부엌이 본격적으로 설치되기 시작한 건 아마 1970년대일 겁니다. 입식 부엌으로 바뀌면서 나타난 중요한 변화가 밥 먹는 장소의 변화입니다. 이전엔 안방에서 밥을 먹었다면 이제 사람들은 싱크대가 있는 부엌에서 밥을 먹게 됩니다. 《휘청거리는 오후》의 무대는 1977년의 서울입니다. 허성 씨는 줄

곧 안방에서 자기 아내가 날라다주는 밥상을 받았던 사람이에요. 하지만 입식 부엌으로 바뀐 후 허성 씨는 밥상을 받지 못합니다. 밥을 먹으려면 부엌으로 직접 가야 하는 것이죠. 허성 씨는 이 변화가 싫습니다. 부엌의 식탁에서 밥을 먹으면 집이 아니라 식당에서 밥을 먹는 것과 비슷하다는 느낌을 받습니다.

> 신식 입식 부엌의 식탁이란 데서 식사를 한 지가 벌써 2년이 넘는데도 식사할 때마다 싫은 생각이 난다. 싫다 못해 비참해진다.
> 아내나 딸년들은 거기서 먹더라도 자기만은 안방 아랫목에 궁둥이를 붙이고 책상다리를 하고 앉아 밥상을 받을 권리가 있다 싶다.
> – 《휘청거리는 오후 1》, 16쪽.

《휘청거리는 오후》에 등장하는 허성 씨의 이런 푸념 섞인 독백을 읽지 못했다면, 전 서구적인 라이프스타일이 보편화되기 시작한 1970년대 가부장적 삶의 태도를 지닌 남자가 시대의 변화에 적응하지 못했기에 겪는 당혹감을 생생하게 짐작하지 못했을 것입니다. 1970년대의 풍속을 묘사하는 박완서의 소설을 통해 그 시대를 살았던 사람들을 상상할 수 있지요.

교양독서를 통해 역으로 제 전공 공부에 도움을 많이 받은 소설의 또 다른 예를 들자면, 주제 사라마구José Saramago의 《눈 먼 자들의 도시》입니다. 그 책이 다루고 있는 주제는 맹목盲目입니다. 맹목은 사회학뿐만 아니라 철학에서도 중요한 비유로 사용됩니다. 우리가 사회학이나 철학 책에 나오는 맹목적 상황에 대한 구체적 상상을 《눈먼 자들의 도시》는 보여줍니다. 실제로 사람이 맹목적이 되었을 때 그리고 맹목적인 현상이 한 개인에게서만 나타나지 않고 집단으로 나타났을 때 벌어질 수 있는 해괴함을 정말 섬뜩하게 그리고 있습니다. 《눈먼 자들의 도시》를 교양독서로 읽고 난 후 전공독서를 할 때 '맹목'이라는 단어가 나오면 이젠 그냥 지나치지 못합니다. 추상적으로만 이해했던 단어에서 현장성과 감각이 느껴지기 때문입니다. 입에 넣으면 거칠어서 도저히 씹을 수 없었던 바싹 마른 미역과 같았던 '맹목과 이성의 쇠퇴'라는 사회학의 개념은 사라마구의 소설 《눈먼 자들의 도시》를 통해 문학적 상상력을 거쳐 입에서 보들보들한 식감과 바다 냄새를 풍기는 미역으로 바뀌었습니다. 교양독서가 없었다면 불가능했을 변화입니다.

김의경의 《콜센터》는 제목에서 알 수 있는 것처럼 콜센터에서 일을 하는 사람의 이야기입니다. 우리가 콜센터에서 건 전화는 많이 받아봤지만 콜센터가 어떻게 움직이는지는 잘 모르잖아요. 《콜센터》는 서비스 노동이 이루어지고 있는 현장에 대한 일종의 참여 관찰지 같습니다. 콜센터 노동자가 겪는 여러 가지 노동 상황 중 가장 힘든 건 감정노동이라고 합니다. 《콜센터》를 읽으면 어떤 사회학 책보다 감정노동의 힘듦을 잘 이해하게 됩니다.

사회학은 논픽션이고 소설은 픽션입니다. 글을 쓸 때 사회학에서는 추상적 개념을 표현하는 명사가 중요하지만 문학에서는 정서를 빚어내기 위해 부사와 형용사를 많이 사용하지요. 전혀 관계가 없는 것처럼 보이는 사회학과 문학은 의외로 굉장히 많은 곳에서 교차합니다. 우리가 살고 있는 시대에 관해 이야기한다는 공통점을 지닙니다. 우리는 사회학에서 그리고 문학에서 모두 시대의 공기를 마시고 시대의 분위기를 느낄 수 있습니다.

사회학과 문학의 연결을 강조하는 사회학자 지그문트 바우만 Zygmunt Bauman과 후배 사회학자가 나누었던 대담을 엮은 《사회학의 쓸모》라는 책이 있습니다. 후배 사회학자가 지그문트 바우만에게 던지는 질문 중 하나가 문학과 사회학의 공통점과 차이점입니다. "문학 특히 소설의 역할과 사회학의 역할을 종종 연결시키곤 하셨어요. (…) 소설 등의 문학이 사회학을 풍부하게 만드는 방법, 그리고 그것이 어떻게 사회학에 대한 우리의 이해를 풍부하게 하는지 설명해주실 수 있겠습니까?"《사회학의 쓸모》, 39쪽) 바우만은 글을 쓸 때 문학 작품을 자주 인용합니다. 이 질문에 대해서도 바우만은 밀란 쿤데라Milan Kundera의 소설 《커튼》을 예로 들어 답합니다. 소설 속에 마법의 커튼이 등장하죠. 마법의 커튼은 현실을 가리는 커튼이에요. 현실을 보지 못하도록, 그러니까 사람들을 맹목적으로 만들기 위해 커튼은 지켜보는 눈을 가리죠. 커튼이 가리고 있는 곳을 보겠다고 커튼을 찢으면 마법의 커튼은 찢어진 부분에 조각을 덧붙여 계속 현실을 보지 못하도록 시선을 차단합니다. 이 마법의 커튼에 지속적으로 '구멍 내기'라는 행위는 매우 용기있는 사람의 소명인데요, 이 소명을 사회학과 문학이 공유한다는 게 바우만의 생각입니다.

르네 지라르의 《낭만적 거짓과 소설적 진실》은 사회학과 문학의 교차가 절묘하게 이루어진, 그래서 사회학적인 접근방식과 문학적 접근방식이 교차할 경우 얼마나 아름다운 정신세계를 보여줄 수 있는지를 증명합니다. 《낭만적 거짓과 소설적 진실》로 들어가기 전 해야 할 예비 작업이 있습니다. 누구나 시대를 살고 있잖아요. 호흡으로 시대의 공기를 마시죠. 호흡을 할 때 산소를 마시듯 우리는 알게 모르게 시대적 분위기를 빨아들이고 있습니다. 시대적 분위기를 흡수했다가 배출하는 과정이 쌓이면 사회적 성격 혹은 사회적 분위기가 형성됩니다. 지라르의 《낭만적 거짓과 소설적 진실》은 19세기에 등장한 사회적 성격, 레이먼드 윌리엄스의 단어로 표현하면 19세기의 감정구조에 대한 분석이지요.

'사회적 성격'이라는 개념부터 정리해보겠습니다. 사회적 성격은 1950년대의 중요한 저작 중 하나인 데이비드 리스먼David Riesman이 쓴 《고독한 군중》에 등장하는 개념입니다. 본래 퍼스널리티personality는 개별적이고 고유한 겁니다. 퍼스널리티로 사람을 구별하면 각 사람 사이에는 퍼스널리티라는 칸막이가 있습니다. 각자는 고유한 사람이고 고유성을 지니고 있으니까요. 데이비드 리스먼은 칸막이 쳐져 있는 것처럼 보이는 개인을 관통하는 공통적 요소에 주목하고 그걸 사회적 성격이라는 개념으로 규정합니다. 1950년대 미국이라는 사회의 시대적 분위기를 사회적 성격이라는 키워드로 포착해내는 것이죠.

1950년대의 사회적 성격은 고독한 군중입니다. 혼자 있어서 외로운 게 아니라 뭉쳐 있고 모여 있는데 외로운 현상을 지칭한 게 '고독한 군중'입니다. '고독한 군중'을 만들어내는 사회적 성격은 무엇일까요? 이 질문에 답하기 위해 리스먼은 두 가지 사회적 성격을 구별하는데 하나가 내부 지향형 성격이고 또 다른 유형이 타인 지향형 성격입니다. 타인 지향형 성격이 지배적인 사회에서 사람들은 타인을 의식하고 타인과 비교하고 상대적인 박탈감을 느끼지요. 리스먼은 비교에 의한 박탈감을 1950년대를 대표하는 미국의 사회적 성격이라 제시했습니다.

각 시대에는 고유의 사회적 성격이 있습니다. 호메로스의 《일리아스》를 다시 불러볼게요. 《일리아스》의 핵심주제는 우리가 다루었듯이 아킬레우스의 분노입니다. 아킬레우스의 분노는 퍼스널리티일까요? 당시의 사회적 성격일까요? 제가 보기엔 사회적 성격입니다. 명예를 지향하고 명예를 통해 필사의 존재인 인간이 영웅이 되어 불멸의 세계로 가고자 하는 욕망이 당시에 남성들에게 공유되었기 때문에 아킬레우스 역시 '분노'라는 감정에 휩싸인 것이죠. 르네 지라르와 함께 우리는 19세기의 지배적인 사회적 성격 찾기를 시작할까 합니다.

보편적인 허영심은
19세기 특유의 감정입니다

　지라르는 스탕달Stendhal을 인용합니다. 스탕달은《한 관광객의 수기》라는 책에서 선망, 질투 그리고 무력한 증오 같은 보편적 허영심의 결과를 '현대적 감정'이라 불렀다고 합니다. 스탕달에게 현대는 19세기입니다. 고대 헬라스의 현대적 감정이 아킬레우스의 분노라면 19세기의 현대적 감정은 보편적 허영심인데요, 그렇게 된 까닭은 무엇일까요?《낭만적 거짓과 소설적 진실》은 스탕달이 가장 현대적 감정이라고 언급한 허영심의 19세기적 기원을 소설 분석을 통해 찾는 여정입니다. 지라르는 한 인터뷰에서 자신의 지적 여정을 "단 하나의 주제에 대한 긴 논쟁"이라고 말했는데, 그 단 하나의 주제가 바로 허영심의 기원입니다.

　책 제목을 이해하는 것부터 시작해볼까요? '낭만적 거짓'과 '소설적 진실'을 대비하고 있는데요, 거짓은 낭만과, 진실은 소설과 짝을 이룹니다. 우선 '낭만적'이라는 단어의 의미부터 해석해야 할 것 같습니다. 낭만주의자에게 '낭만적'이라는 단어는 긍정적인 개념입니다. 그래서 그들이 낭만주의자로 분류되는 거겠지요. 낭만주의의 외부 관점에서 보면 '낭만적'이라는 것은 문제적 상황일 수도 있습니다. 한 개인이 고독하게 세계와 맞서는 상황이 낭만적 상황이니까요. 그런데 왜 낭만적인 것은 거짓과 짝을 이룰까요? 욕망이 형성된 이유의 해석과 연관됩니다. 모든 사람은 각자의 욕망이 있습니다. 욕망에 대한 낭만적 해석에 따르면,

욕망의 원천은 세계에 홀로 맞서는 나에게 있습니다. 지라르는 욕망을 낭만적으로 이해하지 않습니다. 욕망은 한 개인의 발명품이 아니라 타인으로부터 영향을 받아 만들어진 거라 봅니다. 그렇기에 만약 어떤 사람이 자신이 욕망의 주인이라고 강조하면 지라르는 거짓이라는 겁니다. 지라르는 낭만적 거짓을 파헤쳐 욕망이 상호작용에 의해 만들어짐을 증명하려고 합니다.

19세기는 물질적으로 놓고 보면 그 이전 세계보다 좋아졌습니다. 사회적으로도 좋아졌습니다. 신분제가 없어졌거든요. 이제 인간이 평등해졌으니 19세기 사람은 더 행복해져야 하는데 스탕달이 볼 때 행복하지 않은 거예요. 그 이유를 스탕달은 현대적 감정인 허영심에서 찾습니다. 허영심이 19세기라는 조건 속에서 이렇게 유독 도드라진 감정이 된 이유를 찾기 위해 지라르는 소설, 특히 19세기의 소설을 분석하지요. 분석의 대상이 되는 작가는 낭만적 거짓이 아니라 작품 속에서 소설적 진실, 즉 욕망은 낭만적 주체의 발명품이 아니라 상호 교섭에 의해서 만들어진 시대적인 것임을 드러내는 플로베르, 스탕달, 프루스트, 도스토옙스키 등입니다.

워낙 유명한 작가들이고 이들의 대표작을 모르는 사람이 없을 것입니다. 그런데 누구나 책 제목은 알고 있으나 정작 읽은 사람은 많지 않은 경우도 있는데요, 지라르 분석에서 상당한 교양독서 경험이 없이 오로지 사회과학 책만 읽어댄 사람은 어려움에 봉착할 수 있어요. 지라르는 자신의 책을 읽는 사람이 스탕달이나 도스토옙스키를 읽었다고 전제하고 소설 분석을 하기 때문입니다. 그래서 이들의 작품 중《적과 흑》혹은《악령》을 먼저 읽고 지라르를 읽는 게 좋습니다. 전 개인적으로 스탕달의 《적과 흑》을 추천합니다. 《악령》은 난해하기도 하고 두껍기도 한데, 《적과 흑》은 줄거리도 흥미롭고 분량도 부담 없어서 지라르를 읽기 위한 예비 작업으로 읽기에 가장 적합한 소설입니다. 프루스트의 《잃어버린 시간을 찾아서》는 너무 방대한 내용이라 지라르 책을 이해하기 위해 읽는다면 배보다 배꼽이 더 큰 경우가 되지요.

돈키호테는 19세기 인물의 원형입니다

욕망이 상호 교섭에 의해 만들어지는 과정을 분석하는 지라르의 대표적인 해석 틀이 욕망의 삼각형 구조입니다. 이 욕망의 삼각형을 세르반테스의 소설 《돈키호테》로 설명합니다. 돈키호테는 이상적인 기사가 되는 게 꿈입니다. 독서광 돈키호테는 전설적 기사인 아마디스 데 가울라에 관한 책을 읽고 그에 반해 그와 같은 기사가 되고 싶은 욕망에 휩싸입니다.

욕망의 삼각형 분석에서 매우 중요한 '암시'라는 개념에 주목해볼까요? 암시의 주체는 욕망하는 사람이 아니죠. 요즘 시쳇말로 '뽐뿌질'이 '암시'의 한 사례가 될 텐데요, 뽐뿌질 하는 사람은 욕망의 소유자가 아닙니다. 뽐뿌질을 통해 상대에게 없던 욕망이 생기도록 합니다. 그게 뽐뿌질이지요. 그러니까 돈키호테에게는 아마디스가 이상적인 기사라는 욕망을 암시한 것이죠. 암시를 받은 것이라면 기사가 되고 싶은 돈키호테의 욕망은 낭만적 욕망 혹은 형이상학적 욕망이 아닙니다.

아마디스는 돈키호테의 롤 모델입니다. 돈키호테는 산초에게 이렇게 말하죠. 아마디스는 "용감하고 사랑에 빠진 기사들의 북극北極이며 별이며 태양"(《낭만적 거짓과 소설적 진실》, 40쪽)이라고. 그렇기에 기사도의 깃발 아래 싸우고 있다면 모두 그를 '모방'해야 한다고 말입니다. 돈키호테는 자신의 욕망을 스스로 만들어 내지 않습니다. 돈키호테는 "자기 욕망의 대상을 선택"하지 않습니다. "그를 대신해서 욕망을 선택하는 것은 아마디스"(《낭만적 거짓과 소설적 진실》, 40쪽)입니다. 돈키호테는 완벽한 기사가 되고 싶은데요, 돈키호테는 그 방법이 모방에 있다고 생각합니다. "그를 가장 잘 모방하는 방랑기사는 기사도의 가장 완벽한 단계에 가장 가까이 도달하게 될 것"(《낭만적 거짓과 소설적 진실》, 40쪽)이라 여깁니다. 돈키호테는 아마디스를 모방하는 존재이니, 사실 아마디스에 의해 암시된 욕망을 모방한 욕망입니다. 이 욕망의 모방 구조는 확대됩니다. 산초는 아마디스를 모방하는 돈키호테를 모방합니다. 돈키호테의 욕망은 완벽한 기사입니다. "돈키호테와 산초는 그들의 욕망을 타인에게서 빌려오는데, 이때 그 빌려오는 동작이 너무도 근본적이고 너무도 독창적이어서, 그들은 그 동작 자체를 자기 자신이고자 하는 의지와 완전히 혼동"(《낭만적 거짓과 소설적 진실》, 42-43쪽)하게 됩니다. 욕망의 주체는 돈키호테이지만, 이 욕망을 돈키호테에게 암시하는 존재가 아마디스입니다. 욕망하는 주체와 욕망의 대상, 그리고 욕망을 매개하는 존재 세 명의 관계가 욕망의 삼각형 구조입니다.

《돈기호테》는 1605년에 발표된 소설이지만 19세기적인 감정을 이해할 수 있는 욕망의 삼각형 구조가 원형적으로 제시되고 있기에 지라르는《돈키호테》분석으로 시작하여 19세기 소설 속의 '소설적 진실'을 분석합니다. 플로베르의《보바리 부인》을 살펴볼게요. 엠마 보바리가 소설의 주인공입니다. 금욕주의적 방식으로 교육하는 기숙학교 시절 엠마 보바리는 연애소설을 탐닉했습니다. 기사에 관한 책을 읽어 이상적인 기사가 되고 싶은 욕망을 암시받은 돈키호테처럼 보바리 부인은 연애소설을 통해 낭만적 사랑의 황홀경을 암시받지요.

엠마 보바리는 경제력 있는 의사와 결혼을 했는데 연애소설을 통해 암시받은 사랑에 대한 욕망이 결혼관계에서 채워지지 못합니다.

> 결혼하기 전까지 그녀는 사랑을 느낀다고 여겼었다. 그러나 그 사랑에서 응당 생겨나야 할 행복이 찾아오지 않는 것을 보면 자신이 잘못 생각한 것이 아닌가 하는 의문이 생겼다. 그래서 엠마는 여러 가지 책들을 볼 때는 그렇게도 아름다워 보였었던 희열이니 정열이니 도취니 하는 말들이 실제로 인생에서는 도대체 어떤 의미인지 알고 싶었다.
> – 《마담 보바리》, 55쪽.

결혼으로 채워지지 않은 암시받은 욕망을 채우기 위해 보바리 부인은 누군지 모르는 파리의 여인들로부터 '암시'를 받습니다. 파리의 최신 유행을 소개하는 잡지를 탐닉하고, 그 잡지에 등장하는 익명의 파리 여인들이 암시하는 욕망에 사로잡히지요. 그래서 보바리 부인은 파리를 동경합니다.

> 그녀는 부인용 신문 라코르베이유나 살롱의 요정을 구독했다. 연극의 개막 공연, 경마, 그리고 야회에 관한 기사는 어느 것이나 빠뜨리지 않고 열심히 읽었고, 여자 가수의 데뷔, 상점의 개점 파티에 흥미를 가졌다. 새로운 유행, 솜씨 좋은 의상실의 주소, 숲의 날이나 오페라의 날에 이르기까지 모두 알고 있었다.
>
> ─ 《마담 보바리》, 88쪽.

플로베르 소설의 주인공은 하나의 '모델'을 정하고 "그렇게 되기로 결정한 인물에게서 모방할 수 있는 모든 것, 모든 외부적인 것, 모든 외관, 즉 몸짓, 억양, 옷차림을 모방"(《낭만적 거짓과 소설적 진실》, 44쪽)합니다. 보바리 부인은 이러한 플로베르 소설 인물의 전형이죠.

허영심은 타인의 욕망과 경쟁합니다

스탕달의 소설 《적과 흑》에는 더 복합적인 욕망 체계가 등장합니다. 동일한 대상을 욕망하는 주체가 복수이고, 이 복수의 욕망하는 주체가 상호 경쟁적인 경우이지요. 주인공 쥘리앵 소렐과 시장 레날 그리고 교도소장 발르노의 관계로 살펴보겠습니다.

무대는 1830년대 프랑스의 작은 마을 베리에르입니다. 이 마을 사람들은 서로를 매우 잘 알고 있습니다. 시장 레날과 교도소장 발르노는 이 마을의 경쟁자입니다. 둘 다 작은 마을에서 돋보이는 사회적 지위를 차지하고 있으니까요. 레날 시장 집에 가정교사가 필요합니다. 소렐은 레날 시장이 염두에 두고 있는 가정교사 후보 중 한 명입니다. 시장 부부는 경쟁자인 교도소장 발르노가 가정교사를 찾고 있음을 알게 되고, 혹시라도 소렐을 가정교사로 맞아들이지 않을까 불안한 생각에 다다릅니다. 이 순간부터 레날 시장은 소렐을 가정교사로 데려와야겠다고 안달이 나지요. 소렐의 경쟁력 때문이 아닙니다. 소렐은 《보바리 부인》에 나오는 익명의 파리 여인이나 《돈키호테》의 아마디스처럼 이상적인 모델은 아닙니다. 가정교사는 그저 고용되어야 하는 낮은 처지입니다. 시장, 교도소장 그리고 소렐의 사회적 지위를 비교하면 안달이 나야 할 사람은 소렐이지요. 레날 시장과 부인에게는 경쟁자 교도소장이 소렐에 대한 욕망의 불쏘시개가 됩니다. 교도소장과의 욕망 경쟁이 이런 결과를 빚어내는 것이죠. 경쟁이 허영심을 낳습니다. 본래 욕망이 없었습니다. 그런데 나의 경쟁자가 무엇을 손에 쥔 모습을 보니 갑자기 그것에 대한 욕망이 생깁니다. 이게 허영심이지요. 《적과 흑》은 욕망 모방이 꼬리에 꼬리를 물고 이어지는 욕망 경쟁이 빚어내는 허영심을 분석하는 텍스트입니다.

세르반테스의 세계와 스탕달 세계의 차이를 설명하는 핵심 개념이 외면적 간접화médiation externe 그리고 내면적 간접화 médiation interne입니다. 돈키호테는 아마디스를 동경하지만 아마디스를 만날 수 없습니다. 돈키호테는 아마디스를 오로지 책을 통해서만 알고 있습니다. 아마디스는 이상적인 기사가 되고 싶다는 돈키호테의 욕망을 매개하지만 욕망을 매개하는 사람과 욕망의 주체 사이에는 시공간적인 장벽이 있습니다. 이런 상황이 외면적 간접화입니다. 세르반테스의《돈키호테》는 외면적 간접화의 세계이지요. 스탕달의 세계는 다릅니다. 레날 시장과 교도소장 발르노는 인접한 관계입니다. 그들은 서로를 잘 알고 있습니다. 그들의 시공간도 겹칩니다. 이것이 내면적 간접화가 이뤄지는 상황입니다. 19세기는 세르반테스적인 외면적 간접화가 아니라 스탕달적인 내면적 간접화가 전면에 부각되는 시대입니다.

속물은 욕망하는 주체입니다. 어느 누구보다 욕망에 휩싸여 있지요. 그런데 속물의 욕망은 어디서 기인할까요? "속물은 자신의 개인적인 판단을 감히 믿지 못하고, 다른 사람이 욕망하는 대상들만 욕망"(《낭만적 거짓과 소설적 진실》, 67쪽)하는 사람입니다. 그래서 속물은 "유행의 노예"가 되는 거죠. 어떤 사람이 있습니다. 그는 자동차에 관심 없습니다. 자동차는 그의 욕망 대상이 아니었습니다. 그 사람이 동창회에 나갔습니다. 경쟁자인 동창이 포르쉐를 몰고 왔네요. 그러자 평소 자동차에 관심이 없던 사람이 더 좋고 더 비싼 자동차에 대한 욕망이 생깁니다. 어느새 그는 경쟁자의 욕망을 모방하기 시작한 거죠. 속물은 이렇게 만들어집니다.

프루스트의 《잃어버린 시간을 찾아서》를 지라르의 관점으로 읽어볼까요? 프루스트의 세계는 속물의 대행진이 벌어지는 세계입니다. 시간적 배경은 신분제가 몰락한 사회입니다. 귀족의 시간은 지나갔고 부르주아의 시간이 찾아왔는데, 부르주아는 어떤 욕망을 갖고 있을까요? 부르주아는 스스로 욕망을 만들어내지 못합니다. 부르주아는 욕망을 매개하고 암시할 모델이 필요합니다. 부르주아는 귀족을 모델로 삼습니다. 귀족을 거세하고 등장한 게 부르주아인데, 부르주아는 본보기가 없으니까 귀족을 흉내 냅니다. 거대한 아이러니입니다. 귀족을 흉내 내는 부르주아의 욕망은 속물이라는 개념에 담깁니다. 부르주아의 욕망은 자신의 경쟁자이자 적대자인 귀족의 욕망을 모방한 결과입니다.

허영심과 속물성이 내면적 간접화에 의해 만들어진 19세기적 감정이라면 인간은 이렇게 살 수밖에 없는 걸까요? 하지만 허영심에 휩싸여 살 수만 없고 속물로 살다가 삶을 마감할 수도 없는 거 아니겠어요? 현대적 감정으로부터의 탈출구가 필요한데, 허영심과 대비되는 감정인 열정이 그 실마리입니다. 열정은 허영심의 반대 극에 있습니다.

자신의 욕망이 아니라 타인의 욕망을 모방하는 게 허영이라면 열정은 자기 내부에서 만들어진 욕망의 힘입니다. "열정적인 존재는 타인에게서가 아니라 자신의 내부에서 욕망의 힘을 길어"냅니다.(《낭만적 거짓과 소설적 진실》, 61쪽) 허영심이 넘치는지 열정적인지를 구별하는 방법도 욕망이 무엇으로부터 기인했는지를 알아보는 것입니다. 허영심이 강한 사람은 경쟁자의 욕망을 궁금해합니다. 경쟁자의 욕망을 모방해야만 직성이 풀리기 때문이죠. 반면 열정이 있는 사람은 타인에게 무관심합니다. 자신이 무엇을 하고 싶은지가 중요하지 타인의 욕망은 참조 대상이 아니죠. 열정 있는 사람은 욕망을 암시받지 않습니다. 열정 있는 사람은 인상을 받습니다. 암시를 받는 사람은 타인의 눈이 어디를 향하는지 살피지만, 인상을 받는 사람은 타인의 눈이 아니라 오로지 자신의 눈이 어디로 가는지만을 중요하게 여깁니다. 인상은 "자신이 스스로 가지게 된 느낌인 반면 암시는 타인이 자기에게 해주는 것"이기에 인상은 "자연발생적"이고 암시는 "주어지는" 것입니다.(《낭만적 거짓과 소설적 진실》, 78쪽) 암시에 의해서 움직이는 사람이 허영심을 품는다면, 인상에 의해서 움직인 사람은 열정을 향합니다.

유행은 서로가 서로의 욕망을 모방하는 것이 꼬리에 꼬리를 물고 이어질 때 생깁니다. 사회에 대해 비판적인 태도를 갖고 있는 사람이 유행을 추종하는 사람을 유행의 노예라고 비꼰다고 허영심이 세상에서 사라질까요? 유행을 따르는 사람을 속물이라고 냉소적으로 비난하지 않으면서도 상호 모방의 악무한으로부터 벗어날 수 있는 방법을 찾아야 합니다. 우리를 고양시켜줘 허영심과 속물적 근성으로부터 탈출할 수 있는 계기를 어디서 찾을 수 있을까요? 지라르는 '낭만적 거짓'으로부터의 탈출 기회를 '소설적 진실'의 시간에서 찾습니다.

19세기의 파리는
허영심이 번성하는 도시입니다

19세기에 처음 만들어져서 지금도 우리가 벗어나지 못했기에 현대적 상황이라고 부를 수밖에 없는 상황의 핵심은, 욕망의 중개자가 넘쳐난다는 것입니다. 현대인을 둘러싼 욕망의 중개자는 한둘이 아닙니다. 욕망의 중개자가 많은 만큼 욕망을 암시하는 사람도, 우리의 욕망 대상도 늘어납니다. 거기에 허영이 만들어지는 메커니즘까지 더해지면 욕망은 더 강해지지요. 욕망의 중개자가 넘쳐나는 상황에선 자신을 돌아볼, 즉 자신의 열정을 계발할 시간이 없기에 타인의 암시에 의해 만들어진 욕망에 질식당할 처지에 있는 우리는 욕망으로 인한 번민에서 벗어나지 못합니다.

현대인은 자신도 모르게 매일매일 암시받고 있기에 매일매일 까다로워지고 있습니다. 타인의 암시에 의한 욕망을 충족하기 위해서는 넉넉한 돈이 필요합니다. 그런데 현실적인 이유로 나의 까다로운 요구를 실현하지 못하니까, 자신의 요구가 충족된 타인과 비교하면서 수치심을 느낍니다. 수치스러운 만큼 자신이 속하지 못한 세계에 더 강하게 끌립니다. 지금의 자신이 싫고 창피하니까 욕망을 실현하고 있는 듯 보이는 사람에게 더 가까이 가고 싶고 그 사람과 동일한 사람이 되고 싶은 욕망이 커지는 거죠.

텔레비전을 켜면 좋은 집에 사는 연예인, 맨날 좋은 거 먹고 좋은 곳에 휴가 가는 연예인의 삶을 구경하면서 욕망을 암시받지요. 자신의 처지를 돌아봅니다. 자신은 비참합니다. 비참함은 곧 그들 세계의 화려함에 대한 강력한 욕망으로 변합니다. 욕망이 수치심을 낳고 수치심이 더 강한 욕망을 낳고, 더 강해진 욕망으로부터 더 강한 수치심을 느끼고 더 강해진 수치심이 더 강한 욕망을 낳는 악무한이 시작되는 거죠. 현대인은 욕망의 마조히스트입니다. 수치심이라는 고통에서 욕망이라는 희열을 끝없이 만들어내니까요.

이런 감정의 체계는 왜 19세기에 들어서야 만들어진 것일까요? 19세기가 평등한 사회이기 때문입니다. 속물성은 개인의 법적 동등성에서 시작돼요. 학교 다닐 때 나보다 공부 못했던 지질한 동창이 돈 많이 벌었다고 포르쉐 몰고 동창회에 나왔어요, 여전히 신분제 사회라서 포르쉐를 모는 동창은 왕족이고 저는 평민이라고 가정해보죠. 제가 왕족처럼 포르쉐를 갖고 싶다는 속물적 욕망을 느꼈을까요? 그럴 리 없습니다. 걔는 왕족이라 포르쉐가 있고 난 평민이라 포르쉐가 없다고 여기겠지요. '나도 귀족이 아니고 동창도 귀족이 아닌데 동창에게만 포르쉐가 있네?'라고 생각하는 순간 속물적 욕망이 형성되는 거죠.

19세기의 감정을 좀 더 잘 이해하기 위해 프랑스 구체제의 무대인 베르사유 궁과 구체제 이후의 무대인 파리를 비교해볼까요? 베르사유 궁은 왕족과 귀족만 접근 가능한 공간입니다. 평민은 베르사유 궁에서 어떤 일이 벌어지는지 알 도리가 없습니다. 베르사유 궁과 그 바깥은 별세계이죠. 베르사유 궁 내부에서도 왕과 귀족 사이에는 신분제라는 확고한 칸막이가 있습니다. 귀족은 왕의 욕망을 모방하기도 했지만 왕은 왕이고 귀족은 귀족이기에 왕과 귀족 사이의 욕망의 경쟁이란 있을 수 없습니다. 베르사유 궁은 속물을 만들어낼 수 없는 구조이지요.

프랑스 대혁명이 일어나면서 구체제가 붕괴되었습니다. 프랑스의 중심은 파리로 옮겨집니다. 신분제가 붕괴된 19세기의 파리에서 만인은 동등합니다. 구체제가 외면적 간접화의 세계였다면 신분제가 붕괴된 파리에서는 모두가 모두에게 근접한 욕망의 중개자가 될 수 있는 내면적 간접화의 공간입니다. 법적으로 평등해졌기에 길거리에서 서로를 다 볼 수 있습니다. 무슨 옷을 입고 다니는지 카페에서 무엇을 마시는지 레스토랑에서 무엇을 먹는지 서로 알 수 있습니다. 서로를 모방하는, 그러니까 서로 욕망을 암시할 수 있는 가능성이 19세기의 파리에서 활짝 열립니다. 19세기 파리에서 허영심이 그야말로 우후죽순격으로 자랄 수밖에 없고 속물성이 점점 커질 수밖에 없는 것이지요. 《낭만적 거짓과 소설적 진실》의 한 대목을 같이 읽어보겠습니다. "더 이상 '폭군'을 모방하지 않는다면 누가 모방의 대상이 될 수 있겠는가? 이제 사람들은 서로를 모방한다. 단 한 사람에 대한 우상숭배가 수백 수천의 경쟁자들에 대한 증오로 대체된다. (…) 귀족과 부르주아의 젊은이들은 입신출세를 위하여 예전에 베르사유로 몰려들었던 것처럼 파리로 몰려든다. 한때 사람들이 베르사유 궁의 다락방에서 북적대던 것처럼 그들은 카르티에 라탱의 지붕 밑 방에서 혼잡을 이룬다."《낭만적 거짓과 소설적 진실》, 183쪽)

19세기적인 상황은 서로가 암시하고 암시받는 상황입니다. 내 욕망의 중개자가 몇 명인지 모릅니다. 나는 누군가로부터 욕망을 암시받으면서 동시에 누군지 모르는 사람에게 욕망을 암시합니다. "내면적 간접화의 세계에서 전염성은 누구나가 자신이 중개자 역할을 수행하고 있다는 사실을 알지 못하면서도 이웃의 중개자가 될 수 있을 정도로 만연"(《낭만적 거짓과 소설적 진실》, 157쪽)해 있습니다. 이중 간접화가 끝을 모르는 채 펼쳐지는 것이죠. "상호 간접화는 이중 간접화에서 시작하여 삼중, 사중, 다중의 긴접화로"(《낭만적 거짓과 소설적 진실》, 162쪽) 늘어날 수 있습니다. 이러한 악무한이 반복되는 상황에서 벗어날 방법은 소설적 진실이 도달해야 할 마지막 목적지입니다.

방법은 의외로 단순합니다. 지성의 힘으로 나의 욕망이 나의 것이 아니라 매개된 욕망임을 깨닫는 것이죠. 욕망이 다차원적으로 매개되어 이중 매개화가 펼쳐지는 상황 속에 내가 놓여 있음을 아는 것과 모르는 것 사이에는 분명한 차이가 있습니다. 욕망이 중개되었음을 아는 것, 중개된 것이기에 허영과 속물성이 끼어들 가능성이 있음을 아는 것이 지성적 능력이죠. 지성은 욕망의 재생산 메커니즘을 깨닫도록 돕습니다. 지성은 타인을 향하던 욕망의 방향이 자신을 향하도록 돕습니다. 지성을 통해 욕망의 출처를 알게 되면 번민을 가져다주는 욕망의 재생산 메커니즘으로부터 물러설 수 있는 방법이 희미하게나마 보입니다.

소설 속 주인공은 죽음을 맞이하는 그 순간
진실을 깨닫습니다

　　탈출구를 소설적 진실을 통해 찾고자 하는 지라르는 도스토옙스키의 소설에 주목합니다. 흥미롭게도 도스토옙스키, 스탕달 그리고 세르반테스의 소설은 주인공의 죽음으로 결말을 맺습니다. 그 결말의 공통점은 매개된 욕망의 포기에 있습니다. 주인공은 중개자에 의해 자신의 욕망이 암시받았다는 걸 죽는 순간 깨닫습니다. 《돈키호테》의 결말은 이렇습니다. "나는 아마디스 데 가울라와 그런 분류의 무수히 많은 사람들의 적이네. (…) 오늘에야, 신의 자비로, 나 자신을 희생한 대가로 현명해진 나는 그들이 몹시도 싫네."(《낭만적 거짓과 소설적 진실》, 381쪽)

　　돈키호테는 마침내 깨닫는 거예요. 자신은 아마디스로부터 욕망을 암시받았는데, 아마디스와 그런 부류의 사람은 자신의 적이라고 선언합니다. 돈키호테는 죽음의 순간에 신의 자비로 현명해집니다. 자신을 희생한 대가로 현명해진 돈키호테는 욕망을 암시한 모든 사람으로부터 물러섭니다. 아예 단호하게 뒤돌아서지요. 그들이 더이상 나에게 욕망을 매개하지 않도록 그들을 향했던 얼굴을 돌려 그들에게 등을 보여줍니다. 《적과 흑》의 소렐도 마지막에 이렇게 얘기해요. "타인들이 내게 무슨 상관이 있단 말인가, 타인들의 관계는 곧 불시에 완전히 끊어져버릴 텐데!"(《낭만적 거짓과 소설적 진실》, 381쪽) 돈키호테와 소렐은 자신을 향하는 시선을 '잃어버린 시간'의 마지막에 되찾습니다. 속물들의 허영심으로 가득 채워진 시간이 '잃어버린 시간'이었다면 '잃어 버린 시간'의 출구에는 '되찾은 시간'이 있습니다. '되찾은 시간'은 자만심의 죽음이고 겸손의 탄생이며 또한 진실의 빛을 발휘하는 순간입니다.

이 책은 나를 돌아보게 합니다. 우리는 속물적 욕망을 충족 하기에는 돈이 충분하지 않습니다. 인생을 어떻게 살아야 할까 요? 평생 자괴감을 느끼며 살아야 할까요? 그런 의미에서 더 많 은 돈을 벌어 욕망을 실현하라는 자기계발서와 달리 지라르의 《낭만적 거짓과 소설적 진실》은 지성의 힘으로 욕망의 체계에서 탈출구를 생각하게 하는 21세기형 수신서修身書라 생각합니다. 현대 생활에 가장 어려운 건 욕망을 다스리는 문제잖아요. 저는 지라르로부터 21세기 방식으로 나를 지키는 방법의 실마리를 찾 았습니다. 좋은 책은 삶의 지혜와 이렇게 연결되지요. 문학이 전 공이 아님에도 문학비평서를 교양독서로 읽은 덕택입니다.

인용 문헌
귀스타브 플로베르, 《마담 보바리》, 김화영 옮김, 민음사, 2000.
박완서, 《휘청거리는 오후 1》, 세계사, 2012.
지그문트 바우만 외, 《사회학의 쓸모―지그문트 바우만과의 대화》, 노명우 옮김, 서해문 집, 2015.

12

돈으로 할 수 있는 것과
돈이 있어야 하는 것이 있습니다

게오르크 짐멜Georg Simmel,
《돈의 철학*Philosophie des Geldes*》, 1900년

게오르크 짐멜, 《돈의 철학》,
김덕영 옮김, 도서출판 길, 2013.

돈의 철학

   책이 얇다고 내용까지 반드시 얄팍하지도 않고, 두꺼워야 무
조건 좋은 책이라 할 수도 없지요. 하지만 책이 너무 두꺼우면
사실 읽기도 전에 살짝 겁부터 납니다. 저도 그렇습니다. 게오르
크 짐멜이 쓴 《돈의 철학》 번역판은 1,092쪽입니다. 한 손으로 들
기 힘들 정도로 무겁습니다. 《돈의 철학》만 유독 그런 건 아닙니
다. 19세기 독일 학자가 남긴 책 중 상당수는 경악스러울 정도로
두껍지요. 19세기에 쓰인 책들이 요즘 책과 달리 이토록 양으로
승부를 거는 듯한 까닭은 무엇일까요? 두 가지 이유 때문이라 생
각합니다. 19세기에 책은 일반 대중 독자가 아니라 소수의 엘리
트 교양 독자를 대상으로 집필되었습니다. 19세기는 책이라는 미
디어 이외에 독서를 훼방놓는 다른 미디어가 없던 시대입니다.
엘리트 독자가 지식과 정보를 접하는 유일한 통로는 책이었고,
또한 유한계급이었기에 현대의 독자와 달리 책 읽기에 충분한 시

간적 여유도 있었습니다. 철학 책뿐만 아니라 19세기 소설도 현대 소설과 비교하면 상당히 두툼하지요. 르네 지라르의 《낭만적 거짓과 소설적 진실》을 다룰 때 예로 들었던 도스토옙스키의 소설 한 편을 읽으려면 상당한 시간을 투여해야 합니다. 프루스트의 《잃어버린 시간을 찾아서》 한국어 번역판은 무려 열세 권입니다. 너무 긴 나머지 작가와 소설 제목은 누구나 알고 있지만 정작 다 읽은 사람은 그다지 많지 않은 대표적 예로 회자되는 소설이지요.

그런데 문제는 우리가 미디어의 홍수 속에 살고 있는 21세기의 독자라는 점입니다. 21세기에 사는 우리에게 19세기의 책은 읽는 시간을 절대적으로 많이 요구하기에 버겁고, 또한 만연체로 이뤄진 장황한 서술방식은 독서를 사뭇 지루하게 만들기도 합니다. 이러저러한 이유로 19세기의 '벽돌책'을 읽다가 중간에 포기하는 일도 부지기수로 일어나지요. 저는 21세기의 독자인 여러분이 느끼실 곤란함을 충분히 잘 알고 있기 때문에 시대에 뒤떨어졌거나 역사·문화적 배경이 너무 달라서 우리가 이해하기 쉽지 않은 정보와 사례는 과감하게 생략하고, 《돈의 철학》을 구성하고 있는 핵심구조를 여러분에게 전달해서, 완독의 고지에 이를 수 있도록 하겠습니다.

현대의 독자가 다른 시대에 쓰인
두꺼운 책을 읽는 방법은요

《돈의 철학》은 1900년에 초판본이 출간되었습니다. 책이 쓰인 때부터 책을 읽는 지금까지 100년이 넘는 세월이 흘렀으니 그 사이에 많은 것, 아니 대부분의 것이 변했지요. 그 책을 쓴 작가와 이후에 그 책을 읽고 있는 독자가 처한 사회문화적 조건이 다를 경우, 책의 독해는 쉽지 않습니다. 때로 내용을 오해할 수도 있는데요, 단어의 변화 때문이지요. 언어는 시대와 호흡하는 유기체입니다. 동일한 단어도 역사적·문화적 배경에 따라서 구체적 의미가 달라집니다. 언어는 지속적으로 변화함을 우리는 이미 비코의 《새로운 학문》에서 어원학을 통해 살펴보기도 했습니다.

고전을 읽을 때는 고전에 적합한 독서법을 개발해야 하는데, 저는 단어의 시대적 변화를 참조할 수 있는 참고서를 곁에 둡니다. 제가 애용하는 책은 《기나긴 혁명》의 저자 윌리엄스가 쓴 《키워드》입니다. 《키워드》는 인문사회과학 분야의 고전을 읽는 독자에게 특히 쓸모가 있습니다. 중요한 개념을 어원학적으로 설명한 것이 장점인데요, '사회'라는 개념을 설명한 항목을 예로 살펴보겠습니다. 사회라는 뜻으로 쓰이는 '소사이어티society'는 수세기 전에도 사용되었고 지금도 쓰이고 있습니다. 18세기에 쓰인 책에 그 단어가 나오면 21세기에 통용되는 뜻과 같다고 이해해도 괜찮을까요? 그때는 지금과는 달리 '개인 간 사교'라는 의미였고, 현대의 독자가 그 단어에서 연상하는 거대한 사회구조라는 뜻을 포함하고 있지 않았습니다. 윌리엄스는 시대에 따른 동일 단어의 뉘앙스 변화와 새로운 의미가 추가되는 어원학적 변화 과정을 상세하게 설명하고 있습니다. 《돈의 철학》을 읽다가 어떤 단어의 19세기적 뉘앙스가 궁금할 때 《키워드》를 참조하면 좋은 길잡이가 될 것입니다. 여러 개념 중에서 '문화' '사회' '엘리트' '교육받은' '산업' '사회' 등은 《돈의 철학》에서 19세기적 개념으로 사용됩니다. 독서에 동반될 참고서를 곁에 두었으니 다음으로 이 두꺼운 책을 쓴 게오르크 짐멜이 살았던 19세기 속으로 들어가 보겠습니다.

게오르크 짐멜은
철저한 대도시 사람이었습니다

게오르크 짐멜은 1858년 베를린에서 태어났습니다. 그는 1918년 슈트라스부르크에서 세상을 떠나기 전 생애 대부분을 베를린과 함께했습니다. 베를린은 당시 독일에서 가장 변화한 도시였고 유럽의 몇 안 되는 거대도시, 즉 메트로폴리스였습니다. 그는 라이프치히가와 프리드리히가의 모퉁이에 있는 집에서 태어났는데요, 좀 더 실감나게 그의 탄생지를 설명하자면 각종 광고 전광판이 즐비한 메트로폴리스 풍경으로 유명한 뉴욕의 타임스퀘어를 떠올리시면 됩니다. 그는 메트로폴리스에서 태어나고 성장한 천상 대도시 사람입니다. 그래서 그런지 짐멜의 저작에선 대도시적 분위기가 물씬 느껴집니다.

사후 전설이 된 학자의 경우 그의 시대를 앞서간 천재성을 강조하려고 당대에는 인정받지 못한 학자임을 증명하는 에피소드를 유독 부각하기도 합니다. 짐멜은 그가 교수직을 쉽게 얻지 못했고, 말년에 가까스로 슈트라스부르크 대학에서 교수 자리를 얻었는데 임용되자마자 전쟁이 일어나서 교수직을 제대로 수행하지 못했다는 개인적 불행이 자주 언급됩니다. 하지만 그는 당대에 철저하게 외면당한 불우한 천재의 초상과는 거리가 먼 삶을 살았습니다. 오랜 기간 사강사와 객원교수 지위에 머물렀기에 대학 내의 신분은 불안정했지만, 그게 경제적 고통으로 직결되지는 않았습니다. 대학에서 교수 자리를 얻는 데 어려움을 겪었을 뿐이지 학자로서 인정받지 못했던 것은 아니니까요. 짐멜은 많은 뛰어난 학자들의 지지를 얻었고 또 그들과 교류했습니다. 베버, 리케르트, 후설 등은 짐멜의 학문적 업적을 알아봤습니다. 소수의 학자들은 그에게 합당한 인정을 아끼지 않았지만, 공식 학계로부터는 전폭적 환영을 받지 못했기에 그는 학계 주변에서 자신을 지지해줄 청중을 찾아야만 했습니다. 대학 외 청중으로부터 받은 지지와 인기는 학계의 질투를 유발하여 학계가 그를 오히려 인정하지 않는 부메랑이 되었다는 것이 그의 불행이라면 불행입니다.

짐멜은 다양한 학문 분야, 출판계, 언론계, 예술계의 지식인, 그리고 지적 자극을 추구하는 학회의 수많은 회원을 자신 강의의 수강생으로 끌어들였습니다. 상류층의 살롱과 문화 모임을 드나들면서 베를린의 지적·문화적 생활에 적극적으로 참여했습니다. 그는 예술과 문학 분야에서도 많은 친구를 사귀었는데 당대 독일의 대표적 시인인 릴케와 게오르게가 그의 절친이었습니다.

그는 사후에도 학계로부터 고립되지 않았습니다. 마르크스주의 철학자 루카치, 블로흐와 사회학자 만하임도 짐멜로부터 영향을 받았습니다. 아도르노와 호르크하이머 그리고 철학자 하이데거에서도 짐멜의 흔적이 발견됩니다. 1890년대부터 1차대전까지 독일 지성은 짐멜의 강력한 영향력하에 놓여 있었다고 해도 과언이 아닐 정도이지요.

짐멜은 매우 많은 저작을 남겼는데요, 짐멜의 저작 중에서 《돈의 철학》은 가장 잘 알려진 대표작이자, 짐멜 평생의 학문적 업적이 종합된 짐멜 백과사전이라고 할 수 있습니다. 《돈의 철학》 출간 이전에도 짐멜은 돈을 주제로 한 짧은 글을 여러 편 집필했습니다. 1896년 《현대 문화에서의 돈》, 1897년 《삶의 속도에 대한 돈의 의미》, 1899년 《인색, 낭비 그리고 빈곤에 대하여》 등이 바로 그것입니다. 《돈의 철학》은 짐멜이 오랜 기간 천착해왔던 주제인 돈이라는 개념을 통해 들여다본, 현대 사회에 대한 종합적 분석입니다. 이 책을 읽기 위해서는 짐멜의 다른 저작에 대한 선이해가 필요합니다. 그래서 《돈의 철학》은 중요하지만 역설적으로 읽기 어렵습니다. 하지만 짐멜의 진면목을 충분히 파악하려면 《돈의 철학》을 반드시 거쳐야 합니다.

짐멜은 19세기의 대격변을
새로운 성찰의 계기로 삼았습니다

《돈의 철학》을 읽기 전 준비 작업으로 사회적 환경의 측면에서 19세기를 살펴보겠습니다. 현재 인구의 대부분은 도시에 살고 있습니다. 자본주의적 산업화의 결과이지요. 그러면서 인류는 과거의 인류가 경험하지 못한 급속한 속도로 진행되는 도시화를 겪습니다. 짐멜은 그 대격변의 한복판에 있습니다.

사회학에서는 도시성urbanism이라는 용어를 사용하는데요, 도시성은 도시에 살고 있는 사람에게서만 나타나는 특징적인 삶의 양식을 지칭하는 개념입니다. 짐멜은 급격한 도시화 이후 삶의 변화에 관심이 있습니다. 짐멜의 평생 연구 관심은 도시성이라는 단어로 요약될 수 있을 겁니다. 짐멜은 태생적으로 도시 사람이었기에 그에게 사회적 환경이란 베를린 같은 메트로폴리스적 환경입니다.

대도시에서는 인간 사이에 빈번한 상호작용이 일어납니다. 외출하여 바깥에서 일을 보고 귀가할 때까지 몇 명의 사람과 마주칠까요? 일일이 센다는 것이 불가능할 정도로 엄청나게 많은 사람이 우리 곁을 스쳐 지나갑니다. 대도시에 살기 이전의 인간은 경험하지 못했던 독특한 상호작용이죠. 누군지 모르는 사람과 엘리베이터나 지하철 같은 공간에서 때로는 불쾌한 신체적 접촉까지 감수하면서 그 시간을 견뎌야 하는 경험은 그 자체로 현대적이며 메트로폴리스적입니다. 몸 스침이 상쾌하지는 않지만 도시인은 어쩔 수 없다고 받아들이죠. 그걸 견디지 않으면 대중교통 자체를 이용할 수 없으니까요.

이러한 상황에 놓여 있다보니 도시인은 도시의 자극으로부터 의도적으로 둔해지려 합니다. 도시엔 자극의 빈도도 많고 자극의 강도도 매우 세기에 일일이 모든 자극에 신경쓰다보면 뇌가 터져나갈지도 모르므로 의도적으로 타인에게 관심을 보이지 않는 것이지요. 이것이 짐멜의 시그니처라고도 할 수 있는 '대도시적 무관심'이라는 개념입니다. 이런 의도적인 무관심은 메트로폴리스에 살고 있는 사람 고유의 자기 보존을 위한 정신적 메커니즘입니다. 몇 개의 직업이 있는지 짐작이 안 될 만큼 사람들은 분화된 영역에서 각자 '의도적인 무관심'을 탑재하고 타인에게 심드렁한 채로 사회생활을 하지만 대도시는 큰 탈 없이 작동합니다. 이들을 연결시켜주는, 이들이 상호의존하고 있는, 보이지 않는 그 무엇 때문입니다. 미리 슬쩍 말씀드리자면 그게 바로《돈의 철학》의 주제인 '돈'입니다.

정치적 변화 역시 빼놓을 수 없는 19세기의 중요한 변화입니다. 도시화 못지않게 중요한 과거와의 단절이 정치적 변화에 의해 일어납니다. 프랑스 대혁명을 기점으로 신분제도가 붕괴되고 공화제로 이동하기 시작한 것도 19세기입니다. 19세기는 경제적인 측면이나 정치적인 측면에서 그리고 짐멜이 도시성이라는 개념을 통해 설명하려 했던 것처럼 인간의 정신세계에서도 그 이전과 그 이후 사이에 완벽한 단절이 일어납니다. 19세기 부근에 중요한 인문사회과학 분야의 저작이 등장하는 것도 이런 배경 때문입니다. 인문사회과학에서 급격한 사회변화는 학자에게 좋은 지적 자극을 주지요. 학자들이 이 변화를 무시하지 않고 그 의미를 적극적으로 성찰하게 되면 기존의 학문적 관습을 정정해야 할 절실한 필요가 생깁니다. 이때 새로운 분과학문이 등장합니다. 사회학도 이런 분위기에서 탄생한 현대 학문입니다.

19세기에 벌어진 이러한 급격한 사회변화의 격랑을 반영한 기념비적 책이 19세기의 독일어권에서 많이 쏟아졌는데 지그문트 프로이트의 《꿈의 해석》, 후설의 《논리연구》, 마르크스의 《자본》과 같은 책이 대표적 사례입니다. 프로이트의 《꿈의 해석》이 꿈과 무의식을 다루고, 후설의 《논리연구》가 논리를 다루고, 마르크스의 《자본》이 자본주의 경제체제 분석을 다루는데, 짐멜의 《돈의 철학》은 이 중에서 마르크스의 《자본》과 가장 닮은 것처럼 보입니다.

《돈의 철학》과 마르크스의 《자본》은 다릅니다

돈과 연관된 주제를 다룬다는 점에서 마르크스의 《자본》과 짐멜의 《돈의 철학》은 비슷해 보이지만 돈에 접근하는 방식과 관점에서 두 책은 구별됩니다. 마르크스의 《자본》을 먼저 살펴보겠습니다. 마르크스의 핵심 분석 도식은 상품(C)-돈(M)-상품(C)과 돈(M)-상품(C)-돈(M) 도식의 비교입니다. 상품을 팔아서 돈을 받고 그 돈으로 판매할 상품을 구매하는 상품-돈-상품은 상업이 존재하는 한 인류 역사에서 늘 있어왔던 돈의 순환 도식입니다. 마르크스는 얼핏 보면 상품-돈-상품 도식과 비슷해 보이는 돈-상품-돈의 도식이 자본주의의 고유성을 밝혀줄 수 있는 핵심이라고 생각합니다. 일정한 규모의 돈을 투자하여 상품을 만들고 만들어진 상품을 판매하여 이윤을 획득하는 도식인데요, 이 순환 과정을 통해 단순한 돈과 구별되는 자본이 형성되고 자본 메커니즘에 의해 결정되는 생산양식을 자본주의라 규정합니다.

마르크스의 《자본》은 자본을 분석하고 짐멜의 《돈의 철학》은 돈을 대상으로 삼습니다. 자본과 돈의 차이는 무엇일까요? 돈이 있다고 모두 자본가는 아닙니다. 자본은 돈으로 구성되어 있지만 돈의 규모가 임계치를 넘어서 임금노동자를 고용할 수 있는 정도가 되어야 자본이 되지요. 《자본》을 읽으면 나의 처지를 이해하는 데 도움이 될까요? 물론 《자본》으로 임금노동자의 처지를 설명할 수는 있지만 우리의 일상을 분석하는 게 목적이라면 소수의 사람만 갖고 있는 자본보다는 누구나 갖고 있는 돈에 대한 해석이 요긴합니다. 짐멜은 자본이 아니라 돈에 주목합니다. 대부분의 사람에겐 자본이 없지만 돈 없는 사람은 없습니다. 많고 적음의 차이일 뿐이죠. 돈이 없으면 사회생활을 하지 못합니다. 또한 대도시의 사회생활엔 항상 돈이 개입하지요. 자본주의적 방식으로 주조된 대도시에서의 사회적 상호작용은 돈의 매개 없이는 이뤄지지 않으니까요. 현대 사회에서는 "발걸음마다 돈"

입니다.

짐멜에게 논의의 대상인 돈은 가치의 표준이나 교환의 수단 이상의 의미를 지닙니다. 돈은 현대 정신을 상징합니다. 예를 들자면 베를린 같은 대도시에서 지배적인 심성이자, 자본주의가 발달한 사회라면 어디에서든 등장하는 합리성·계산성·비인간성 같은 현대 정신을 상징화하고 형상화하는 것이 돈이라고 짐멜은 생각했던 것입니다. 그에게 돈을 분석한다는 것은 현대 사회의 인간 상호작용을 분석하고 그 상호작용의 변증법적 모순과 양면성을 파악하여 돈이 표상하는 현대 사회의 주요 특징을 분석하는 것과 마찬가지였습니다.

돈은 사물의 주관적 가치가 아니라
객관적 가치를 표현합니다

누구에게나 각별한 물건이 있을 겁니다. 저의 가장 소중한 필기구는 몽블랑 만년필입니다. 만년필과 저의 관계에 대해 먼저 말씀드려야 할 텐데요, 제게 이 몽블랑 만년필은 그냥 만년필이 아닙니다. 전 20년 이상 이 만년필을 사용했습니다. 저와 20년 이상의 세월을 같이한 물건은 거의 없습니다. 그것 말고도 저만 알고 있는 이 만년필에 얽힌 특별한 사연이 이 만년필을 남다르게 만들어줍니다.

독일 유학 도중 방학을 틈타 한국을 방문하는 길에 좀처럼 진척되지 않던 박사학위 논문 쓰기를 독려하는 차원에서 큰 마음 먹고 프랑크푸르트 공항 면세점에서 이 만년필을 샀습니다. 제게 앞당겨 선사한 박사학위 선물이었지요. 한국에서 방학을 보내고 베를린으로 돌아가 이 만년필로 논문 초고를 썼습니다. 논문 쓰기가 힘들 때 이 만년필을 면세점에서 사면서 스스로 했던 다짐을 떠올렸고, 그 다짐은 제게 용기를 줬습니다. 그리고 마침내 그 만년필로 쓴 초고로 박사학위를 받았지요. 제게 이 만년필은 프랑크푸르트 공항에서의 다짐을 상기시키는 물건이자 박사학위 논문 통과를 축하하는 트로피입니다. 그래서 지금도 저는 뭔가 좋은 일을 기대하는 글을 쓸 때 이 만년필을 사용합니다.

제 필통 속 몽당연필도 좋아합니다. 남들 눈엔 쓸모가 다해가는 물건으로 보이겠지만, 제게는 그 연필로 밑줄 그으면서 읽었던 책과 함께한 시간의 증거물입니다. 몽블랑 만년필처럼 그 몽당연필과 저는 저만의 주관적 감정에 의해 연결되어 있어요.

다른 사람은 그 몽블랑 만년필과 몽당연필에서 제가 느끼는 것과 동일한 가치를 발견하지 못합니다. 그 가치는 예외적이고 자의적이지요. 모든 사람이 동일한 대상에 대해 동일한 주관적 가치를 느끼지는 않습니다. 동일한 대상이 "한 사람에게는 가장 높은 등급의 가치를, 또 다른 사람에게는 가장 낮은 등급의 가치"《돈의 철학》, 37쪽)를 가질 수 있습니다. 예를 들어볼까요? 저는 자차보다는 대중교통 이용을 선호하는 편입니다. 제 소유의 자동차가 있지만 아주 드물게 운전합니다. 그러다보니 자동차에

별 관심이 없고, 요즘 시판되는 자동차의 모델도 잘 모릅니다. 주체인 저와 객체인 자동차 사이에 심리적 거리가 있는 것이지요. 반면 자동차 마니아는 자동차에서 "높은 등급의 가치"를 느낍니다. 제게 자동차는 그냥 이동수단에 불과하지만 자동차 매니아에겐 제 몽블랑 만년필처럼 그 사람만 감지하는 그 무엇을 불러일으키는 대상일 수 있습니다. 그런데 자동차에 "높은 등급"의 주관적 가치를 느끼지 못하는 제가 어느 날 어떤 이유로든 자동차에 관심이 생긴다면 저라는 주체와 자동차라는 객체 사이의 심리적 거리는 좁혀집니다. 그러면 주체인 저와 자동차라는 객체 사이에는 '욕망'이 자리 잡습니다. 제가 자동차라는 객체를 욕망하게 되는 것이지요.

가치 판단이 주관적 영역에 머물러 있는 한 물건 사이의 교환은 일어날 수 없습니다. 교환이 일어나려면 주관적인 가치가 객관화되어야 합니다. 예외적이고 가변적인 주관적 가치가 보편적이고 예측 가능한 객관적 가치로 변환되어야 하는 것이죠. 만약 특별한 사정이 생겨서 제가 그 몽블랑 만년필과 몽당연필을 팔아야 하는 급박한 상황이 생겼다고 가정해보죠. 몽블랑 만년필과 몽당연필을 팔기 위해서, 즉 주관적 가치의 대상이 타인과 교환되기 위해서 선행되어야 할 조건은 주관적 가치의 객관화입니다. 전 그 물건에 대한 애착을 버려야 합니다. 그래야 비로소 그 몽블랑 만년필은 중고 몽블랑 만년필 중 하나가 되고, 몽당연필은 쓰다 남은 연필이 되어 '경제적 가치'가 측정될 수 있습니다. 경제적 가치는 "직접적으로 향유하는 주체와 대상 사이의 거리에 힘입어 주관적 가치가 객관화된 것"(《돈의 철학》, 41쪽)입니다. 객관화된 경제적 가치는 화폐의 크기로 표현됩니다.

돈은 아주 특별한 화폐입니다

어떤 대상의 객관적 가치를 표현하기 위한 수단이라는 의미의 화폐는 아주 오래된 역사적 현상입니다. 소금이 화폐였던 시절도 있었고 금 또한 화폐 역할을 했습니다. 소금이나 금, 곡식 등은 누구나 얻기를 원하고 빈번하게 교환되고 유통된다는 공통점을 지닙니다. 그러니까 소금, 금, 곡식 등은 모든 사람의 욕망의 대상이라는 점에서 동일합니다.

원시경제 사회에서는 구체적인 쓸모가 있고, 그 쓸모를 누구나 알아챌 수 있는 것이 교환과정에서 가치를 측정하거나 비교하는 화폐의 역할을 할 수 있습니다. 화폐로 기능하는 것이 교환되는 것과 "감각적이고 직접적인 관계"(《돈의 철학》, 194쪽)를 맺을수록 원시경제에서는 화폐로 적합하다고 받아들여지는 것이지요. 화폐로서의 소금과 금을 비교해보죠. 소금엔 구체적 쓸모가 있습니다. 음식을 오래 저장할 때 소금은 요긴하게 쓰입니다. 인간이 살아가는 데 필수적인 물건이기도 하지요. 누구에게나 구체적인 쓸모가 있는 소금이 교환의 매개체가 되었던 것은 쉽게 이해됩니다. 금은 소금과 구체적 쓸모라는 점에서는 다릅니다. 금은 희소하지만 금은 소금처럼 구체적인 쓸모가 있는 것은 아니에요. 금은 먹을 수도 없고, 금으로 생선을 절여 오래 보관할 수도 없으니까요. 소금과 달리 구체적인 쓸모가 모호하기에 화폐로서의 금은 화폐로서의 소금보다 가치를 '추상적'으로 표현합니다.

"감각적이고 직접적인 관계"로부터 멀어져 '추상화'의 극단에 있는 것이 화폐로서의 돈입니다. 짐멜은 이 점에서 현대 사회의 '일반적 가치척도'로 자리잡은 돈의 예외성에 주목합니다. 돈은 소금보다 '추상적'이지만 누구나 갖기를 원하는 대상이기에 '일반적 가치척도'로서 현대 사회에서 그 역할을 독특하게 수행합니다. 돈은 다른 상품과는 달리 구체적인 쓸모가 없습니다. 하지만 돈에만 있는 특수한 가치가 있습니다. 첫째, 돈은 경제적 사건이 연속적으로 전개되도록 합니다. 돈은 그 자체로는 소비될 수 없고 무엇을 소비하기 위해서 필요한 것이니까요. 둘째, 돈은 다른 상품(재화)와 달리 시간이 지난다고 그 가치가 하락하지 않습니다. 쌀은 시간이 지나면 썩지만 돈은 시간이 지나도 썩지 않지요. 셋째, 돈은 가치의 이동과 집적을 손쉽게 합니다. 화폐로서의 쌀을 이동하려면 너무 무겁고 쌓아두려면 공간을 많이 차지하지만, 돈은 이동이 쉽고 공간도 그다지 필요 없습니다. 쌀이나 소금, 금은 구체적인 사용 목적이 있지만 돈은 그 어느 개별 목적과 결부되지 않습니다. 돈만 있으면 쌀도 살 수 있고 소금과도 바꿀 수 있고 금과도 교환할 수 있으니까요. 이처럼 돈은 "어떤 개별적인 목적과도 결코 관련되지 않음으로써, 모든 목적과 관련"을 맺는 "자신의 고유한 내용을 완전히 결여함으로써 무제한적으로 사용될 수 있는" "그 가능성 자체가 되는"(《돈의 철학》, 335쪽) 특별한 존재입니다.

돈은 사람과 사람이 이어지는
관계를 창출하는 원천입니다

학자마다 세상을 들여다보는 자신만의 고유한 방법론적 틀이 있는데요, 짐멜에겐 '교환' 혹은 '상호작용'이라는 개념 틀이 그 기능을 합니다. 짐멜은 교환이 현대 사회에서 개인 간 삶의 근원적인 형식이라고 생각했습니다. 짐멜은 사회란 일정한 상호작용을 하고 있는 개인들의 복합적 관계로 이루어진 관계망 그 이상도 그 이하도 아니라고 파악했습니다. 교환은 상호작용 중 하나의 형식에 불과합니다. 우리가 물건을 다른 사람에게 건네줄 때 교환이 유일한 형식은 아닙니다. 선물도 상호작용 형식이고, 대가 없이 주는 증여 또한 상호작용 형식입니다. 인간의 사회적 상호작용을 다루고 있는 중요한 책 중의 하나가 마르셀 모스 Marcel Mauss의 《증여론》입니다. 《돈의 철학》 역시 인간의 사회적 상호작용을 다룬다는 점에서는 《증여론》과 맥을 같이하지만, 모스가 교환이 아닌 증여와 선물 관계로 나타나는 사회적인 상호작용을 분석한다면 짐멜은 돈에 의해 매개된 교환과 상호작용이 빚어내는 독특한 현대의 풍경을 다룹니다.

돈의 관계론은 교환이라는 특수한 사회적 상호작용이 빚어내는 결과에 주목합니다. 본래 사회적 상호작용은 인격적이어서 대상과의 구체적인 관계가 형성됩니다. 좋은 관계든 아니든 사회적 상호자용을 통해 상대방의 됨됨이를 알게 됩니다. 그러나 돈을 매개로 한 교환이라는 사회적 상호작용은 사람 사이의 인격적 교류를 원천적으로 차단시킵니다. 내가 어떤 사람인지 상대에게 알려줄 필요가 없고, 상대 또한 내게 인격적 신상을 묻지 않습니다. 중고물품 교환 어플을 통해 물건을 팔러 나온 사람에게 "어디 사세요?"라든가 "뭐 하시는 분이세요?"라고 물어보면 결례입니다. 앞에서 살펴보았던 도시성의 특성인 탈인격적 관계를 돈이 촉진합니다.

대도시는 돈을 매개로 한 교환 형식의 사회적 상호작용이 선물이나 증여와 같은 형식의 사회적 상호작용을 압도하는 공간입니다. 대도시에서 사람은 상호의존하되, 그 의존이 전개되는 상호작용의 형식은 돈을 매개로 한 탈인격적 관계입니다. 돈은 인격적 관계가 아닌 개인과 개인의 상호작용을 가능하게 하기에 개인에게 독립성과 자율성을 고양시킵니다. 돈은 그 자체로는 아무런 인격도, 색채도, 특성도 지니지 않습니다. 바로 그 이유로 "돈은 헤아리기 어려울 정도로 커다란 공헌"(《짐멜의 모더니티 읽기》, 15쪽)을 할 수 있습니다. 왜냐하면 서로 분리된 개인을 하나로 연결시켜주는 유일한 공통의 요소가 돈이기 때문이지요. "돈은 우리에게 지금까지 모든 인격적인 것과 특수한 것을 절대적으로 유보한 채 개인들을 결합시킬 수 있는 유일한 가능성"(《짐멜의 모더니티 읽기》, 15쪽)을 제시합니다. 돈은 사람을 연결시켜주는 유일한 힘인 것이죠.

우리는 도시 생활을 하면서 무수히 많은 교환관계에 참여합니다. 돈을 매개로 한 교환은 비인격성을 낳기 때문에 아무리 많이 일어나도 인격적인 상호 관심은 생겨나지 않죠. 그런데 화폐를 매개로 한 교환이 활발하게 이루어지다보면 인격적 결합이 전혀 없는데도 추상적 결합이 가능한 상태가 생기는데요, 그 대표석인 사례가 주식회사입니다.

> 화폐 경제는 그 구성원들에게 금전적 기여만 요구하거나 순전히 금전적 이해관계만 추구하는 수많은 결사체를 가능케 했다. 그 정점에 있는 것이 주식회사인바, 여기에서는 주주들이 전적으로 배당금에 대한 관심으로 연합한다. 이러한 관심은 너무나 철저해서 그 회사가 도대체 무엇을 생산하는지 주주들은 조금도 개의치 않는다. 주체와 그 주체가 단지 금전적 이해 관심만 갖는 객체 사이의 실질적인 무관련성은, 주체와 그 주체가 전적으로 금전적 이해 관심만 공유하는 다른 주체들 사이의 인격적인 무관련성에 반영된다.
> — 《돈의 철학》, 590쪽.

주식회사는 현대 사회에서 수많은 사람의 경제 활동과 결부되어 있는 결사체인데, 이 결사체는 사람과 사람을 이어주되 서로를 인격적으로 매개하지 않습니다. 그건 돈이 보편적 교환 수단이 되었기 때문입니다.

인격적 의존관계로부터 분리될 때 우리는 자유를 얻습니다.

하지만 인격적 의존관계가 깨지면 자유로운 개인은 모래알과 같은 존재가 될 수 있지요. 자유를 얻은 개인이 고립되지 않고 여전히 상호이존적이지만 인격적 의존관계로부터는 분리될 수 있는 가능성을 돈이 제공합니다. 돈은 탈인격적인 현대적 결사체 형성을 가능하게 하는 수단입니다. 그런데 수단으로서의 의미를 지니는 돈이 그 자체로 목적이 되면 어떻게 될까요? 수단이 목적으로 전도된 상황에 대한 비평, 이것이 우리가 마지막으로 살펴볼 짐멜의 현대 비평입니다.

《돈의 철학》을 통해 현대 사회를 들여다봅니다

짐멜의 최종 목표는 돈에 대한 경제학적 논의가 아닙니다. 그에게 돈은 "개인적 삶과 역사의 가장 심층적인 흐름들 사이에 존재하는 관계를 기술하기 위한 수단, 재료 또는 실례"《돈의 철학》, 21쪽)에 해당합니다. 그의 목표는 "경제적 현상의 외면적 차원으로부터 심층적 차원으로 뚫고 들어가"《돈의 철학》, 21쪽) "모든 인간적인 것의 궁극적 가치와 의미에 도달"《돈의 철학》, 21쪽)하는 것입니다. 그는 "경제적 현상"으로만 보이는 돈을 통해 현대 사회의 문화풍경이라는 "심층적 차원"에 도달하려 합니다.

문화풍경을 분석하기 위해 알아야 하는 짐멜 특유의 용어가 있는데요, '문화'의 독일어 개념입니다. 독일어로 문화는 '쿨투어

Kultur'라고 하고 영어로는 '컬처culture'라고 합니다. 이 두 단어는 유사해 보이지만, 뉘앙스는 아주 다릅니다. 영어에서 문화는 '경작하다cultivate'라는 단어에서 유래해 동사적 의미가 매우 강합니다. 이 개념에는 발전 수준에 대한 평가가 포함되어 있지 않습니다. 반면 독일어 단어 '쿨투어'에는 문화의 높낮이라는 뉘앙스가 스며 있습니다. 짐멜은 현대 문화풍경을 분석하면서 당연히 '쿨투어'의 개념을 사용합니다. '쿨투어'는 정신이 보다 고양된 것, 한 차원 높아진 것, 승화된 것이죠. 돈이 보편적 매개체가 된 현대 문화풍경을 '쿨투어'의 관점에서 분석하기 위해 짐멜은 '쿨투어'를 여러 하위 개념으로 분화시킵니다. 사물문화(물질문화)와 인격문화(정신문화)가 그 한 사례입니다. 사물문화는 한 사회가 갖고 있는 생산력의 총체를 의미합니다. 사물문화와 대비되는 인격문화는 생산력의 발전에 좌우되는 테크놀로지의 발전으로는 환원될 수 없는 인간의 정신적 고양을 지칭하는 개념이지요. 테크놀로지는 발전했는데 인간은 뭔가 옛날보다 더 못해진 불길한 느낌을 짐멜은 인격문화와 사물문화 사이의 불균형으로 표현합니다.

객관문화와 주관문화의 구분에도 주목할 필요가 있습니다. 예를 들어 설명해보겠습니다. 뉴턴이 만유인력의 법칙을 발견했고, 책에 그 내용을 썼습니다. 뉴턴 이후 만유인력의 법칙은 객관적으로 존재하는 인간의 지식, 즉 객관문화입니다. 책 어딘가에 만유인력의 법칙에 관한 지식이 객관문화로 기술되어 있는데 아무도 책을 읽지 않아서 그 지식이 무용지물이 되는 상황이 생길 수 있습니다. 객관문화는 그 자체로 충분한 게 아니라 객관문화를 수용하는 사람이 있어야 빛을 발합니다. 존재하는 객관적인 것이 수용되어 의미를 획득하는 과정이 짐멜식 표현에 의하면 주관문화입니다. 뉴턴의 책을 읽지 않아서, 지식이라는 객관문화가 주관문화로 옮겨지지 않는 상태를 짐멜은 객관문화와 주관문화의 격리라고 표현합니다.

사물문화와 인격문화가 갈라진 상황, 객관문화가 주관문화로 되지 않는 상황, 그 상황을 언어로 표현하자면 '문화의 비극'입니다. 앞에서 《돈의 철학》은 매우 19세기적인 배경을 바탕으로 쓰인 책이라고 말씀드렸는데요, 《돈의 철학》에 등장하는 문화의 비극은 지금 우리가 살고 있는 21세기에 대한 진단이라는 느낌이 들지 않으신가요? 매우 19세기적인 인물로 출발했던 짐멜은 어느새 시대에 뒤떨어지기는커녕 21세기에도 설득력 있는 사상가로 느껴집니다.

문화의 비극으로부터 탈출구는 없을까요

문화의 비극을 빚어내는 배경 원인은 여러 가지가 있는데 짐멜은 감정과 정서의 쇠락을 그 이유로 꼽습니다. 현대 사회에서의 감정과 정서의 쇠락은 돈의 관계론과 밀접한 관련을 맺고 있습니다. 주체가 대상과 주관적 감정으로 결부되어 있으면 교환이 불가능하기에 교환을 위해 가치가 객관화되는 과정은 곧 감정이 제거되는 과정입니다. 돈을 매개로 한 교환이라는 사회적 상호작용이 지배적이 될수록 인간의 상호작용에서 주관적 감정과 정서는 탈각됩니다. 대도시와 현대 사회의 냉혹함은 이렇게 만들어집니다.

도시성이 지배적인 환경에서 대도시적 무관심으로 무장한 현대인에겐 공감은 낯선 능력이 되어버렸습니다. 공감은 인격적 매개를 요구합니다. 누군지 모르는 사람이어도 그 사람과 나의 관계를 인격적 관계의 틀로 파악할 때 타인의 고통에 함께 가슴 아파할 수 있습니다. 그런데 현대 사회에서 인격적 관계는 가치의 객관화라는 전일한 경향에 의해 점차 사라집니다. 현대 사회의 도시성은 개인과 개인 사이에 주관적 감정의 연결이 없는 상태를 일종의 문화적 무의식으로 자리 잡게 합니다.

돈은 본래 수단인데 돈이 목적이 되면 문화의 비극을 낳는 원인이 됩니다. 그러면 이전 사회에서는 찾아볼 수 없었던 독특한 유형의 인간이 현대 사회에서 생겨납니다. 금전욕에 사로잡힌 사람, 인색한 사람, 낭비하는 사람, 무관심한 사람이 대표적입니다.

금전욕에 사로잡힌 사람은 돈을 갖고 있다는 사실 그 자체에서 황홀감을 느낍니다. 이 유형의 사람에게 돈은 수단이 아니라 목적입니다. 인색한 사람은 좀 다릅니다. 수단인 돈이 아까워서 의미 있는 목적으로 쓰지 못하는 사람입니다. "돈에 벌벌 떤다"라는 말은 인색한 사람을 묘사해주는 최적의 표현입니다. 낭비하는 사람은 돈이 다른 목적과 교환될 때 그 어느 것과도 비교할 수 없는 쾌감을 느낍니다. 탕진의 쾌락입니다. 그런데 내게 넘어오는 물건의 의미나 가치는 별로 염두에 두지 않습니다. 이 유형의 사람에게 쾌감의 원천은 돈을 쓴다는 것 자체에서 오는 것이니까요.

마지막 유형은 돈에 무관심한 사람입니다. 이탈리아 아시시의 성프란치스코 수도회처럼 무소유의 삶을 가장 가치 있는 삶으로 여기면 돈은 심지어 수단으로서의 의미도 없어지는 경지에 이르겠지요. 이런 청빈 유형과 달리 냉소적인 무관심은 전형적인 현대 사회의 유형입니다. 짐멜은 이 유형을 증권시장에서 발견합니다. 주식투자 좀 해보신 분은 아시죠? 어느 날 주가가 올라서 증권 계좌 잔고가 늘었다 하더라도, 그 돈은 내 돈이 아니라 장부상의 돈에 불과하다는 것 말입니다. 하루 폭등해서 부자가 된 듯한 느낌이 들었으나 그다음 날 폭락하면 거지가 된 느낌, 그래서 돈 자체에 대해 냉소적이 되고 맙니다.

여러분은 어떤 유형이신가요? 전 금전욕에 사로잡힌 사람은 아닌 것 같은데요, 조금은 인색한 사람임은 인정합니다. 자동차에 관심 없는 저는 자동차에 대해서는 인색하거든요. 그런데 책에 대해서는 인색함이 무너집니다. 책과 교양에 대해서는 인색하지 않은 걸 넘어 돈을 낭비하는 사람이기도 합니다. 다 읽지도 못한 책이 수두룩하지만 그래도 독서의 힘으로 좀 더 나은 내가 되지 않을까 싶어 책을 산다는 것 자체에서 쾌감을 느끼는 사람이니까요. 교양독서의 힘을 믿는, 그렇기에 교양독서를 지금까지 함께해온 여러분도 저랑 비슷하지 않으실까요?

잠시 《돈의 철학》을 덮고 현대 한국을 돌아봅니다. 사물문화와 인격문화 사이의 간극은 좁혀지기는커녕 날이 갈수록 벌어지고 있습니다. 한국의 국내총생산GDP은 세계 10위 부근입니다. 한반도의 역사에서 유례를 찾아볼 수 없는, 고도로 발전된 사물문화 속에서 우리는 살고 있습니다. 우리의 인격문화는 그에 상응한다고 자신 있게 말할 수 있을까요?

우리가 살고 있는 시대에 책은 철저하게 외면받고 있습니다. 한 해에 수만 종의 책이 출간되고 있습니다. 과거에 외국어를 능숙하게 구사할 수 있는 사람만 자기 것으로 만들 수 있었던 인류의 고전 상당수가 이제는 한국어로 번역되어 누구라도 의지만 있으면 읽을 수 있는 시대가 되었습니다. 교양을 쌓을 수 있는 객관문화의 토대는 그 어느 때보다 튼튼합니다. 하지만 그 객관문화를 주관문화로 바꾸어놓을, 교양을 희구하는 사람의 수는 충분하지 않습니다. 끝이 보이지 않는 문화의 비극에서 탈출할 수 있는 실마리를 《돈의 철학》에서 찾을 수 있기를 기대했기에 이 책을 마지막으로 읽었습니다. 이제 《돈의 철학》을 읽은 21세기 독자의 후기를 에필로그로 남기며 전체 강의를 마무리하려고 합니다.

인용 문헌
게오르크 짐멜, 《짐멜의 모더니티 읽기》, 김덕영, 윤미애 옮김, 새물결, 2005.

エピローグ

우리는 계속 읽을 것입니다

한국은 경제적으로는 이미 선진국입니다. 하지만 한국형 '문화의 비극'은 곳곳에서 감지되지요. 우리는 경제적으로는 풍요한 사회를 살고 있는데 교양 있는 사회는 아직 멀게만 느껴집니다. 세계 최고 수준에 도달한 한국의 객관문화·물질문화는 돈의 거대한 집적, 즉 부를 가져다주었지요. 이제 남은 질문은 우리가 이 부로 무엇을 할 것인가입니다.

짐멜은 부는 일종의 "도덕적 공적功績"이 되어야 한다고 주장합니다. 그리고 묻습니다. 돈이 축적되어 부가 만들어지면, 그 부로 무엇을 할 생각이냐고요. 그리고 그는 독일어 단어 '페어뫼겐 Vermögen'이 '비교적 큰 자금'이라는 뜻이자 동시에 '힘'이라는 뜻을 지님에 주목하죠. 또한 "능력Können"이자 "무엇을 할 수 있는 상태Imstande sein"(《돈의 철학》, 346쪽)이기도 합니다.

주관문화·인격문화의 발전은 객관문화·물질문화의 기본조

건 충족을 전제로 삼습니다. 그 둘은 늘 상호작용하니까요. 돈은 절대악이 아닙니다. 돈은 인간을 속물로 만들어 타락시킬 수도 있지만 문화와 학문이 발전하기 위한 수단이 되기도 합니다. 돈 자체가 문화의 비극을 낳는 게 아니라 돈이 인간 정신의 고양을 위한 수단으로 사용되지 않을 때 문화의 비극이 만들어지는 것입니다. 경제학자 아마르티아 센의 주장은 귀담아 들을 필요가 있습니다.

> 우리가 그렇게 더 많은 부를 통해 '하려는' 일은 무엇인가? 사실 우리가 더 많은 수입과 부를 원하는 데에는 적절한 이유가 있다. (…) **부는 그것을 통해 가능해지는 것들 때문에 유용하다. 부는 우리들이 실질적인 자유를 획득하도록 돕는다.** 하지만 이 관계는 (부 외에도 우리의 삶에 중요한 영향을 끼치는 것들이 많기 때문에) 절대적이지도 않고 (우리의 삶에 대한 부의 효과가 다른 상황에 따라 달라지기 때문에) 일정하지도 않다.
>
> — 《자유로서의 발전》, 56-57쪽, 강조는 인용자.

속물은 돈을 그 자체로 숭상하고 권력자는 돈을 권력을 손에 넣기 위한 수단으로 간주하지만 짐멜에게 돈은 능력이자 힘인 페어뫼겐입니다. 페어뫼겐인 돈은 "무엇을 할 수 있는 상태"의 배경이 됩니다. 돈이 있어야 할 수 있는 게 있어요. 저 역시 장학금이라는 사회화된 돈의 페어뫼겐 덕택으로 공부했습니다. 돈으로 만든 권력은 감시와 비판의 대상이죠. 반면 돈으로 만든 페어뫼겐은 사회의 공적이 되어 모든 사람이 혜택을 입어야 합니다.

어떤 개인은 돈이 남아돌지만 어떤 개인은 돈이 부족할 수 있습니다. 만약 우리가 페어뫼겐을 개인이 갖고 있는 돈의 크기로 환산한다면 그건 매우 능력주의적 해석입니다. 돈은 개인의 재산이 아니라 사회가 축적한 공적 자산이 될 때 "무엇을 할 수 있는 상태"라는 의미의 페어뫼겐이 될 수 있습니다. 페어뫼겐이 특출 난 개인의 몫이 아니라 사회를 구성하고 있는 모든 이의 것이 되어야 교양의 보편적 부재라는 문화의 비극에서 다 함께 벗어날 수 있습니다. 이미 경제적 선진국인 한국의 공적 페어뫼겐은 차고 넘칩니다.

맹자는 변하지 않는 마음을 항심恒心이라 했습니다. 항심은 일관된 마음이고 흔들리지 않는 마음입니다. 항심이 있어야 쉽게 도달할 수는 없지만 바람직한 목적을 향해 정진할 수 있겠지요. "항심은 어디에서 오는가"라는 질문에 맹자는 이렇게 대답합니다.

일정한 생업(항산)이 없어도 일관된 마음(항심)을 유지할 수 있는 자는 오로지 사士뿐입니다. 백성은 '항산'이 없으면 '항심'을 유지하지 못합니다. 정녕 항심이 사라지면, 방탕하고 치우치며 거짓을 일삼고 오만하지 않을 자가 없습니다. 백성이 죄의 구렁텅이에 빠진 뒤에 쫓아가서 형벌을 내린다면, 이는 정치가 아니라 백성을 그물질하는 짓입니다.
– 《맹자, 마음의 정치학 1》, 137쪽.

항심은 어느 정도의 돈이 확보되었을 때 유지될 수 있다는 것이지요. 백성이 항심을 유지하지 못한다는 이유로 나무랄 수 없습니다. 같은 이치로 선비가 항심을 지킨다고 무조건 칭송할 것도 아니지요.

맹자는 제선왕에게 "왕께서 천하의 왕자가 되지 못하는 까닭은 '하지 않는 것'이지 '할 수 없는 것'이 아닙니다"(《맹자, 마음의 정치학 1》, 121쪽)라고 말하며 "하지 않는 것"과 "할 수 없는 것"을 구별합니다. 교양을 "하지 않는 것"과 "할 수 없는 것"으로 나눠보죠. 교양을 쌓을 수 없는 사람도 있습니다. 페어뫼겐으로 작동하는 일정한 돈을 확보하지 못한 사람은 의지가 부족한 게 아니라 교양에 다가설 여유가 없을 수 있습니다. 이런 이유로 교양이 없는 사람은 비난의 대상이 될 수 없습니다. 이 사람은 "할 수 없는" 처지의 사람이니까요. 하지만 돈이라는 페어뫼겐을 갖고 있으면서도 교양을 도외시하는, 즉 "하지 않는" 것은 부끄러운 일입니다. 현대의 문화의 비극은 "할 수 없는" 사람이 아니라 "하지 않는" 사람이 만들어내는 것이니까요. 나아가 국가가 공적 차원에서 충분한 페어뫼겐을 갖고 있음에도 이를 바탕으로 "할 수 없는" 처지에 있는 사람에게 기회를 제공하지 않는다면 국가의 존재 이유를 방기하는 것입니다. 국가는 통치하기 위해 존재하는 게 아니라 국가 내 개인을 돌보기 위해 존재해야 합니다.

우리가 부자는 아닙니다. 돈으로 권력을 탐하는 사람도 아니지요. 우리는 돈에서 페어뫼겐을 발견하고, 그 페어뫼겐으로 할 수 있는 일을 외면하지 않는 사람입니다. 우리는 함께 공부했습니다. 우리는 "하지 않는" 사람과는 달리 기특하다고 칭찬받기 위해 공부했을까요? 저는 우리가 지속되는 공부를 통해 "할 수 없는" 사람에게도 할 수 있는 기회를 만드는 방법을 모색하기를 기대합니다. 더 나아가 "하지 않는" 사람이 부끄러움을 느껴 우리가 함께 걷는 길에 언젠가 동참하기를 바랍니다. 본래 지배와 출세를 지향하지 않고 보편적 교양을 꿈꾸는 앎은 "배워서 남주는 것"입니다. 그리고 교양은 "천 리 길도 한 걸음부터"라는 속담처럼 하루아침에 얻어지는 게 아닙니다. 우리는 겨우 책 열두 권을 읽었을 뿐입니다. 우리는 계속 읽을 것입니다.

인용 문헌
배병삼, 《맹자, 마음의 정치학 1》, 사계절, 2019.
아마르티아 센, 《자유로서의 발전》, 김원기 옮김, 갈라파고스, 2013.

니은서점 생각학교

생각학교는 니은서점이 시민들과 함께 만들어가는 고전읽기 교양 학교입니다. 2021년 12월의 마지막 날 니은서점의 마스터 북텐더가 교양 고전 독서를 함께 해나갈 친구들을 모집하는 다음과 같은 공고를 "이러다 교양 생길지도 몰라"라는 제목으로 니은서점 인스타그램에 올렸습니다.

"시간 부족으로 혹은 너무 두껍고 어려워서 읽지 못했지만 읽어두면 정말 좋은 책들이 있습니다. 인문사회과학 전문서점 니은서점이 할 수 있는 일은 이런 책을 마스터 북텐더가 먼저 읽고 여러분이 그 책을 읽을 수 있도록 돕는 것이겠지요. 10년을 살아남아 독립서점의 레전드가 되고 싶은 니은서점은 2022년 매달 한 권씩 총 열두 권을 여러분과 함께 읽어가려 합니다. 우리가 인생을 살면서 한 번쯤 읽어두면 혹은 그 책의 내용에 관해 알아두면 좋을 인문·사회·예술 분야의 고전을 혼자 읽어내기는 쉽지 않지요. 그래서 니은서점은 함께 읽기를 제안합니다. 마스터 북텐더가 책을 먼저 읽고 여러분이 이 책을 읽어내실 수 있도록 책을 소개합니다. 총 4년 동안 진행될 니은서점 함께 읽기 프로젝트는 '줌Zoom'으로 진행됩니다. 니은서점과 물리적 거리가 멀어도 심지어 해외에 거주하셔도 상관없이 관심 있으신 분이라면 누구나 참가하실 수 있습니다."

순식간에 전국에서 그리고 해외에서 100여 분이 신청해주셨고, 그 에너지를 모아 '생각학교 2022'는 2022년 1월 8일 밤 10시의 첫번째 강의를 시작으로, 매달의 세번째 주 토요일 밤 10시에 온라인에서 만나 자정을 넘겨가며 1박 2일로 교양 쌓기를 진행했습니다. 그리고 12월 10일 밤 10시에 그해의 마지막 열두번째 강의를 마쳤습니다.

생각학교 2022와 함께한 친구들

강경옥, 강민영, 강정아, 강희영, 개와 고양이, 구자건, 권효진, 김경태, 김다현, 김리온, 김문정, 김민수, 김선희, 김성수, 김수진, 김세중, 김운효, 김정화, 김지혜, 김현주, 김형숙, 구병기, 나나 123456, 나랭이, 냉군, 단아, 박상희, 박수진, 박오순, 박영지, 박은진, 박찬옥, 박현희, 배준이, 배지현, 백정민, 서수정, 서승희, 송종화, 신설매, 아일린, 안성은, 안지숙, 양은숙, 유정민, 윤정인, 오서연, 오수진, 오월이, 오지은, 옥지수, 유지희, 윤수연, 이선아, 이승현, 이영선, 이유나, 이은지, 이정민, 이철수, 이희진, 이혜경, 임혜란, 유남원, 유예림, 유재이, 연음, 장병순, 장윤경, 전은숙, 전현주, 정문정, 정영모, 정용래, 정은주, 조은정, 조정민, 조현정, 정계순, 정다혜, 정미진, 정희영, 제제, 진공상태, 쭈, 차민경, 차정아, 최미혜, 최지희, 커피조아, 치킨아트, 한보경, 한상원, 홍미경, 홍지영, 황흥주, June, jimin, solargo, 19호실.

생각학교 2022 후기

그와 함께라면, 그 어떤 책 읽기라도 주저하지 마라. 그는 의외로(!) 다정한 길라잡이다.
— 김문정

해외에 살면서 니은서점에서 고전읽기를 위한 생각학교가 줌강의로 진행된다는 소식이 반가웠다. 묵직한 책들을 완독해야 한다는 부담감은 노명우 교수님의 강의를 통해 배운 독서법을 시도해보고 책 속의 과거와 우리의 현재가 교차되는 지점들을 발견하는 재미를 알아가면서 차츰 덜어낼 수 있었다. 더불어 저자들의 알려지지 않은 이야기, 앞서 읽었던 책과의 연결고리, 관련된 참고서적들은 고전 읽기를 지속하는 데 동기부여가 되어주었다. 실시간으로 참여하기 어려울 때, 책장이 잘 넘어가지 않을 때 녹화된 강의를 들으며 내 속도에 맞게 읽어갈 수 있어서 마지막 달까지 완주할 수 있었다. 생각학교 덕분에 열두 권의 고전과 함께한 2022년을 보내는 마음이 뿌듯하다.

— 정미진

여러 고전들을 접할 수 있었던 것이 무엇보다 좋았고, 고전을 고전으로만 끝나는 것이 아니라 현대적으로 해석해주시며, 현재에 적용해볼 수 있도록 해주셨던 부분이 가장 좋았던 것 같다. 그리고 기존에 미처 알지 못했던 다양한 분야의 사상가와 학자들을 알아가는 즐거움이 있었다. 무엇보다 고전들은 각각 따로 떨어져 있는 것이 아니라 서로 유기적으로 연관되어 있음을 알 수 있었다. 나 또한 고전들을 읽으며, 그와 연관되어 소개해주신 책들과 그 외에도 다양한 분야의 책들을 찾아 읽게 된 것이 의미 있는 시간들이었다.

— 김선희

평소에 읽을 엄두를 내지 못하던 '벽돌책'을 노명우 교수님의 강의를 통해 깊이 있게 청강할 수 있어서 좋았습니다. 삶, 역사, 철학, 정치를 망라한 책 리스트는 우리의 지적 토대를 단단하게 만들고 교양인으로서 한 걸음 다가갈 수 있는 발판이 되었던 것 같습니다. 한 달에 한 번씩 1년이라는 시간이 참으로 소중하게 느껴졌습니다. "좋은 책을 읽는 것은 과거 몇 세기의 가장 훌륭한 사람들과 이야기를 나누는 것과 같다"는 데카르트의 말처럼 노명우 교수님은 우리가 어렵게 느껴서 읽기를 꺼려하는 책들을 이어주는 다리 역할을 하셨고, 훌륭한 이들과 대화를 이끌어주셨다고 생각합니다.

— 김정화

생각학교 2023에서 읽는 책들

1 _____ 가장 오래된 인류의
이야기를 찾아서
《최초의 신화 길가메쉬
서사시》

2 _____ 기이한 남자들의 세계
호메로스,《오뒷세이아》

3 _____ 누구나 알고 있지만
읽은 사람은 거의 없는
하지만 피해갈 수 없는
고전
단테,《신곡》 중 〈지옥〉

4 _____ 어지러운 세상에서
참된 군주를 생각한다
마키아벨리,《군주론》

5 _____ 군중의 역학에 관한
문학과 사회과학의
가장 멋진 크로스오버
카네티,《군중과 권력》

6 _____ 통치의 대상인 우리의
기원
어빙 고프먼,《수용소》

7 _____ 타인과 관계 맺기에
대한 상상
볼테르,《관용론》

8 _____ 페미니즘 이론과
정치사상에 대한
현대적 중요한 공헌
아이리스 매리언 영,
《차이의 정치와 정의》

9 _____ 아마존에서 퍼올린
21세기의 인간학
에두아르두 비베이루스
지 카스트루,《인디오의
변덕스런 혼》

10 _____ 환경위기와 젠더
불평등의 시대,
생태주의와 여성주의
결합에서 새로운 길
찾기
마리아 미스, 반다나
시바,《에코 페미니즘》

* 강의 내용은 2024년에
《교양 고전 독서 2》로
출간됩니다.

원고에 집중하여 마무리할 수 있도록 북스테이를 제공해준
제주 애월 보배책방에 감사의 말을 전합니다.

교양 고전 독서

1판1쇄 펴냄 2023년 6월 20일
1판2쇄 펴냄 2023년 7월 20일

지은이 노명우

펴낸이 김경태
편집 홍경화 남슬기 한홍비
디자인 박정영 김재현
마케팅 유진선 강주영
경영관리 곽라흔

펴낸곳 (주)출판사 클
출판등록 2012년 1월 5일 제311-2012-02호
주소 03385 서울시 은평구 연서로26길 25-6
전화 070-4176-4680 팩스 02-354-4680
이메일 bookkl@bookkl.com

ISBN 979-11-92512-32-7 04300
ISBN 979-11-92512-31-0 04300 세트

출판사 클의 책을
만나보세요.